Sabine Köth

Abenteuer Natur Salzkammergut

Vom Fuschlsee bis ins Ausseerland

Über 60 spannende Ausflüge von leicht bis abenteuerlich
für 4- bis 14-jährige Entdeckerinnen und Entdecker

Hrsg.: Elisabeth Göllner-Kampel

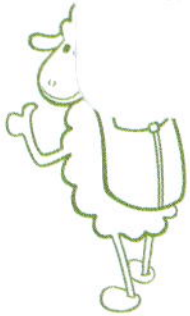

wandaverlag.at

Wir freuen uns über Rückmeldungen, Eindrücke, Hinweise an:
www.wandaverlag.at, Wandaverlag, Römerstr. 16, 5081 Anif b. Salzburg.
Mail: office@wandaverlag.at.

Grafik: Sabine Köth
Layout: Julia Weinert, Manuel Thomasser
Illustrationen: Melanie Eichhorn, Sabine Köth, Tsvetelina Lyubenova
Kartografie: Sabine Köth
Lektorat: www.lektorat-weber.at

ISBN: 978-3-902939-10-4
Abenteuer Natur im Salzkammergut. Vom Fuschlsee über den Attersee bis ins Ausseerland.
60 spannende Ausflüge, Wanderungen und kleine Bergtouren.
2020

Klimaneutral
Druckprodukt
ClimatePartner.com/53385-2006-1001

Fotos: Von der Autorin, anderenfalls lt. Abbildungsverzeichnis Seite 3.
Umschlagbild vorne: Vorderer Gosausee mit Dachsteingletscher, Sabine Köth, Wanderung Ebenalm und Holzmeisteralm.

Autorin

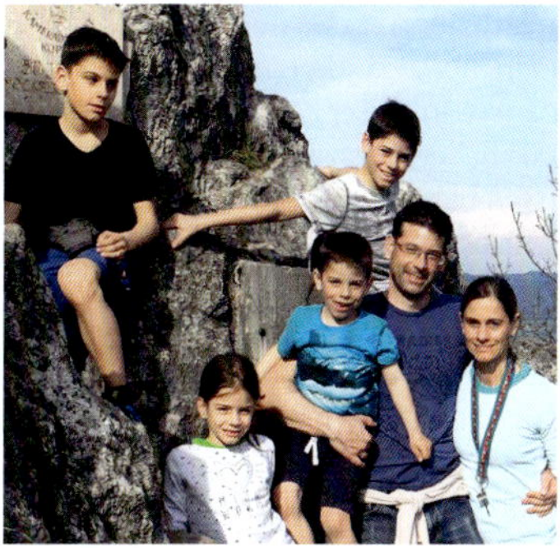

Sabine Köth

Die Wurzeln von Sabine liegen im inneren Salzkammergut. Erst die Liebe verpflanzte die gebürtige Ischlerin an den Fuß des Nocksteins, wo sie mit ihrem Mann Christoph, ihren vier Kindern und ganz vielen weiteren Köths lebt. Sabine arbeitet beruflich als Grafik-Designerin und teilt mit ihrem Mann nicht nur die Leidenschaft fürs Wandern und Bergsteigen, sondern auch für die Fotografie. Nach ihrem ersten Buch „Kinderwagen-Wanderungen Salzkammergut“, einem Bestseller, ist nun der Nachfolgeband für Vorschul- und Schulkinder entstanden. Wie schon beim ersten Buch, haben auch hier ihre Kinder die Tourenauswahl mitentschieden.

Einen großen Dank

an alle, die mir Rückmeldungen und Tipps gegeben haben, die mit meiner Familie und mir Ausflüge unternommen und so die Wege mit uns geteilt haben. Danke auch an alle, die Fotos zur Verfügung gestellt haben oder sich fotografieren ließen. Ein persönliches Danke an Sepp Wimmer und seine Familie, die unsere verlorenen Jungs wiedergefunden haben. Und ganz besonders danke ich unseren Kindern, die alle Wege getestet haben.

Fotospenden:

Göllner-Kampel Elisabeth, S. 40
Köth Julia, S. 61
Schmaranzer Daniel und Hannah, S. 136, 139
Simenzitsch Sandra, S. 168
Vom guten Geist aus dem Hinterbergtal, S. 188, 190, 192, 202

Vorwort

Hurra, wir haben es geschafft! Die Erstellung dieses Buches, das Ziel, die schönsten Wege für Kinder zu finden, abzuwandern und zu beschreiben, hat nun vier ganze Jahre gedauert. In dieser Zeit sind unsere vier Kinder nicht nur gewachsen, sie haben auch ihre Präferenzen verändert, und viele Freizeitinteressen haben sich verschoben. Können Vierjährige noch mit einem Streichelzoo gelockt werden, kostet das einen Vierzehnjährigen maximal ein Achselzucken. Ist andererseits eine kleine Kletterei für Teenager ein spannendes Erlebnis, kann das die Kleinen überanstrengen. Unsere Herausforderung bestand also bei allen Touren vor allem darin, ein bisschen etwas für alle zu finden. Manchmal ist mir das gut gelungen, manchmal gar nicht, manchmal war der Start schwierig und am Ende waren doch alle glücklich, manchmal haben wir aber auch aufgegeben, uns ein nettes Rastplatzerl an einem Bacherl gesucht und dann umgedreht. Auch einer passionierten Wanderfamilie passiert so etwas und vielleicht ist es das, was ich nun empfehlen würde: gelassen bleiben und das Wanderziel nicht um jeden Preis erreichen wollen. Der Weg ist das Ziel. Denn so gut wie immer waren lustige Situationen dabei, die uns allen in Erinnerung bleiben werden.
Der wohl wirksamste Wandertrick ist jedoch, Freunde mitzunehmen. Zum Wandern und nebeneinander Ratschen sind dann aber wieder breitere Forststraßen besser, und so habe ich ab und zu eine Ausnahme vom generellen „Forststraßenverbot“ meiner Kinder gemacht.
Zu guter Letzt möchte ich mich noch bei meiner Verlegerin Elisabeth Göllner bedanken mit der ich jede Tour akribisch durchbesprochen habe und die für mich ein wichtiger Coach war, und ganz besonders auch bei meiner großen Unterstützerin aus dem Ausseer Hinterbergtal.
Vielen Dank für die wunderschönen Tourentipps aus diesem Winkel der Steiermark.

Ich wünsche allen Abenteuerinnen und Abenteuern viele schöne Stunden in der Natur und eine riesige Sammlung an lustigen Familienmomenten.

Eure Sabine

Inhaltsangabe

Hinweis:

Dieses Buch ist die Fortsetzung unseres ersten Buches Kinderwagen- & Tragetouren.

Darin findet ihr weitere, sehr unterschiedliche, jedoch immer kindgerechte Wege im Salzkammergut.

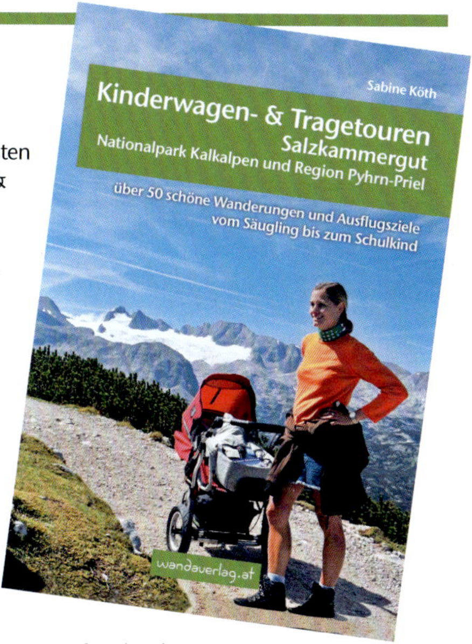

Überblickstabelle der Wanderungen

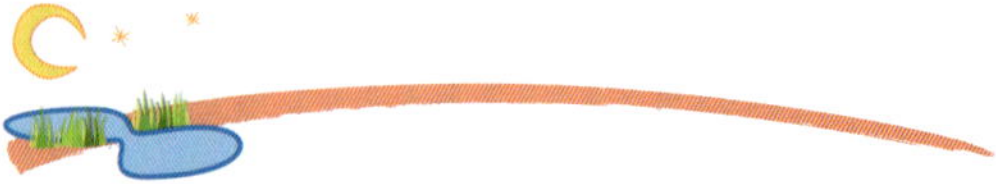

I. Irrsee, Mondsee, Fuschlsee	Char.	Dauer 1h 2h	Anf.	Seite
1. Ruine Wildenegg	↺		🔵	16
2. Kolomansberg	⇄		🔴	19
3. Kulmspitze	⇄		🔴	22
4. Almkogel	⇄		🔴⚫	24
5. Eisenaualm	⇄		🔴	27
6. Nockstein	⇄		🔴⚫	30
7. Filblingsee	⇄		🔴	33
8. Ellmaustein	⇄		🔵🔴	35

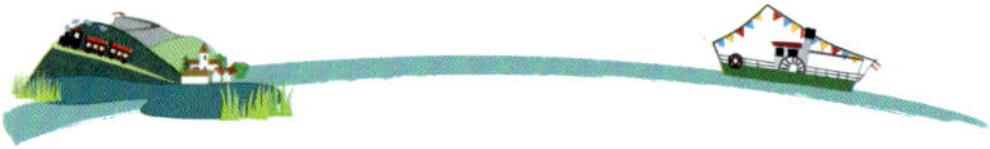

II. Wolfgangsee	Char.	Dauer 1h 2h	Anf.	Seite
9. Falkensteinwand	↺		🔴⚫	40
10. Mozartsteig	↺		🔴	43
11. Brustwand	↺		🔴⚫	46
12. Wieslerhorn	↺		🔴	49
13. Malersteig	↺		🔵	52
14. Vormauerstein	⇄		🔴⚫	55
15. Wirersteig	⇄		⚫	58

Höhenmeter	Länge km	Schatten	Hochsommer / Baden	Regen	Winter / Rodeln	Rad	Bus & Bahn
180	4,6	◔	X	X	-	-	
353	2,5	●	-	X	-	-	-
463	3,5	●	-	X	-	-	-
600	3,8	◕	X/-	-	-	-	X
527	4,7	◕	X/X	X	-	-	-
310	2	◕	-	-	-/X	-	X
371	2	●	X/-	X	-	-	X
320	3,5	●	X	X	-	-	X

Höhenmeter	Länge km	Schatten	Hochsommer / Baden	Regen	Winter / Rodeln	Rad	Bus & Bahn
210	3,3	◑	X/X	X	-	-	X
291	4,4	◕	X/-	X	-	-	X
330	5	◕	-	X	-	-	X
290	3,5	○	-	-	-	-	X
182	2	◑	X/-	X	-	-	X
875	4	◕	-	-	-	-	X
130	2	◕	X/X	-	-	-	X

Höhenmeter	Länge km	Schatten	Hochsommer / Baden	Regen	Winter / Rodeln	Rad	Bus & Bahn
30	4	◑	X/X	X	X/-	(X)	X

Höhenmeter	Länge km	Schatten	Hochsommer / Baden	Regen	Winter / Rodeln	Rad	Bus & Bahn
300	3,7	●	X/-	X	-	X	X
380	2,6	●	X/-	X	-	-	X
89	1	◑	X/-	X	-	-	X
235	2	◕	-	-	-	-	-
183	5,5	◑	X/X	X	-	-	X
21	3	◕	X/-	X	-	-	-
160	4,5	◕	X/X	X	-	-	X
580	3	◑	-	-	-	-	X

Höhenmeter	Länge km	Schatten	Hochsommer / Baden	Regen	Winter / Rodeln	Rad	Öffis
230	2,8	◔	X/X	-	-	-	X
483	8,5	◑	X/X	(X)	-	(X)	X
500	1,8	◕	X/-	(X)	-	-	X

Höhenmeter	Länge km	Schatten	Hochsommer / Baden	Regen	Winter / Rodeln	Rad	Öffis
350	5,2	○	X/-	-	-	-	X
215	4	◕	X/-	X	-	-	X
316	2,7	◕	X/(X)	X	X/-	-	X

Höhenmeter	Länge km	Schatten	Hochsommer / Baden	Regen	Winter / Rodeln	Rad	Öffis
109	4,4	●	X/X	X	X/-	-	X
338	1,3 – 4,5	●	-/-	(X)	-	-	-
90 – 170	1,5 – 2	○	X/-	-	-/X	-	X
140	0,7	●	X/-	X	(X)/-	-	X
450	3,5	◕	X/-	X	-	-	X
265	5	◕	X/(X)	X	-	X	-
341	4,2	◑	-	X	-/X	-	-
283	2,2	◑	X/-	(X!)	-	-	-
641	3,6	◕	X/-	-	-/(X)	-	-
345	3,5	◑	X/-	X	-	-	X
450	5	◕	X/(X)	X	-	-	X
322	4,7	●	X/-	X	-	-	X
140	4,7	○	X/-	-	-	-	X
450	2,3	●	-	X	-	-	X
580 (60)	2,4	●	X/-	X	-	-	X

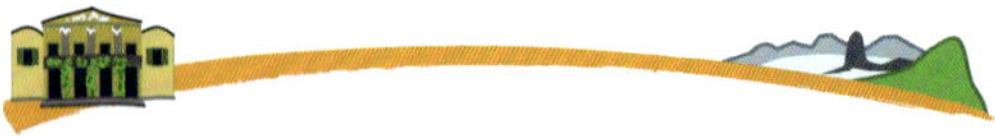

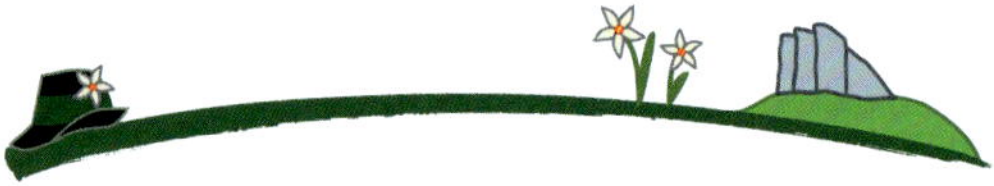

Höhenmeter	Länge km	Schatten	Hochsommer / Baden	Regen	Winter / Rodeln	Rad	Öffis
233	2,8	◐	-	X	-	-	X
231	6,1	◐	X/(X)	X	-	X	X

Höhenmeter	Länge km	Schatten	Hochsommer / Baden	Regen	Winter / Rodeln	Rad	Öffis
175	1,7	◕	X/-	X	-	-	X
400 (825)	2,3 – 4,3	◔	-	-	-	-	-
368	5,5	○	X/(X)	-	-	-	-
577	2	○	X/(X)	-	-	-	-
230	3,4	●	-/(X)	X	-	-	X
319	2,8	●	X/X	X	-	-	X
370	2,2	◐	X/-	(X)	-	-	X
0	1	○	X/-	X	-	-	X
213	3,8	●	X/X	X	-	-	X
200	7	◕	X/(X)	X	-	(X)	X
430	3 – 5	◐	X/X	X	-	-	-
230	1,1	◕	-	(X)	-	-	-
222	4	◕	X/-	(X)	-	-	X

Zeichenerklärung der Inhaltsangabe

Charakteristik (Char.):

↺ Rundweg

⇄ gleicher Rück- wie Hinweg

Seilbahnbenützung erforderlich

→ Retourweg mit Bus empfohlen

Balken für Dauer:

An der Länge der Balken kann man erkennen, wie lange die Wanderung für eine Strecke dauert. Bei Rundwegen wird die Gehzeit für den gesamten Weg angezeichnet. Die hellgrauen Balken zeigen an, ob und inwiefern die Wanderung verlängert werden kann. Näheres in der jeweiligen Wegbeschreibung.

Anforderung (Anf.):

- Leicht
- Mittel
- Schwer

Schatten:

Die dunklen Kreise in der Übersicht zeigen an, in welchem Ausmaß der Weg schattig ist:

○ auf der gesamten Route ist kein Schatten

◔ der Weg liegt nur zu einem Viertel im Schatten

◑ die Hälfte der Wegstrecke ist schattig

◕ der Großteil der Strecke liegt im Schatten oder auch lichtem Wald

● der gesamte Weg liegt im Schatten

X/X, X/-, -/X geben an, ob man auf dieser Strecke im Sommer auch baden kann bzw. im Winter rodeln. Näheres siehe unter „Zum Gebrauch d. Wanderführers".

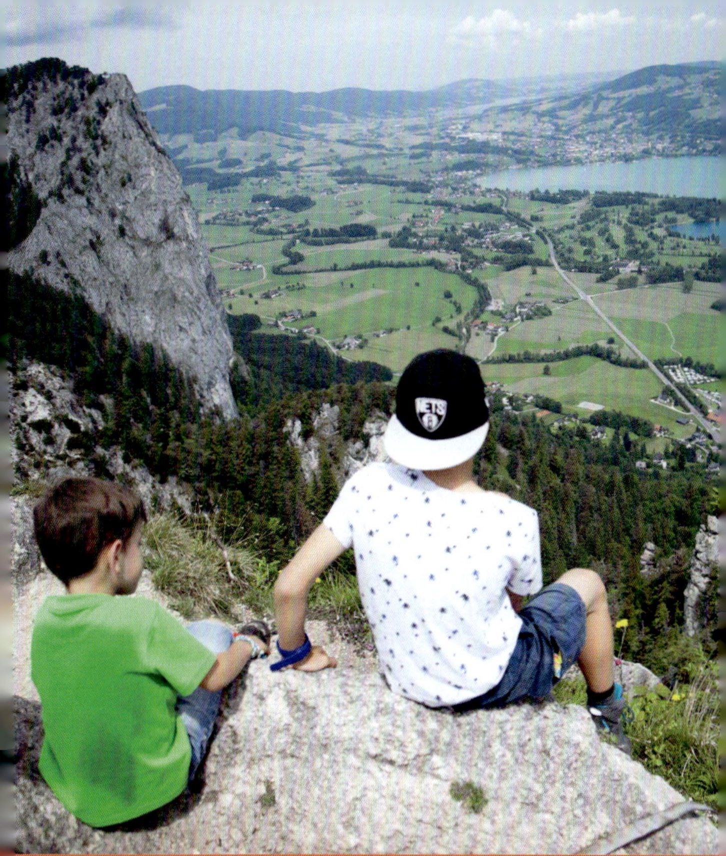

I. Irrsee, Mondsee, Fuschlsee

Koppl, Fuschl, Irrsee, Mondsee, St. Gilgen

1. Ruine Wildenegg (744 m)

Irrsee: Überbleibsel einer wilden Raubritterburg

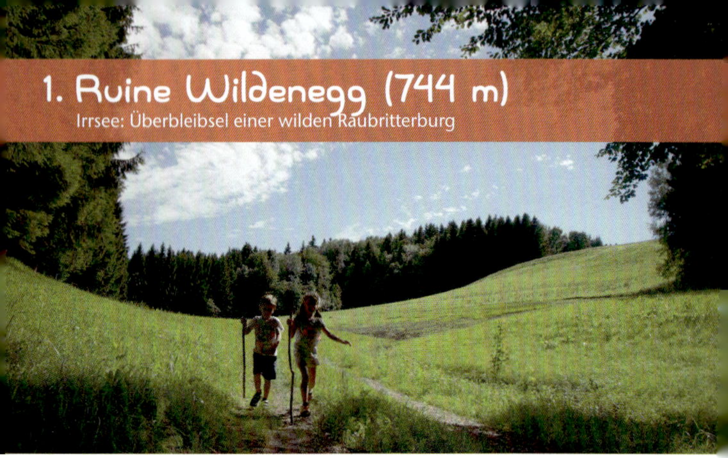

Das erste, was unserem Opa gleich aufgefallen ist: "Da sieht man ja den Dachstein" Für Oma war der Abstieg zu grenzwertig – unsere Kinder lieben ausgewaschene, verwilderte Wege :-). Wir sind den Rundwanderweg hier im Buch gegen den Uhrzeigersinn gewandert, weil dann der steile Anstieg am Beginn ist. Wichtig: Die Wegweiser sind IM Uhrzeigersinn. Die Überbleibsel der Burgruine sind leider nur noch zu erahnen. Eine liebevolle gestaltete Tafel erzählt über die schändlichen Taten der Raubritter. Die fast ein bisschen schaurige Stimmung im Wald und eine kleine Kletterpartie über die Burgmauern tun ihr Übriges, um ins Ritterleben einzutauchen. Dennoch geht der Weg meist über offenes Gelände und es gibt schöne Ausblicke auf den Irrsee.

Wetter: Anforderung: Dauer: 2 h

Anforderung:	Leicht; 180 Hm; 4,6 km; wenig befahrene Asphaltwege, teils instinktiv zu findende Waldwege – siehe Wegbeschreibung. Die Waldwege können nach Regenfällen sehr ausgewaschen sein.
Dauer:	RW: 2 h; 4,6 km.
Wetter:	Klassisches Wanderwetter.

Kindergarten-kinder:	Wir empfehlen mit kleinen Kindern die Wanderung im Uhrzeigersinn zu wandern. Anfangs kann auch einfach mit dem Buggy am See entlang gewandert werden, damit die Kräfte für den steilen Aufstieg zur Ruine gespart werden. Sobald der unwegsame Teil beginnt, den Buggy parken, zur Ruine wandern und von dort am gleichen Rück- wie Hinweg gehen.
Volksschulkinder:	Siehe oben.
Ab 10 Jahren:	In diesem Alter schon etwas zu langweilig.

Navi: 4894 Oberhofen am Irrsee, Fischhof 30.

Anfahrt: A1 Linz-Sbg, Abfahrt Mondsee. Nun 8,9 km weiter Richtung Irrsee, Straßwalchen auf B154 bis kurz nach der Ortschaft Laiter. Links abbiegen. Nach 140 m rechts weiter und den Wegweisern bis zum Camping Fischhof folgen. Entlang der Straße parken.

Bus/Bahn: Nicht geeignet.

Ausgangspunkt/P: Camping Fischhof.

Infos/Gaststätten: *Fischhof Badeplatz, Tel. +43 6213 8202, www.fischhof.at.

Wegbeschreibung: Nach dem Campingplatz rechts die Straße bergauf wandern. **Nr. 1:** Bei der ersten Weggabelung links halten. Beim verfallenen Bauernhof rechts bis zum zweiten Bauernhof bergauf wandern.

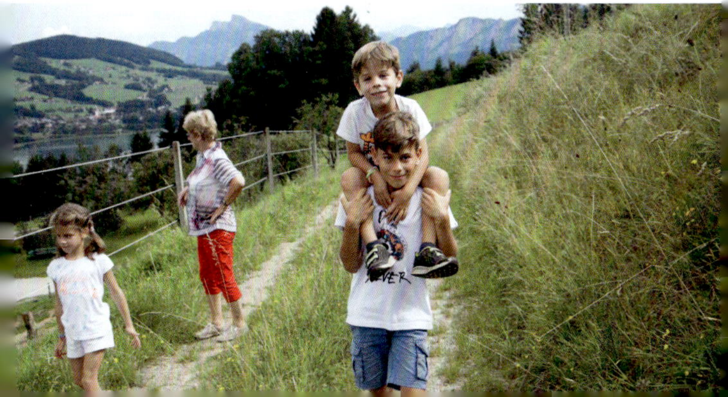

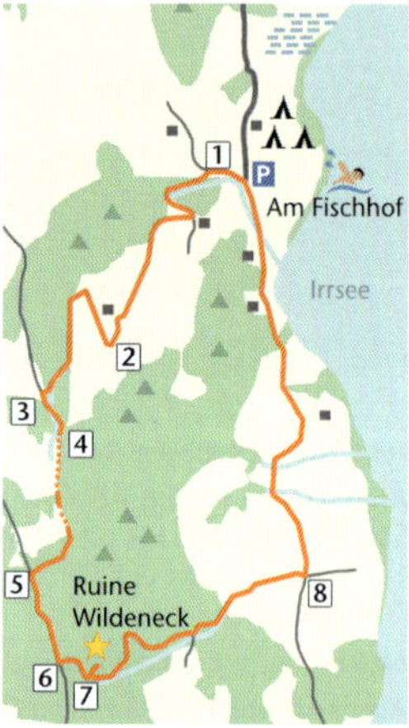

Nr. 2: Um diesen links herum wandern. Der Weg geht hinter dem Bauernhof über die Wiese und dann am Wald entlang. Die schlimmsten Steigungen sind geschafft. Durch den Wald weiter zu einer Wiese wandern. **Nr. 3:** Hier links abbiegen und durch den nächsten Wald bis zur nächsten Wiese. **Nr. 4:** Hier endet der Weg plötzlich. Einfach am Waldrand weiter entlang wandern bis zum nächsten Wald – hier ist gleich wieder ein breiter Weg. Dem Weg nun bergauf folgen (es sind auch wieder rot-weiße Markierungen an den Bäumen zu erkennen). **Nr. 5:** Der Weg mündet in einer Forststraße. Diese nach links weiterwandern. **Nr. 6:** Nach ungefähr 10 Min. achtgeben, dass die Abzweigung nach links zur Ruine Wildenegg nicht verpasst wird (Wegweiser zeigen in die umgekehrte Richtung). Ab jetzt geht es steiler bergab auf einem schmalen Waldpfad. Nach 5 Minuten kommt man zum Aufgang zur Ruine. **Nr. 7:** Hier steht eine kleine Bank zum Rasten und eine Tafel erzählt von den Raubrittern. Wer will, kann oben auf den kaum ersichtlichen Überresten der Burgmauern herumwandern. Um zum Ausgangspunkt zurückzukehren, dem Pfad weiter steil bergab folgen. Der Weg kann teilweise sehr ausgewaschen sein, bis er schließlich auf einer Wiese oberhalb des Irrsees aus dem Wald mündet. **Nr. 8:** Unten trifft der Weg auf die Straße rund um den Irrsee. Hier links halten und 1,3 km auf dem Asphaltweg zurück zum Ausgangspunkt wandern.

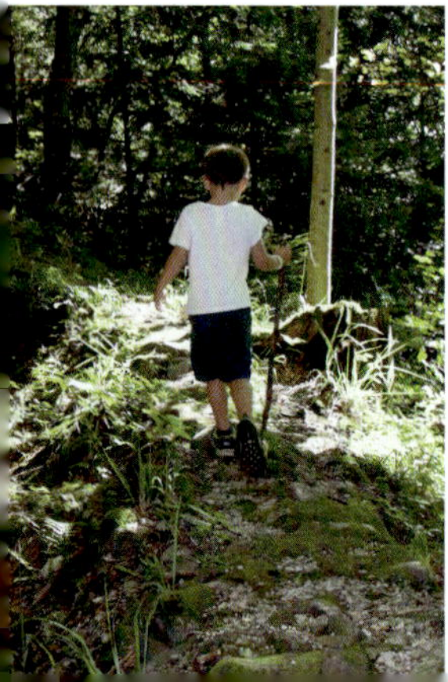

2. Kolomansberg (1083 m)

Irrsee: vom Kinderbauernhof zum Gipfelkircherl

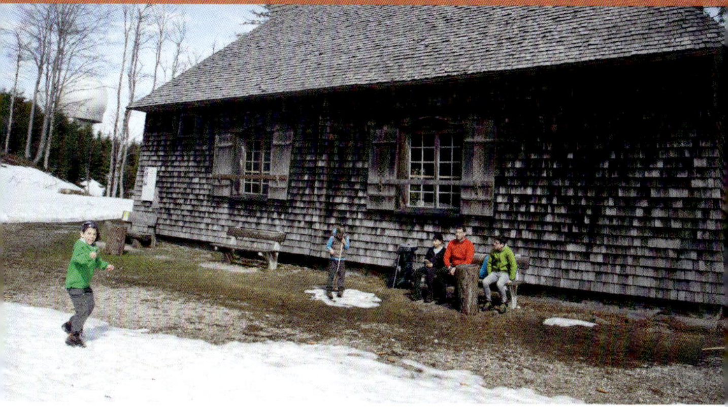

Durch die markanten Radarkugeln des Bundesheeres ist der Kolomansberg von Weitem zu erkennen. Von rundherum führen zahlreiche Wege zur herzigen Holzkirche am waldigen Gipfel. Wir haben den beliebten Hochserner-Hof als Ziel- und Ausgangspunkt dieser Wanderung gewählt. Von hier aus ist es eine gemütliche Nachmittagstour mit Ausblicken auf den Irrsee und Mondsee. Der Brunnen unterhalb der Kirche galt schon in der Keltenzeit als Kraftplatz. Im Winter ist die Straße beim Hochserner–Hof eine Rodelstrecke.

Wetter: ☀ ☂ ● Anforderung: ● Dauer: 1 ½ h

Anforderung: Mittel; 353 Hm; mittlere Steigungen mit steilen Teilstücken.

Dauer: Eine Strecke: 1 ½ h; 2,5 km.

Wetter: Jedes Wetter, außer bei Sturm und Schnee (jedoch bis zum Waldrand beliebte Rodelstrecke). Nach Regen kann der Weg sehr matschig sein.

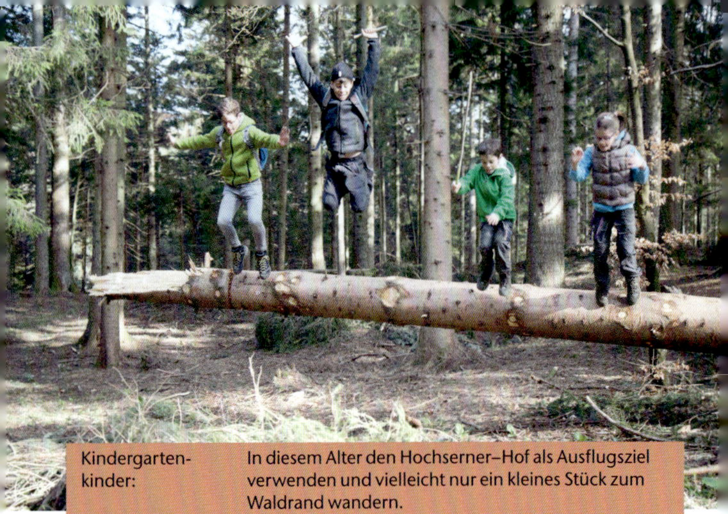

Kindergarten-kinder:	In diesem Alter den Hochserner–Hof als Ausflugsziel verwenden und vielleicht nur ein kleines Stück zum Waldrand wandern.
Volksschulkinder:	Für gehfreudige Kinder gut geeignet. Ansonsten siehe oben, nur ein kleines Stück im Wald wandern.
Ab 10 Jahren:	Gut geeignet.

Navi: 4893 Tiefgraben, Kolomansbergstr. 8.

Anfahrt: A1/E55 Abfahrt Mondsee Richtung Irrsee, Straßwalchen auf B154. Nach 1,5 km links Richtung Irrsee West. Weiter der Beschilderung Kolomansbergstr., Hochserner–Hof folgen.

Bus/Bahn: Nicht geeignet.

Ausgangspunkt/P: Hochserner–Hof.

Infos/Gaststätten: *Ghf. Hochserner-Hof, sehr kinderfreundlich, Hasen, Hühner, Ponys, Katzen, Schafe, im Winter Rodelbahn, Tel.: +43 664 2708127, Mai - Okt. Fr–Mi ab 14 Uhr, Dez. - Apr. Fr ab 17 Uhr, Sa, So ab 14 Uhr.

Wegbeschreibung: Vom Hochserner-Hof die Straße oberhalb weiter wandern. Es geht anfangs über offenes Gelände bis zur Bergstation des ehemaligen Skilifts. Hier links halten und der Beschilderung auf den Kolomansberg folgen. Ein kurzes Stück geht es am Waldrand entlang. Im Wald sind noch Relikte eines ehemaligen Kindererlebnisweges: „Meister Wu“ von Ninjago (Filmfigur) und ein Tunnelhügel werden passiert. Ab der Forststraße beginnt der Aufstieg. Bis zum Ziel ist der Weg gut mit rot-weiß-roten Markierungen gekennzeichnet. Zwei Mal wird eine Forststraße gequert. Bei den Weggabelungen immer der Beschilderung und den Markierungen zum Kolomansberg folgen. Ein starker Kontrast zur lieblichen Holzkirche ist das abgezäunte Sperrgebiet rund um die Radarkugel kurz vor dem Ziel. Gleicher Rück- wie Hinweg.

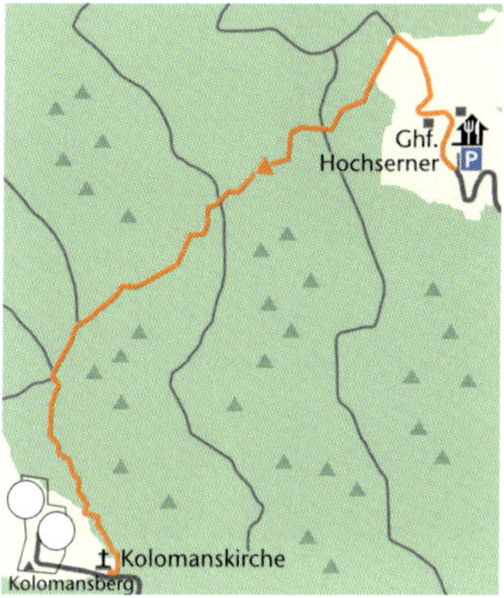

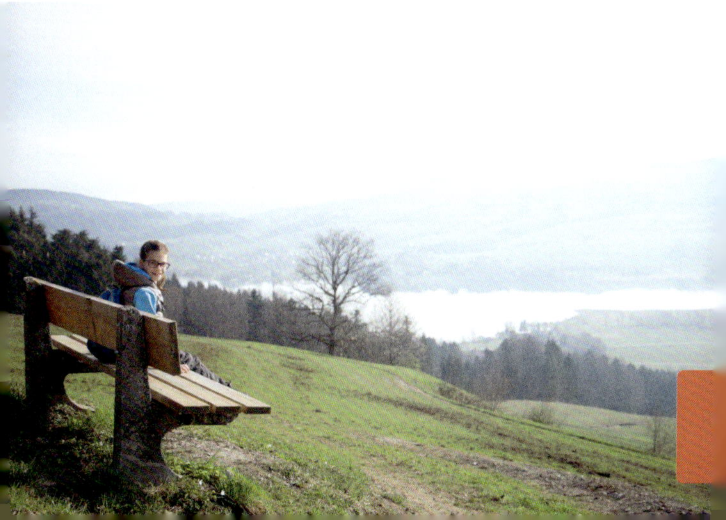

3. Kulmspitze (1095 m)

Mondsee: Höhenweg zum neuen Aussichtsturm

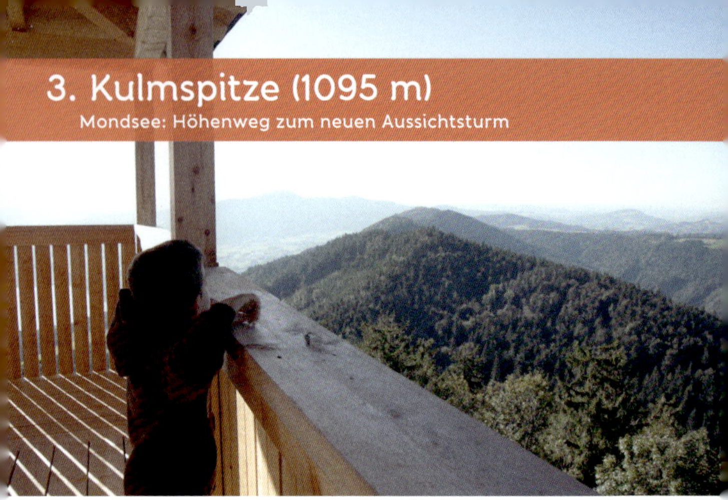

Neben dem Attergauer–Aussichtsturm steht nun auch auf der 100 m höheren Kulmspitze eine Aussichtswarte. Der ganz aus Holz erbaute, 28 m hohe Turm macht die waldige Kulmspitze zu einem Highlight der Mondseeregion und bietet eine herrliche Aussicht. Zuerst geht es durch den Wald und über Lichtungen steil bergauf bis zur Radstattkapelle. Die zweite Hälfte des Weges führt gemütlich entlang des Bergrückens über zwei kleinere Gipfel bis zum Ziel. Weil dieser Teil auch bei MountainbikerInnen sehr beliebt ist, heißt es hier aufpassen und schnell zur Seite hüpfen!

Wetter: Anforderung: Dauer: 2 h

Anforderung: Mittel; 463 Hm; anfangs mittlere Steigungen mit Steilstücken, zweite Hälfte leichte Steigungen; Waldsteige, kurzes Stück Forststraße.

Dauer: Aufstieg bis zum Turm ca. 2 h; 3,5 km; Abstieg ca. 1 h.

Wetter: Klassisches Wanderwetter.

Kindergarten-kinder:	Gesamte Strecke nur für sehr gehfreudige Kinder.
Volksschulkinder:	Gut geeignet. Die Teilstrecke bis zur Kapelle ist etwas steiler, diese kann als Zielpunkt genommen werden.
Ab 10 Jahren:	Gut geeignet,... der Turm ist cool.

Navi: 5310 Tiefgraben, Nähe Mondseeblickstraße 42, jedoch weiter in den Wald fahren.

Anfahrt: A1/E55 Abfahrt Mondsee, Richtung Mondsee Zentrum. Im Ort Richtung Mondseeblickstraße. Unter der Autobahn durch und bergauf bis zur Kehre fahren. Hier rechts Richtung Mondseeblickstraße halten. Am Riesnerhof vorbei, dem Straßenverlauf folgen und nach den Häusern im Wald am Straßenrand parken.

Bus/Bahn: Nicht geeignet.

Ausgangspunkt/P: Die Straße zurückwandern bis zum Waldrand, von hier zweigt bergauf der Pfad ab (Wegweiser).

Infos/Gaststätten: *Keine Einkehrmöglichkeit am Weg. Entlang der Anfahrt: *Riesnerhof, schöne Lage und liebevolle Gestaltung, kleiner Spielplatz, Tel. +43 6232 3333, www.riesnerhof.com, Ruhetag: Mo, geöffnet ab 15 Uhr.

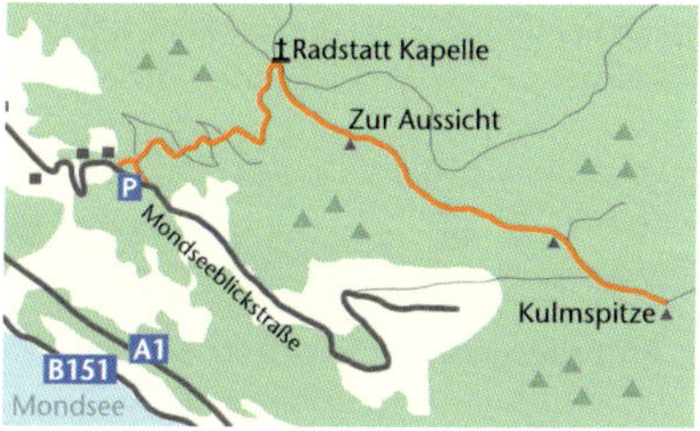

Wegbeschreibung:
Am Waldrand weist der erste Wegweiser „Kulmspitze“ Weg Nr. 5 durch den Wald bergauf. Die Forststraße wird vier Mal gequert, bis nach ca. einer ¾ Stunde die Radstatt–Kapelle erreicht ist. Ab nun dem Weg Nr. 4 folgen und ab hier müssen wir uns den Weg mit den MountainbikerInnen teilen. Es geht entlang des Bergrückens zuerst zum Marterl bei der „schönen Aussicht“. Es steht mitten im Wald und die Aussicht ist zugewachsen. Über einen zweiten kleinen Gipfel geht es in weiteren ca. 40 Minuten zur Kulmspitze. Gleicher Rück- wie Hinweg.

4. Almkogel (1030 m)

Mondsee: beliebter Gipfel, der sich hinter der Drachenwand versteckt

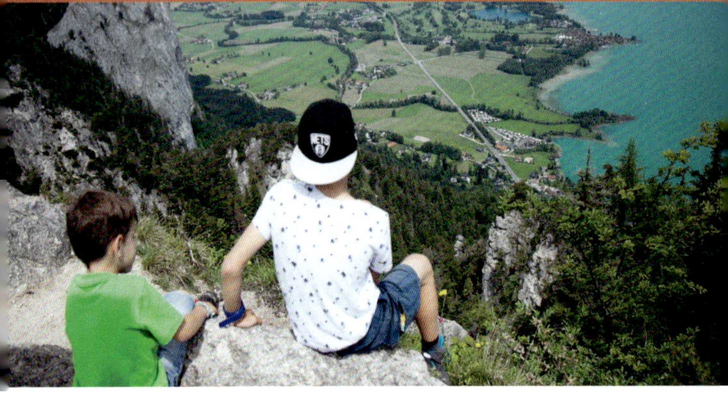

Der Almkogel gilt unter Einheimischen als Klassiker und ist sehr beliebt. Zugegeben, der Anstieg ist für Kinder ziemlich anstrengend, belohnt werden sie aber durch ein spektakuläres Gipfelerlebnis und einen grandiosen Ausblick auf die Drachenwand und den Mondsee. Auch der Weg hinauf ist abwechslungsreich und idyllisch. Mit kleineren Kindern kann man als Tagesziel zur am Weg liegenden Thekla–Kapelle gehen, die nach 20 Minuten erreicht wird.

Wetter: | Anforderung: | Dauer: 2 h

Anforderung:	Schwierig; 600 Hm; Waldwege und stetig steil ansteigender Steig. Gipfelbereich leicht ausgesetzt.
Dauer:	Aufstieg ca. 2 h; ca. 3,8 km (davon bis zur Thekl–Kapelle 20 min.; Abstieg vom Gipfel ca. 1 h.
Wetter:	Am besten bei schönem Wetter mit Weitsicht, jedoch bei jedem trockenen Wanderwetter möglich.

Kindergarten-kinder:	In diesem Alter am besten nur bis zur Thekla–Kapelle gehen. Dieser Abschnitt hat kaum Steigungen und führt durch einen schönen Buchenwald.
Volksschulkinder:	Für gehfreudige, gut motivierbare Kinder ein lohnender Berg. Wenn sie den Gipfel erreichen, sind sie meistens recht stolz, die Herausforderung geschafft zu haben.
Ab 10 Jahren:	Sehr gut geeignet.

Navi: 5310 Sankt Lorenz 19.

Anfahrt: A1 Linz-Sbg, Abfahrt Mondsee Richtung Bad Ischl/St. Gilgen auf B154. Ca. 3 km nach dem 2. Kreisverkehr nach rechts Richtung St. Lorenz abbiegen.
P1: Nach der Kirche rechts bei der Feuerwehr. Keine Parkgebühr, Wegverlängerung um 10 Min.
P2: Nach der Kirche links abbiegen, nach 600 m.
Parkgebühr Richtpreis: € 2,–.

Bus/Bahn: Hst. St. Lorenz/Mondsee Gries. Wegverlängerung um ca. 10 Min.

Ausgangspunkt/P: P2, bzw. Ghf. Drachenwand.

Infos/Gaststätten: *Ghf. Drachenwand beim Ausgangspunkt, Gastgarten, Tel. +43 6232 3356, www.drachenwand.at.

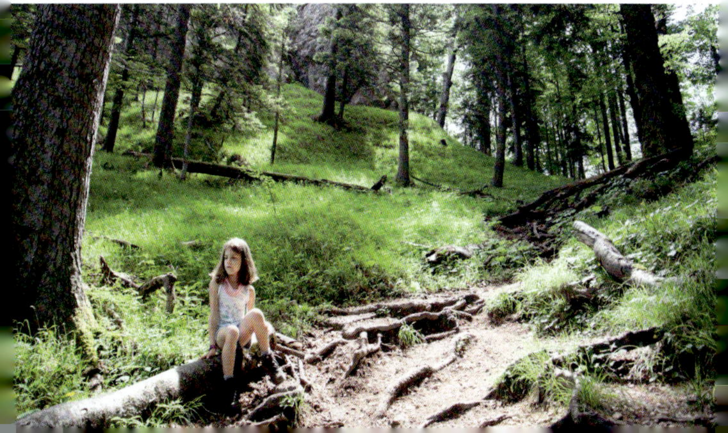

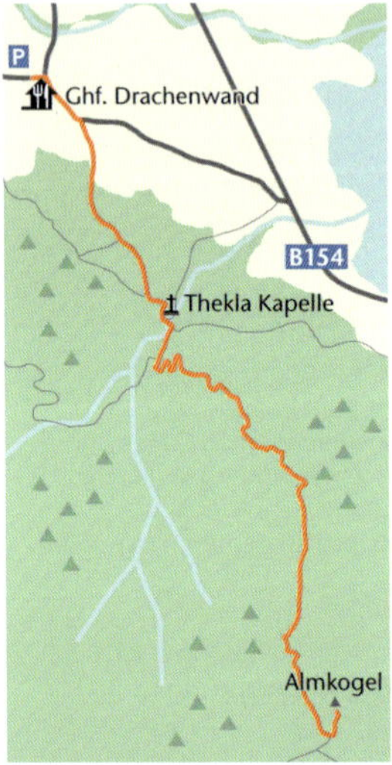

Wegbeschreibung: Nach dem Gasthof Drachenwand führt der Weg zwischen ein paar Häusern rechts bergauf (Wegweiser Almkogel Nr. 12). Danach beginnt unmittelbar der Waldweg. Dieser schlängelt sich zunächst in leichten Steigungen den Berghang entlang bis zur Thekla–Kapelle. Nach der Kapelle geht es über eine Brücke. Ab nun wird der Weg steil. Fast oben angelangt, wird der Wald lichter. Der Gipfel ist felsig und wenn viel los ist, kann auch etwas unterhalb des Gipfels gejausnet werden, hier gibt es sogar eine Bank. Am Rückweg nach der Thekla–Kapelle immer den breiteren Weg zum Ausgangspunkt nehmen. Hier besteht die Gefahr, sich etwas zu verlaufen.

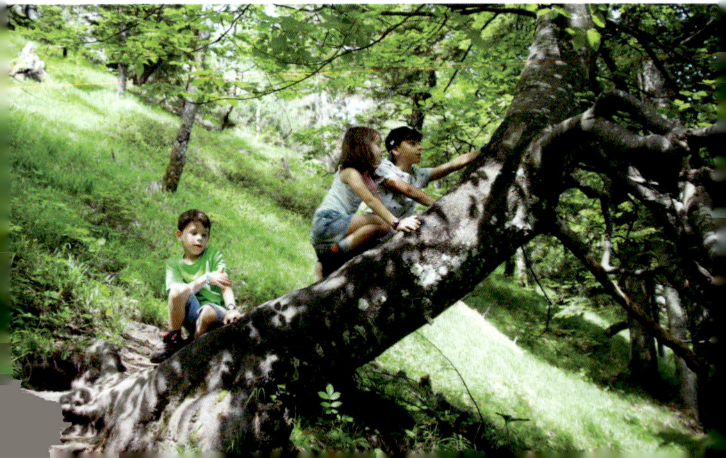

5. Eisenaualm (1015 m)

St. Gilgen/Mondsee: beliebte Alm unter dem Schafberggipfel

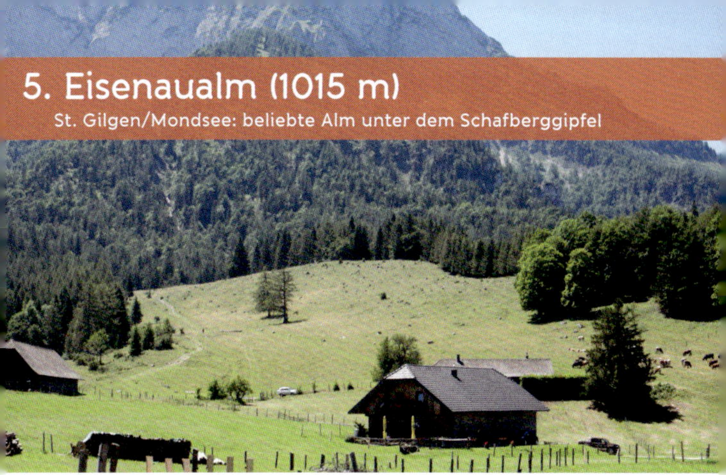

Es gibt mehrere Varianten, um zur Eisenaualm aufzusteigen. Der beliebte Aufstieg vom Ausgangspunkt Kreuzstein am Mondsee windet sich an Wasserfällen vorbei, entlang von Bächen, über Brücken hinauf zu einer Forststraße, die bald auf die herrlichen Almwiesen unterhalb des Schafberges führt. Bei der Weghälfte beim Jagastüberl hat man einen herrlichen Ausblick auf den Mondsee und die Drachenwand. Auf der Alm weiden Kühe und in zwei herzigen Hütten werden Schmankerl serviert. An Badetagen ist es am östlichen Mondseeufer etwas schwierig einen Parkplatz zu finden. Aber parallel zur Straße verläuft der Valerieweg, von wo jederorts ein Einstieg zum Weg möglich ist.

Wetter: Anforderung: Dauer: 2 ½ h

Anforderung: Mittel; 527 Hm; im ersten Drittel steil, danach mittlere bis leichte Steigungen mit steilen Teilstücken; Waldpfade und Steige, oben Forststraße; Bergschuhe notwendig.

Dauer: Eine Strecke: ca. 2 ½ h; 4,7 km.

Wetter: Klassisches Wanderwetter.

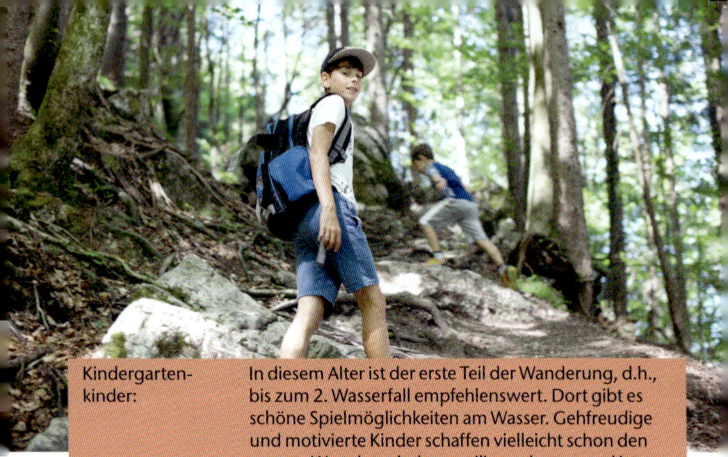

Kindergarten-kinder:	In diesem Alter ist der erste Teil der Wanderung, d.h., bis zum 2. Wasserfall empfehlenswert. Dort gibt es schöne Spielmöglichkeiten am Wasser. Gehfreudige und motivierte Kinder schaffen vielleicht schon den ganzen Weg der sehr kurzweilig und spannend ist. Nur die Passage mit der Forststraße ist etwas zäh.
Volksschulkinder:	Gut geeignet, siehe oben. Der Weg ist bei Familien sehr beliebt.
Ab 10 Jahren:	Sehr gut geeignet.

Navi: 4866 St. Gilgen, Nähe von Oberburgau 41.

Anfahrt: A1 Abfahrt Mondsee, weiter auf der B154 Richtung St. Gilgen entlang am südwestlichen Mondseeufer. Bei der Abzweigung nach Unterach links abfahren. Nach dem Kienbergtunnel entlang der Straße parken. Es gibt immer wieder kleine Wegerl, die von der Straße durch den Wald zum parallel verlaufenden Valerieweg abzweigen.

Bus/Bahn: Nicht geeignet für diese Variante.

Ausgangspunkt/P: P beim Kreuzstein (erkennbar durch einen Stein mit Kreuz im Wasser).

Infos/Gaststätten: *Buchberghütte, sehr beliebt, Tel. +43 664 2105333, www.buchberghuette.at, Mai - Okt., Ruhetage: Mo, ab Okt. Mo + Mi; *Kienberghütte, herzige Hütte, Tel. +43 664 1435737, Mai - Ende Okt., Ruhetage: Di-Fr.

Wegbeschreibung: Wer nicht direkt beim P Kreuzstein startet, einfach den Parallelweg zur Straße Richtung Tunnel und Kreuzstein wandern, bis der erste Wegweiser Richtung Wasserfall und Eisenaualm (Weg

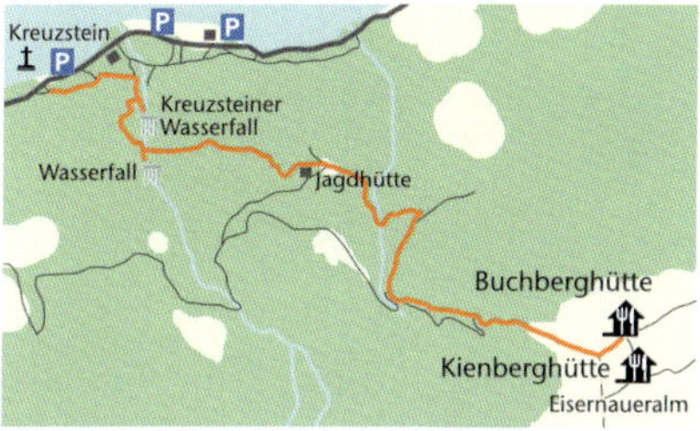

Nr. 19) weist. Nach ca. 10 Minuten führt ein Stichweg zum Kreuzsteiner Wasserfall. Ein Besuch ist empfehlenswert. Es geht stetig bergauf, bis nach weiteren ca. 10 Minuten der nächste Wasserfall und das Tagesziel für kleinere Kinder erreicht ist. Langsam nehmen die Steigungen ab. Beim Forsthaus gibt es einen herrlichen Blick auf den Mondsee und die Hälfte des Weges ist geschafft. Nach einiger Zeit folgt eine spannende Eisenstiege und Brücke, um einen kleinen Bach zu queren. Etwas später mündet der Weg in eine Forststraße. Hier nach rechts (Weg Nr. 19). Dieser Schotterweg mündet in eine weitere, bei MountainbikerInnen beliebte Forststraße. Hier links weiter aufwärts und gut achtgeben, damit man am Rückweg wieder richtig abbiegt. Von der Forststraße zweigt bald nach links ein Waldweg ab, der ein bisschen abkürzt. Ab hier ist es nur mehr ca. eine Viertelstunde bis zum Ziel. Gleicher Rück- wie Hinweg.

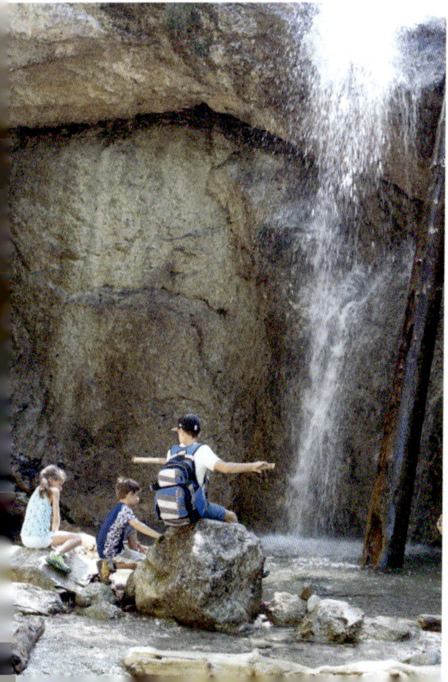

6 Nockstein (1042 m)

Koppl: Gipfel am Tor zum Salzkammergut

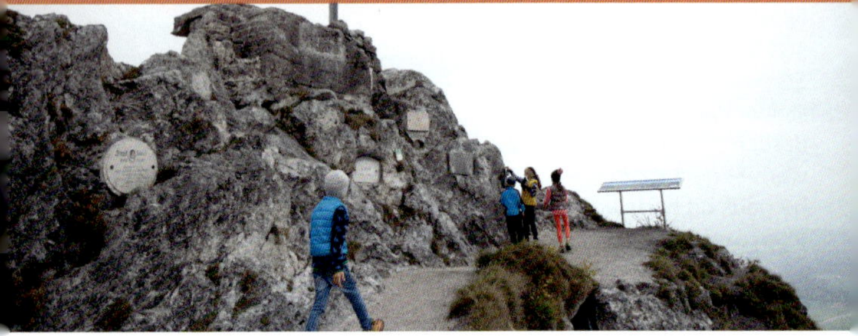

Der Nockstein ist ein Klassiker und gehört schon fast zum Pflichtprogramm. Von der Felsnase hat man einen herrlichen Blick auf die Stadt Salzburg und die umliegenden Salzburger Seen und Berge. Der waldige Weg ist abwechslungsreich, neben Kunstinstallationen und Graffitis verschiedener KünstlerInnen sind nach der Bergrückenpassage 30 Engerl im Wald versteckt. Bis zum Aussichtspunkt vor dem steilen Gipfelaufstieg ist der Weg mit mittleren Steigungen gut zu wandern. Die letzten 10 Minuten sind ausgesetzt. Wer nicht schwindelfrei ist, spart den Gipfelfels aus und nimmt als Ziel das Bankerl unterhalb. Auch hier ist die Aussicht bereits sehr schön. Unterhalb des Gipfels befindet sich eine breite Felsnische mit einer Feuerstelle und den drei letzten Engerln. Ausgangs- und Endpunkt der Wanderung ist der Riedlwirt mit einem netten Kinderspielplatz unter Obstbäumen.

Wetter: Anforderung: Dauer: 1 ½ h

Anforderung: Mittel bis zum Gipfelanstieg; 310 Hm; die letzten 10 Min. gehen über etwas ausgesetzte Felsen und sind als schwierig einzustufen. Dort ist Trittsicherheit und Schwindelfreiheit Voraussetzung. Bis zum Gipfelfels geht es angenehm und stetig ansteigend durch den Wald.

Dauer:	Eine Strecke: 1 ½ h; 2,2 km. Bis zum Aussichtspunkt 1 ¼ h; 2 km.
Wetter:	Trockenes Wanderwetter.

Kindergartenkinder:	Weg bis zum Aussichtspunkt für gehfreudige Kinder geeignet. Die Etappe bis zu den Schwarz–Weiß–Steinen auf der Lichtung dauert 40 Min. und ist auch als Umkehrpunkt geeignet. Wer noch Kraft in den Beinen hat, mag vielleicht noch den Aussichtsplatz unterhalb des Gipfelfelsens erklimmen. Für den Spielplatz beim Riedlwirt unbedingt Wechselgewand mitnehmen – Wasserpumpe und Staubecken, Rutsche mit Kletterparcours.
Volksschulkinder:	Gut geeignet. Ab dem oberen Drittel gibt es die Engerl zu finden. Evtl. jedoch Gipfelfels aussparen oder Kinder sichern.
Ab 10 Jahren:	Sehr gut geeignet.

Navi: 5321 Koppl, Eisenstraße 38.

Anfahrt: Salzburg Richtung St. Gilgen auf der B 158, gegenüber des P & R-Parkplatzes rechts nach Koppl abbiegen. Nach 300 m rechts abbiegen – Beschilderung Gasthof Am Riedel. Parkmöglichkeit beim Gasthof und danach am Wanderparkplatz.

Bus/Bahn: Koppl Sperrbrücke, dadurch Wegverlängerung um 800 m.

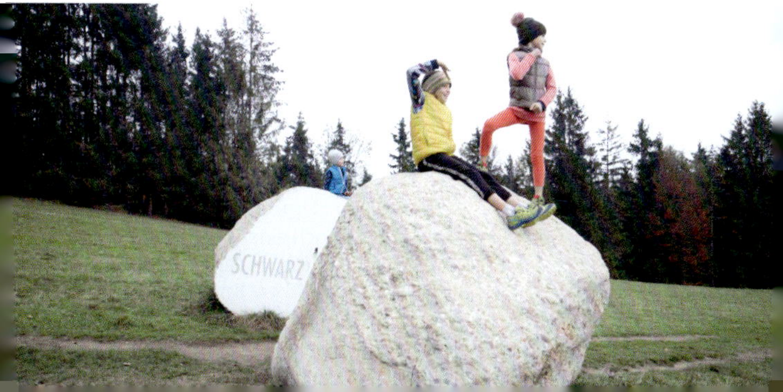

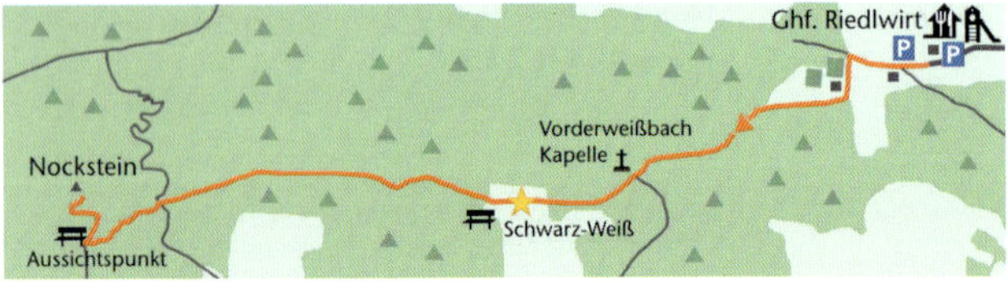

Ausgangspunkt/P: Gasthof Am Riedel, vulgo Riedlwirt.

Infos/Gaststätten: *Gasthof Am Riedel, familienfreundlich, schöner Spielplatz, Tel. +43 6221 7206, www.riedlwirt.at, Ruhetage: Mo, Di.

Wegbeschreibung: Vom Riedlwirt die Anfahrtstraße weiter bergauf wandern und im Prinzip kann man immer den Schildern „Nockstein" folgen. Nach dem Queren der Wiese rechts halten und bei den Tennisplätzen vorbei. Oberhalb der Tennisplätze endet die Asphaltstraße und der breite Hohlweg führt in den Wald bergauf bis zur Vorderweißbach–Kapelle. Nach der Kapelle wird es nochmals steiler, bis der Weg in eine Wiese mündet. Nach ungefähr 40 Min. Gehzeit sind die Schwarz-Weiß–Steine verschiedener KünstlerInnen (Umkehrplatz für kleinere Kinder) erreicht. Ab nun wird der Weg etwas anspruchsvoller und auch spannender. Über den Bergrücken geht es jetzt bis zu einer Mulde, wo weitere Aufstiege in den Weg münden. Ab hier gibt es die Engerl zum Zählen. Nach weiteren ca. 20 Minuten ist der Aussichtsplatz mit einer markanten Marmorskulptur und Bankerl erreicht. Wer weniger bergerfahren oder nicht schwindelfrei und trittsicher ist, nimmt diesen Platz als Ziel- und Umkehrpunkt. Alle anderen haben noch einen ca. 10-minütigen Aufstieg bis zum Gipfel vor sich.

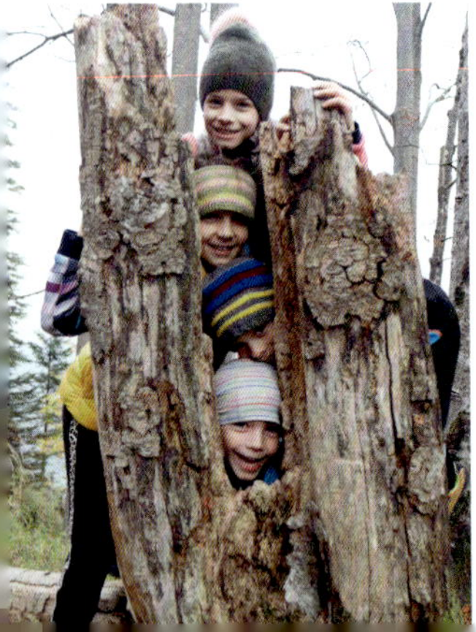

7 Filblingsee (1050 m)

Fuschl: versteckter Bergsee am waldigen Bergrücken

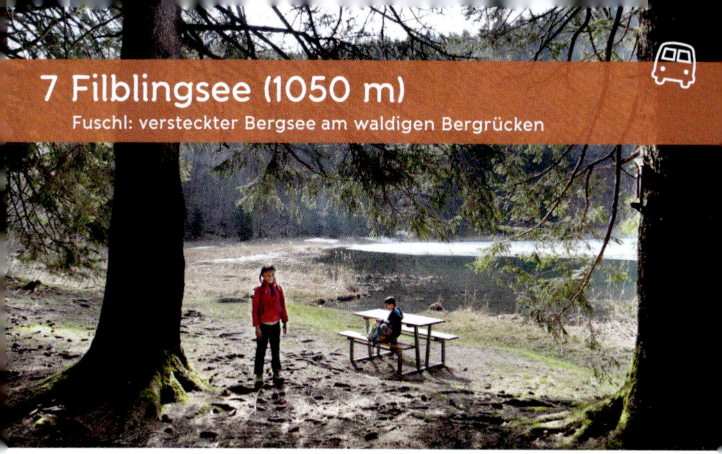

Landschaftlich gleicht der See dem idyllischen Eibensee, nur er ist kleiner. Was den Unterschied ausmacht, zum Filblingsee führt ein sehr breiter Weg steil bergauf. Es ist fast schon eine Forststraße und somit eher fad, wenn man nicht in einer Gruppe wandert. Nach ca. 400 Höhenmetern gibt's in der Nähe des Sees einen kleinen Unterstand, der zum Spielen anregt, und Wasser hat sowieso immer Saison. Es gibt Bankerl auf der Strecke mit schöner Aussicht auf den Fuschlsee.

Wetter: Anforderung: Dauer: 1 ½ h

Anforderung:	Mittel; 371 Hm; das erste Stück des Forst- bzw. eher Hohlweges ist holprig (große Bachsteine), danach guter Forstweg; Stetig ansteigend, steilere Teilstücke.
Dauer:	Eine Strecke: ca. 1 ½ h; 2 km.
Wetter:	Jedes Wanderwetter.

Kindergartenkinder:	Wenig geeignet, da die Forststraße eher langweilig ist. Der See ist ein nettes Ziel. Im Frühjahr Schneerosen.
Volksschulkinder:	Siehe Kindergartenkinder.
Ab 10 Jahren:	Zum Konditionaufbauen gut geeignet.

Navi: 5330 Fuschl am See, Filblingstraße

Anfahrt: Autobahnausfahrt Thalgau – Richtung Hof (oder von Gnigl über die B158 Richtung St. Gilgen/Fuschl am See. Ca. 3,5 km nach dem Jagdschloss Fuschl, noch vor der Ortschaft Fuschl zweigt rechts ein Asphaltweg ab (Schild: Gewerbegebiet Filblingstraße). Hier parken.

Bus/Bahn: Fuschl Oberbrunn, dadurch Wegverlängerung um 5 Minuten.

Ausgangspunkt/P: Gewerbegebiet Filblingstraße, nicht behindernd entlang der Straße.

Infos/Gaststätten: Keine Einkehr möglich, ausreichend Jause und vor allem zu trinken mitnehmen.

Wegbeschreibung: Vom Ausgangspunkt zum Wald hinwenden. Am Waldrand sieht man bereits das erste Wegschild zum Filblingsee und Filbling (40, 804). Diesem folgen. Der Weg ist nicht zu verfehlen, an jeder Gabelung stehen Hinweisschilder.

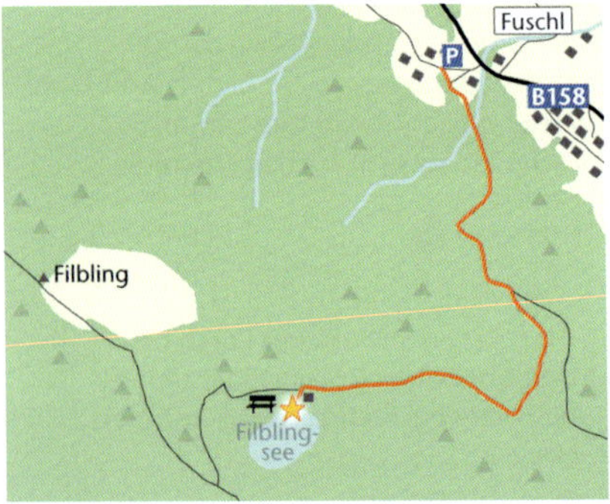

Im ersten Viertel der Route macht der Wegverlauf einmal eine stärkere Linkskurve, geradeaus geht ein gut sichtbarer schmalerer Hohlweg am Bach weiter. Hier ist der letzte Wasserzugang (Spielmöglichkeit) bis zum Ziel. Ich bin diesen Hohlweg weitergegangen, da es nach einer guten Möglichkeit zum Abkürzen aussah. Man kommt schon hinauf, aber der Weg verfällt immer mehr, ist später nicht mehr ersichtlich, rutschig und für Kinder schwierig zum Steigen, also nicht empfehlenswert. Am besten den normal beschilderten Weg entlang der Forststraße wählen. Der Filblingsee liegt sehr idyllisch in einer Senke. Gleicher Rück- wie Hinweg.

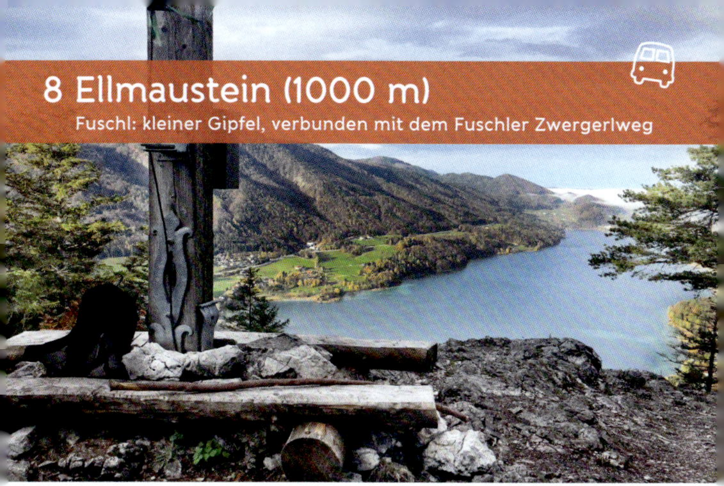

8 Ellmaustein (1000 m)

Fuschl: kleiner Gipfel, verbunden mit dem Fuschler Zwergerlweg

Der Ellmaustein ist im Gegensatz zu seinem großen Bruder, dem viel besuchten Schober, eine nette Alternative für fast jede Wetterlage. Kleineren Kindern genügt vielleicht schon der erste Teil der Wanderung, der Fuschler Zwergerlweg. Am Ende dieses Waldwegerls geht's kurz entlang einer wenig befahrenen Straße zum Einstieg in den Weg auf den Ellmaustein. Beim Gipfelkreuz wird man mit einer sehr schönen Aussicht auf den Fuschlsee belohnt.

Wetter: Anforderung: Dauer: 1 ¼ h

Anforderung: Leicht bis Mittel; ca. 320 Hm; Zwergerlweg leicht, der Aufstieg zum Ellmaustein ist steil; ca. 300 m Asphaltstraße zw. Zwergerlweg und Einstieg in den Ellmaustein-Steig, sonst Waldsteige.

Dauer: Eine Strecke: 1 ¼ Std., 2 km; davon Zwergerlweg: ca. ¼ Std., ca. 500 m.

Wetter: Jedes Wetter, auch bei Nieselwetter mit gutem Schuhwerk geeignet. Im Sommer als Morgen- oder Abendtour planen, da trotz Wald sonnseitig gelegen.

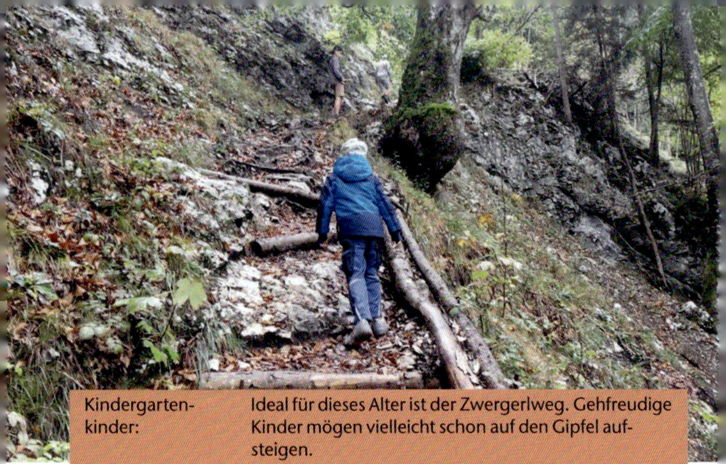

Kindergarten-kinder:	Ideal für dieses Alter ist der Zwergerlweg. Gehfreudige Kinder mögen vielleicht schon auf den Gipfel aufsteigen.
Volksschulkinder:	Perfekt für erste Gipfelerlebnisse. Der Weg ist für Kinder anstrengend, aber lohnend.
Ab 10 Jahren:	Sehr gut geeignet.

Navi: 5330 Fuschl am See, Steinbachstraße 6.

Anfahrt: B154 bis Fuschl. In Höhe der Ortschaft Fuschl, gegenüber dem Sportplatz befindet sich am Waldrand ein Parkplatz. Hier einbiegen Richtung ehemaliger Sommerrodelbahn, nach ca. 400 m ist der Parkplatz. Hinweis: Wer den Zwergerlweg ausspart, kann ev. entlang der Ellmaustraße direkt beim Einstieg parken.

Bus/Bahn: Hst. Fuschl Orstmitte. Dadurch Wegverlängerung um ca. ¼ Std. Dazu von der Hst. Richtung Bundesstraße gehen und dem Wanderweg Nr. 28 durch die Unterführung Richtung Ellmautal folgen.

Ausgangspunkt: P bei der ehemaligen Sommerrodelbahn.

Infos/Gaststätten: *Rumingmühle, bewirtschaftet Di, Fr, Sa Nachmittag von Juli – Sep., am Di wird Brot gebacken. Infos beim TVB Fuschl, www.fuschlsee.salzkammergut.at. Für den Weg ausreichend Proviant mitnehmen.

Wegbeschreibung: Vom Parkplatz quasi in Verlängerung der Anfahrtsstraße weitergehen und am Kneipp-Kräutergarten vorbei. Der Mühlenweg führt entlang eines Bacherls zur Rumingmühle und weiter zum Zwergerlweg. Dieser mündet in eine Siedlung, hier die Rich-

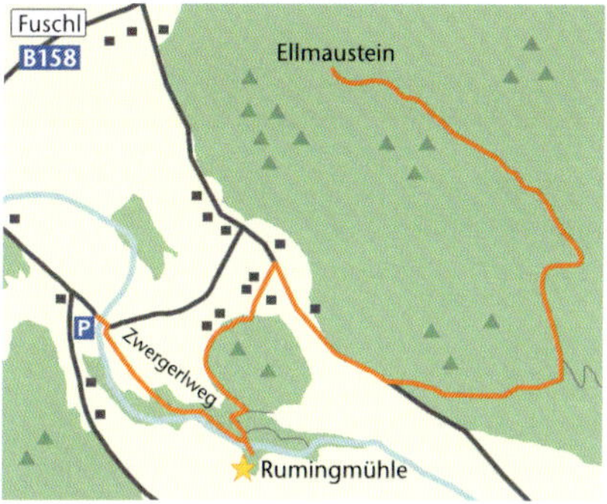

tung beibehalten. Bei der Siedlungsausfahrt rechts Richtung Ellmau gehen. Nach ca. 300 m ist links der Einstieg zum Weg auf den Ellmaustein erreicht. Ab hier geht es steil bergauf. Im mittleren Teil mündet der Weg in einen breiteren Pfad, kurz darauf wird es wieder enger. Durch die Blätter sieht man immer wieder ins Tal, bald ist der Ellmaurücken erreicht. Am Gipfelplateau gibt es eine herrliche Aussicht ins Tal, das Gipfelkreuz liegt etwas unterhalb. Gleicher Rück- wie Hinweg.

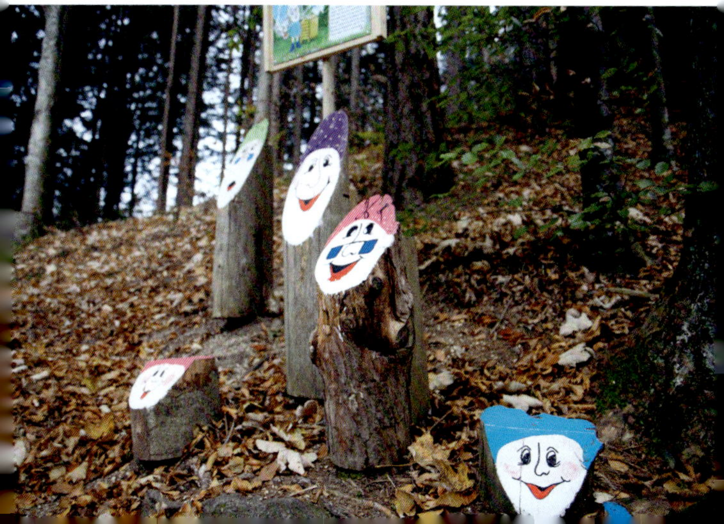

Zusatztipps

... die es noch zu entdecken gibt.

Irrsee: Landesbadeplatz

Weidenweg 1, 4893 Zell am Moos

Netter kleiner Badeplatz am nicht überlaufenen Moorsee. Eintritt frei, Parkgebühr € 4,–.

Mondsee: Badeplatz Oberburgau

Südliches Mondseeufer 1500 m unterhalb des Seeausflusses

Der Badeplatz bietet zwar nur die Basics, aber er ist gratis und nicht überlaufen.

Mondsee: Badeplatz Loibichl

5311 Innerschwand am Mondsee

Steg, Sandbucht, Floß im See – sehr großer, gepflegter Badeplatz. Eintritt frei, Parkgebühr € 4,–.

Mondsee: Badeplatz Schwarzindien

Schwarzindien, 5310 St. Lorenz am Mondsee

Netter Badeplatz mit kleinem Kinderspielplatz, Steg und Buffet. Eintritt frei, Parkgebühr € 4,–.

Fuschlsee: Badeplatz Wesenauer

Au-Straße 21, 5330 Fuschl am See

Der Naturbadestrand ist top ausgestattet mit Kinderspielplatz, Wassertrampolin, Tischtennis und Ruderbooten. Erw. € 5,–, Kinder € 2,50.

Fuschlsee: Hofer Naturbadestrand

Beim Kreisverkehr Richtung See abfahren, Baderluck bei Hof

Naturbadestrand mit sehr langem Badesteg und Beachvolleyball. Tageskarte Erw. € 4,50, Kinder € 2,50; ab 15 Uhr Erw. € 3, Kinder € 1,50; Parkgebühr € 3,–.

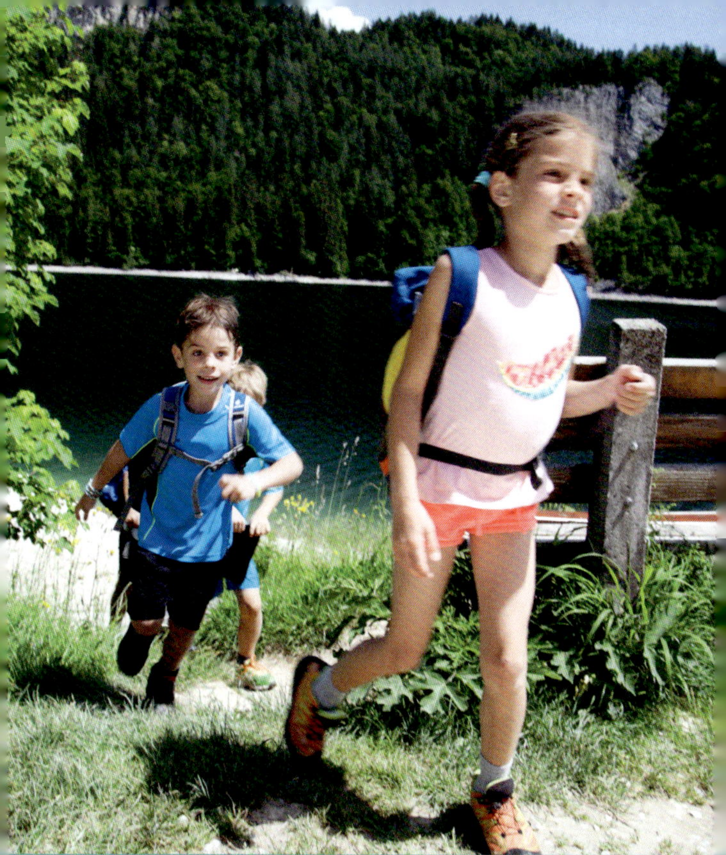

II. Wolfgangsee

St. Gilgen, Abersee, Strobl, St. Wolfgang

Besuche uns auf Facebook: **wandaverlag**

9 Falkensteinwand (750 m)

St. Gilgen: oberhalb der Felswand am Wolfgangsee zum Glücksplatz

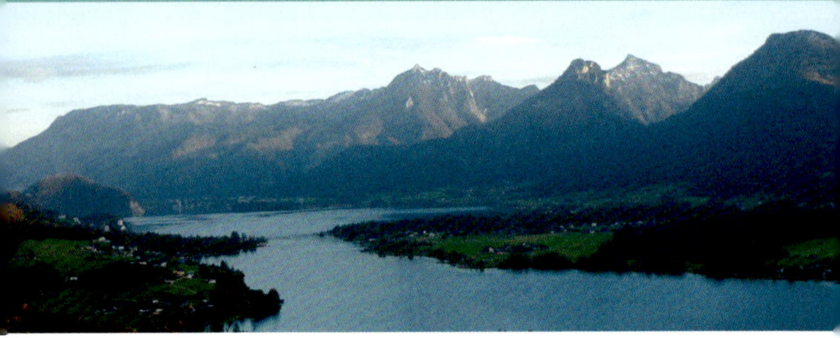

Das ist ein Klassiker. Die ca. 200 m hohe Felswand ragt imposant aus dem Wolfgangsee und der Pilgerweg dorthin ist abwechslungsreich und wunderschön. Aber weil's so ein Klassiker ist, empfehlen wir, diese Wanderung nicht in der Hauptsaison zu machen – ganz in der Nähe befindet sich auch ein Badeplatz, die Chancen auf einen Parkplatz gehen also dann gegen Null. Wer will, kann statt eines Rundweges auch nach St. Wolfgang gehen und mit dem Schifferl retour fahren.

Wetter: ◐ Anforderung: ● ● Dauer: 1 ½ h

Anforderung:	Mittel bis schwierig; 210 Hm; teilweise ziemlich steil; teilw. „verwurzelte" Steige, Kies- und Schotterwege.
Dauer:	Rundweg ca. 1 ½ Std. Gehzeit, 3,3 km. Nach St. Wolfgang ca. 3 Std. eine Strecke.
Wetter:	Schönes Wanderwetter.

Kindergarten-kinder:	Für größere und gehfreudige Kinder ist diese Tour sehr gut geeignet.
Volksschulkinder:	Super abwechslungsreich, vor allem, wenn die Tour mit einer Schifffahrt verbunden wird.
Ab 10 Jahren:	Wandertagklassiker.

Navi: 5340 St. Gilgen, Fürbergstraße 30.

Anfahrt: Autobahnausfahrt Thalgau Richtung Hof/Fuschl, oder über Gnigl – Wolfgangsee Bundesstraße – St. Gilgen. Beim Kreisverkehr St. Gilgen links Richtung Mondsee und nach ca. ½ km gleich nach dem Ortsschild Winkl rechts abzweigen und dem Wegschild Richtung Ghf. Fürberg folgen. Auf einer schmalen Straße geht es für nicht ganz 3 km zum See, wo sich ein kleiner Parkplatz befindet, der Ausgangspunkt der Wanderung.

Bus/Bahn: Von allen Wolfgangseeorten ist die Schiffshaltestelle Fürberg mit dem Schiff erreichbar.

Ausgangspunkt/P: Parkplatz beim See.

Infos/Gaststätten: *Achtung: viel Proviant und Trinken mitnehmen, keine Einkehr am Weg möglich! *Ghf. Fürberg beim Start, von Okt. bis Ostern geschlossen, Tel. +43 6227 23850; *in St. Wolfgang mehrere Gaststätten; *Wolfgangsee Tourismus, Tel. +43 6138 8003, www.wolfgangsee.at; *Schifffahrt: in der Vor- und Nachsaison z.B. alle 1½ Std. Abfahrt in St. Wolfgang – bitte vorher erkundigen, Fahrpreise je nach Anlegestelle unterschiedlich: Kinder € 4, Erw. € 8.

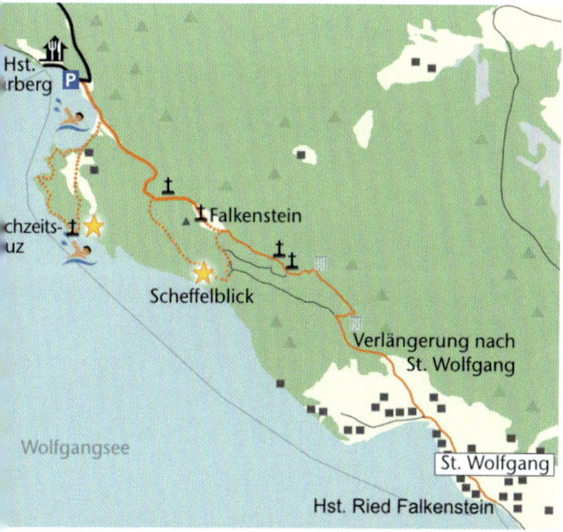

Wegbeschreibung: Vom Ausgangspunkt am See entlang zum Badeplatz gehen. Beim Badekiosk (Holzhütte) links dem breiten Kiesweg folgen. Einige Minuten später geht's für einige Zeit wirklich steil bergauf. Bei der ersten Abzweigung (gelbe Schilder Scheffelblick/Aberseeblick und Bankerl) rechts auf den schmalen Steig einbiegen. Nach dem wunderbaren Ausblick über den Wolfgangsee und wahrscheinlich einer Pause dem Wegverlauf weiter folgen: Nun entweder nach St. Wolfgang über den Aberseeblick (beschildert) oder über die Falkensteinkirche (links halten, ebenfalls beschildert) zurück zum Ausgangspunkt. Beide Wege sind interessant.

Rundweg: Die Falkensteinkirche befindet sich auf einer Lichtung. Im Kirchlein kann man eine Glocke läuten und sich etwas wünschen. Aber auf keinen Fall den Wunsch ausplaudern!

Bei der Lichtung gibt es auch noch ein Häuschen mit einer Heilwasserquelle und eine kleine Höhle mit einer Felsliege, dem „Wolfgangibett", ausführlicher nachzulesen auf einer Tafel. Der Rückweg nach Fürberg mündet beim Rundweg in den bekannten Kiesweg.

Nach St. Wolfgang: Für den weiteren Weg bieten sich noch manchmal Ausblicke und Rastplätze an. Wenn man aus dem Wald kommt, ergibt sich ein völlig anderer, wunderbarer Ausblick.

Über Wiesen geht's leicht bergab, auf einem Asphaltweg nach Ried und über die Uferstraße nach St. Wolfgang.

Die Rückfahrt mit dem Linienschiff rundet den Tag ab.

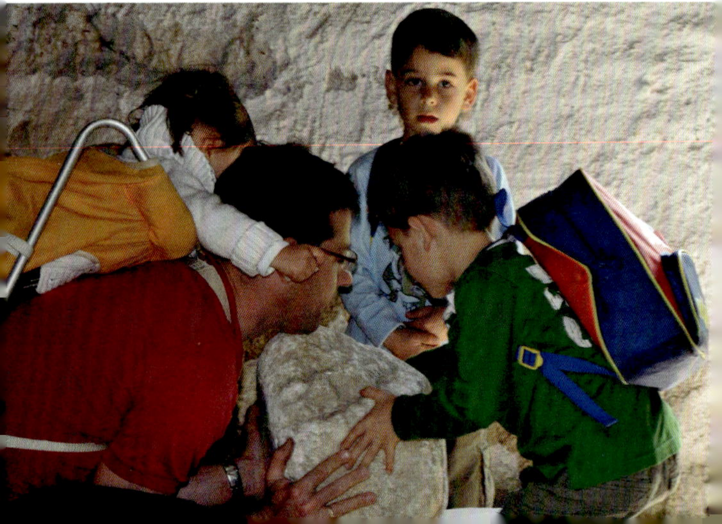

10 Mozartsteig (808 m)

St. Gilgen: Kurzwanderung mit schönem Ausblick

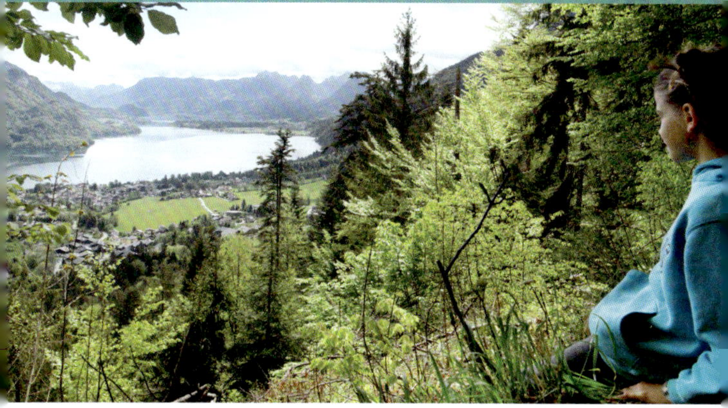

Der Aussichtspunkt Mozartblick ist weniger bekannt als z.B. die gegenüberliegende Falkensteinwand und der Zu- und Abstieg ist vielleicht auch weniger idyllisch, trotzdem ist es ein nettes Nahziel für zwischendurch. Hier ist es einsamer als auf den „Modetouren", der Ausblick auf den Wolfgangsee ist sehr schön und am Rückweg lädt der liebliche Mühlbach zum Plantschen ein. Für uns ist der Weg ein kleines Schmankerl unter den sonst überlaufenen Wolfgangsee-Touren.

Wetter: | Anforderung: | Dauer: RW 2 h

Anforderung:	Mittel; 291 Hm; mittlere Steigungen mit steilen Teilstücken, der Abstieg ist anfangs sehr steil, aber breit; ca. 1 km Wege und Straßen durch Siedlungsgebiet, danach Steige und Waldwege.
Dauer:	RW 2 h; 4,4 km.
Wetter:	Jedes Wetter, außer bei Schneelage und Sturmwarnung.

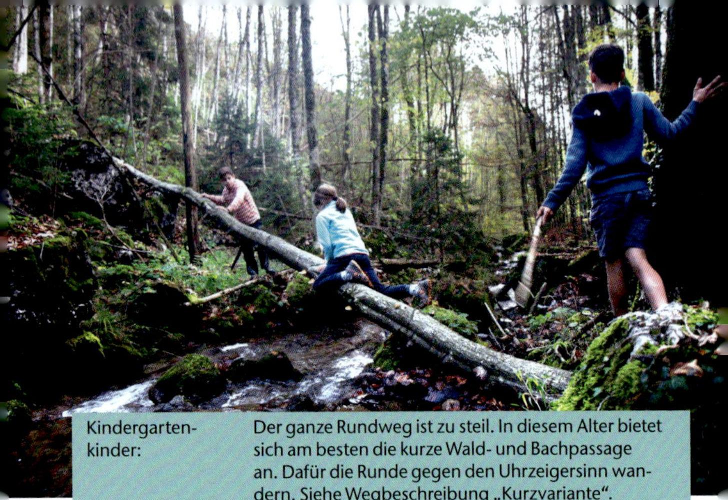

Kindergartenkinder:	Der ganze Rundweg ist zu steil. In diesem Alter bietet sich am besten die kurze Wald- und Bachpassage an. Dafür die Runde gegen den Uhrzeigersinn wandern. Siehe Wegbeschreibung „Kurzvariante“.
Volksschulkinder:	Bei Nieselwetter eine gute Alternative, weil es nett entlang eines Baches durch den Wald geht.
Ab 10 Jahren:	S. o.

Navi: 5340 St. Gilgen, Pöllingerstraße 2.

Anfahrt: B158 bis St. Gilgen. Beim Kreisverkehr zum Spar abfahren. Öffentlicher Parkbereich beim Spar.

Bus/Bahn: St. Gilgen Hollweger.

Ausgangspunkt/P: Öffentlicher P (angrenzend an den Parkplatz beim Spar).

Infos/Gaststätten: *Keine Einkehrmöglichkeit entlang des Weges, mehrere jedoch in St. Gilgen oder im Bistro des Sparmarktes beim Ausgangspunkt.

Wegbeschreibung: Vom Parkplatz Richtung Tourismusbüro gehen, die Pöllingerstraße überqueren und das Tourismusbüro rechts umwandern. Direkt hinter dem Tourismusbüro führt ein Fußweg bachaufwärts (Beschilderung: „Mozartsteig/blick Nr. 7“). Kurz darauf kommt man zu einer Weggabelung, wo die Beschilderung in beide Richtungen weist. Hier links halten. Die Runde wird im Uhrzeigersinn gewandert. Der Fußweg führt durch eine Unterführung und an

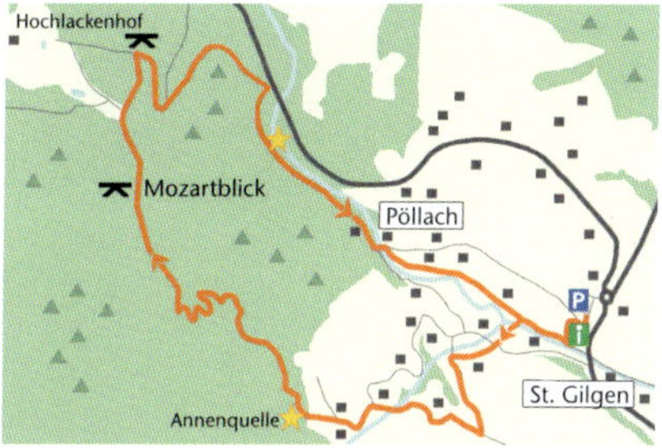

Häusern vorbei, bis er in die Laimstraße mündet. Hier der Beschilderung nach links durch das Siedlungsgebiet folgen. Es geht steil bergauf und nach den letzten Häusern geht's auf einem Karrenweg über eine Wiese zur Annenquelle am Wald-rand. Ab nun wird es immer steiler bis zum Aussichtspunkt und Ziel der Wanderung. Perfekt zum Rasten und Jausnen. Frisch gestärkt geht es zuerst noch eben an den Wiesen des Hochlackenhofes vorbei, der Beschilderung „St. Gilgen über Pöllach" folgend. Danach führt der anfangs steile Abstieg durch den Wald bis zur Bundesstraße. Ab nun den Waldweg entlang des Baches Richtung „St. Gilgen" wandern. Bei den ersten Häusern den Bach überqueren und gleich darauf rechts der Beschilderung ins Zentrum folgen. Von hier weiter über das Tourismusbüro zurück zum Ausgangspunkt.

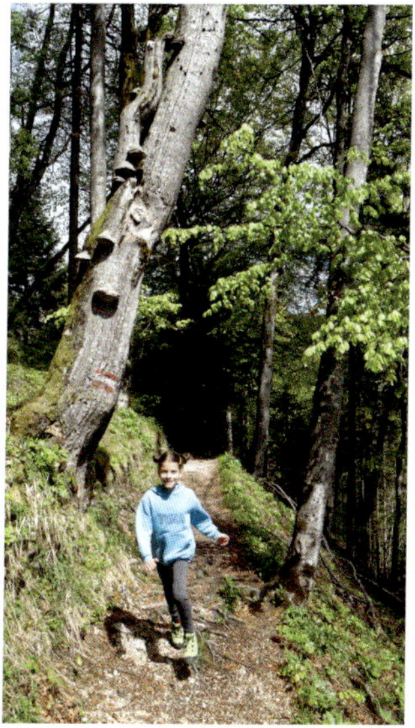

Kurzvariante: Ab dem Tourismusbüro am besten immer rechts entlang des Mühlbaches halten und die Runde gegen den Uhrzeigersinn wandern (Beschilderung Hochlacken, Fuschl Weg Nr. 13).

11 Brustwand (886 m)

Strobl: idyllischer Waldsteig zum beliebten Ausflugsziel Kleefeld

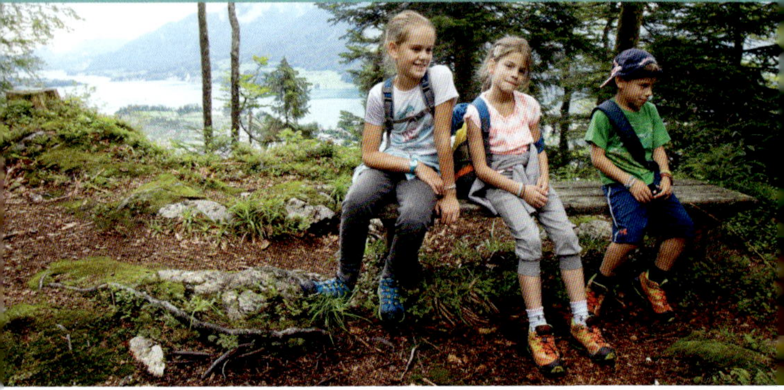

Das Gasthaus Kleefeld liegt auf einer schönen Lichtung und ist Ausgangspunkt mehrerer Wanderungen. Ein für Kinder sehr netter Rundweg ist der Brustwand-Aussichtsweg. Er ist abwechslungsreich und immer wieder gibt es schöne Blicke auf den Wolfgangsee hinunter. Oben am Aussichtspunkt gibt es zur Belohnung ein Stempelkasterl. Gemütlicher geht es dann zu den ersten Wildgehegen. Etwas weiter unten ist der nette Gasthof mit Klettergerüst, Forellenteichen und Ziegen.

Wetter: Anforderung: Dauer: 1 ½ h

Anforderung:	Mittel/Schwer; 330 Hm; steiler Aufstieg; Waldsteig, gutes Schuhwerk erforderlich.
Dauer:	RW: 2 ½ h, 5 km.
Wetter:	Klassisches Wanderwetter.

Kindergartenkinder:	Empfehlenswert ist der Bienenlehrpfad beim Ghf. Kleefeld, auch beschrieben in unserem Buch „Abenteuer Natur Salzburg und Berchtesgadener Land“.

Volksschulkinder:	Für gehfreudige Kinder gut geeignet.
Ab 10 Jahren:	Sehr gut geeignet.

Navi: 5350 Strobl, Kleefeldstraße 4.

Anfahrt: B158 bis Strobl. In Höhe von Strobl Ausschau halten nach der Abzweigung Postalmstraße. Dieser kurz folgen und rechts Richtung Ghf. Kleefeld (großes Schild) abzweigen. Bis zum P des Gasthofes fahren.

Bus/Bahn: Hst. Strobl Busbahnhof; Wegverlängerung 20 Minuten.

Ausgangspunkt/P: 1. Parkplatz des Ghf. Kleefeld am Waldrand.

Infos/Gaststätten: *Ghf. Kleefeld, beliebtes Ausflugsziel, Klettergerüst, gute Mehlspeisen, Tel. +43 6137 7383, www.kleefeld.at, Ruhetag: Mi.

Wegbeschreibung: Gegenüber der Einfahrt zum 1. Parkplatz befindet sich ein Weg am äußeren Rand des Waldes, hier beginnt die Runde. Bei einem markanten Strommasten zweigt der Weg nach links ab, Wegweiser „Brustwand Aussichtsweg“. Ab nun geht es steil bergauf. Nach ca. einer ¾ Std. Aufstieg ist das erste Aussichtsbankerl geschafft.

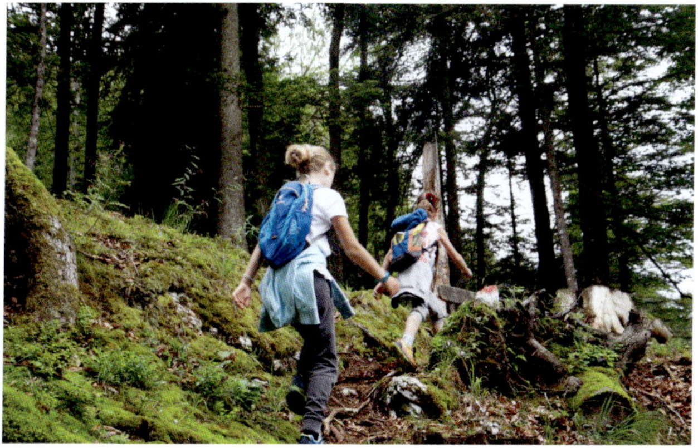

Nach einer weiteren ¼ Stunde folgt das nächste mit freiem Blick ins Tal und Richtung Kleefeld. Der Aufstieg geht noch ein bisschen weiter, vorbei an der Abzweigung zum Klettersteig - hier rechts Richtung „Brustwand Aussichtsweg" halten und nach einer weiteren ¼ Stunde ist die Stempelstelle und das letzte Aussichtsplatzerl erreicht. Ab nun geht es gemütlich auf immer breiter werdenden Wegen weiter. Der Pfad mündet in einer Forststraße, dieser nach links bergab zum Gasthof Kleefeld folgen. Nach einer Rast beim Gasthof geht der Weg zuerst kurz entlang der Straße bis zum Ende des Geheges. Hier zweigt der Weg nach links von der Straße ab. Unter der Stromleitung schließt sich der Rundweg. Bald ist der Ausgangspunkt erreicht.

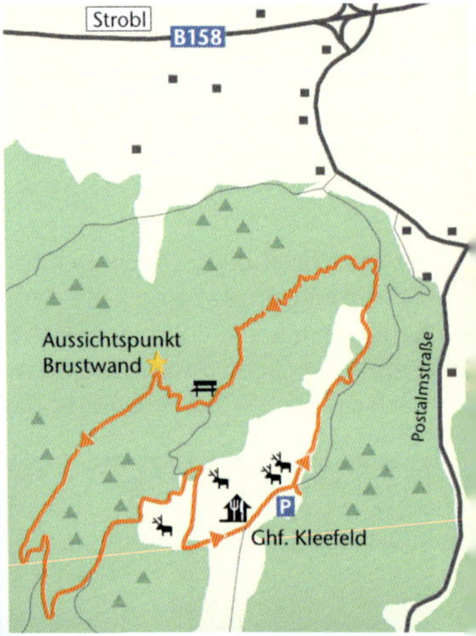

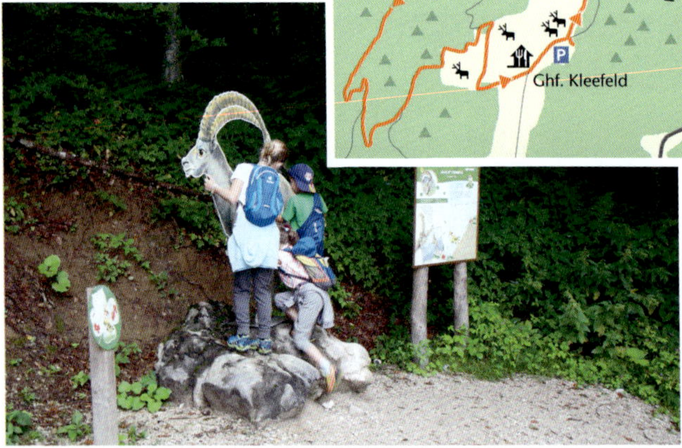

12 Wieslerhorn (1603 m)

Strobl – Postalm: Almwiesen, gemütliche Hütten, Kühe und Pferde

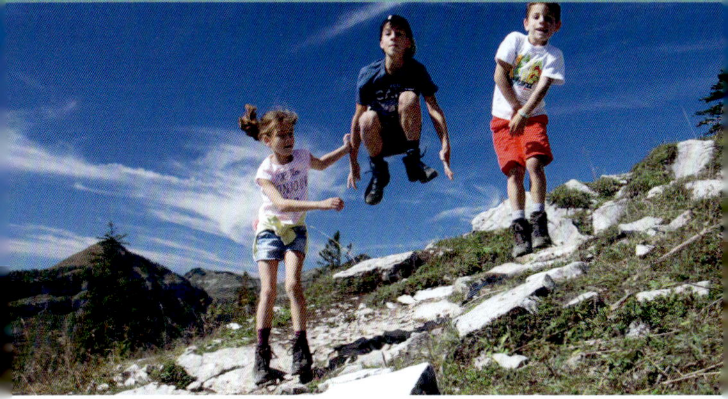

Auf der Postalm hat man die Qual der Wahl an Ausflugszielen und an schönen Wandertagen geht es hier auch ziemlich rund. Durch die Auffahrt über die Mautstraße liegt der Ausgangspunkt bereits auf ca. 1000 m Höhe und dadurch befindet man sich gleich auf offenem Gelände und riesigem Weidegebiet. Die Wanderung auf das Wieslerhorn bietet schöne Ausblicke auf den Wolfgangsee und einige Almhütten säumen den Weg. Für Kinder ist das eine mittelschwere, lohnende Tour.

Wetter:	Anforderung:	Dauer: 1 ½ h

Anforderung:	Mittel; 290 Hm; zu Beginn breiter Schotterweg, nach den Hütten Almpfade, der Anstieg zum Gipfel ist steil. Achtgeben, hinter dem Gipfel geht es steil hinunter. Gutes Schuhwerk erforderlich.
Dauer:	Eine Strecke: 1½ Std.; 3,5 km.
Wetter:	Schönes Bergwetter.

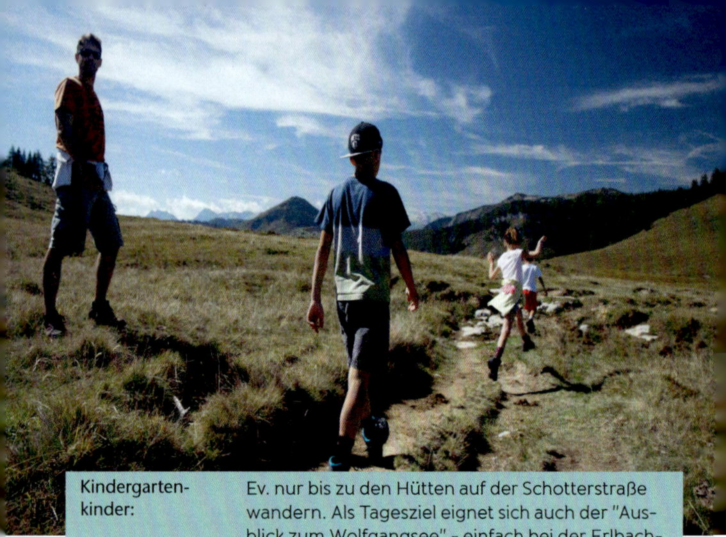

Kindergarten-kinder:	Ev. nur bis zu den Hütten auf der Schotterstraße wandern. Als Tagesziel eignet sich auch der "Ausblick zum Wolfgangsee" - einfach bei der Erlbachhütte dem Wegweiser folgen. Bei der Erlbachhütte gibt es auch eine Volière mit Zuchttauben.
Volksschulkinder:	Für gehfreudige Kinder eine schöne Tour.
Ab 10 Jahren:	Sehr gut geeignet.

Navi: 5350 Strobl, Weißenbach 47.

Anfahrt: Hinweis: Die Postalm liegt zwischen den Ortschaften Strobl und Abtenau und je nachdem, von welcher Seite man auffährt, zahlt man unterschiedliche Mautgebühren: Auffahrt Abtenau: Autobahnabfahrt Golling – Richtung Abtenau. Dort Ausschau halten nach der Linksabzweigung zur Postalm – Parkplatz 3.
Auffahrt Strobl: A1 Linz-Sbg, Abfahrt Mondsee, Richtung Bad Ischl/ Strobl auf B154. Auf der Höhe von Strobl rechts abbiegen Richtung Postalm – Parkplatz 3.

Bus/Bahn: Ab Postamt Abtenau jeden Di und Do (Auskunft Tourismusinfo Abtenau) oder von Strobl fallweise Wanderbus (Auskunft Tourismusinfo Strobl).

Ausgangspunkt/P: P3 Postalm.

Infos/Gaststätten: *Wieslerhütte, Tel. +43 6137 6131; *Erlbachhütte, Tel. +43 6137 6833; *Schafbergblickhütte, Tel. +43 6137 6107.

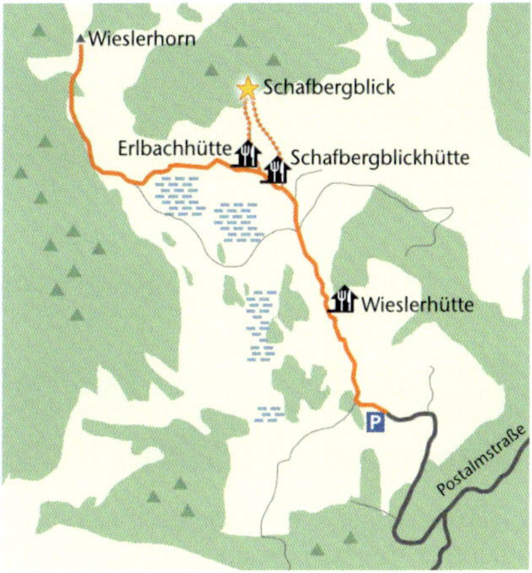

Wegbeschreibung:
Den P3 bergauf bis zum Ende (Schranken) wandern. Nach dem Schranken rechts dem Wegweiser Richtung Wieslerhorn folgen. Es geht flott über eine Schotterstraße entlang von Almwiesen mit vielen Weidetieren. Nach ca. 20 Minuten ist die Wieslerhütte erreicht, weitere folgen. Bei der Erlbachhütte zweigt ein Weg zum Schafbergblick ab – falls der Weg zum Gipfel zu weit erscheint. Oder es geht auf schmalem Pfad über Wiesen weiter zum Wieslerhorn. Die letzte halbe Stunde geht es steil bergauf zum Gipfel. Gleicher Rück- wie Hinweg.

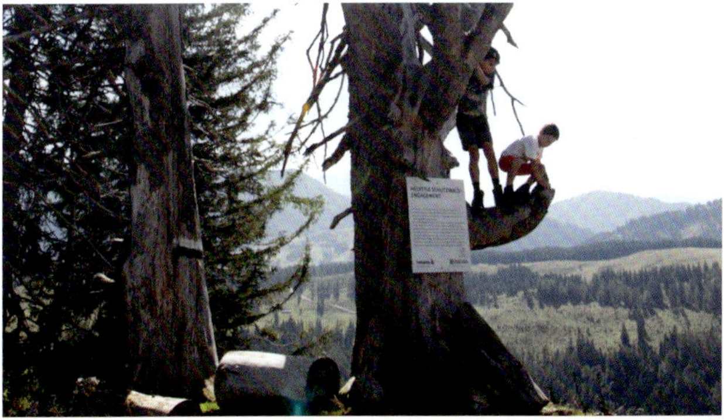

13 Malersteig (657 m)

St. Wolfgang: malerischer Spaziergang mit beliebtem Ausflugsziel

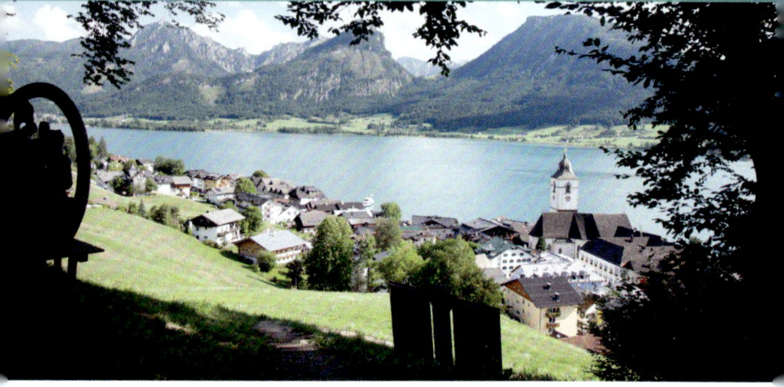

Ein klassischer St. Wolfganger Spaziergang mit idyllischen Ausblicken auf den berühmten Ort und den See mit der einzigartigen Kulisse. An einem typischen Sommertag ist der Weg nicht gerade ruhig, das Seeleben mit allen Geräuschen dringt zu dem ruhigen Wäldchen am Kalvarienberg herauf: Motorboote, Dampfer, die abfahren, Musikanten, das Rattern der Schafbergbahn, ... man fühlt sich distanziert mittendrin. Als i-Tüpferl haben wir die Runde mit einem beliebten Ausflugsziel kombiniert: Ausgangs- und Zielpunkt ist die Jausenstation Aschinger. Von dort geht es über den lieblichen Dittelbach und die Geleise der Schafbergbahn zum Malersteig.

Wetter: Anforderung: Dauer: 1 ½ h

Anforderung: Leicht; 182 Hm; leichte Steigungen; Waldwegerl über den Bergrücken.

Dauer: Eine Strecke: ca. 1 h; ca. 2 km.

Wetter: Klassisches Wanderwetter, aber auch bei regnerischem Wetter eine nette Wanderung.

Kindergarten-kinder:	Gut geeignet in diesem Alter ist eine kurze Teilstrecke z. B. bis zum Dittelbach und wieder retour zu wandern. Aufregend ist auch die Schafberg-Zahnradbahn, die in kurzer Gehdistanz zur Jausenstation liegt.
Volksschulkinder:	Für gehfreudige Kinder gut geeignet.
Ab 10 Jahren:	Sehr gut geeignet.

Navi: 5360 St. Gilgen, Ried 15.

Anfahrt: B158 bei Strobl abfahren Richtung St. Wolfgang. In St. Wolfgang 200 m nach dem Tunnel rechts halten. Nach 700 m rechts der Beschilderung „Jausenstation Aschinger“ bis zum Ziel folgen.

Bus/Bahn: Hst. St. Wolfgang Schafbergbhf., auch per Schiff möglich.

Ausgangspunkt/P: P bei der Jausenstation.

Infos/Gaststätten: *Jausenstation Aschinger, Ausgangspunkt, familienfreundlich, +43 6138 2578, www.aschinger.at, von März bis Ende Okt. geöffnet, Mo, Di Ruhetag.

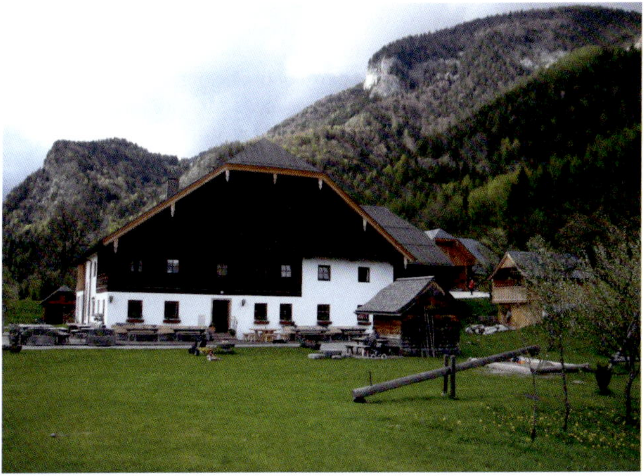

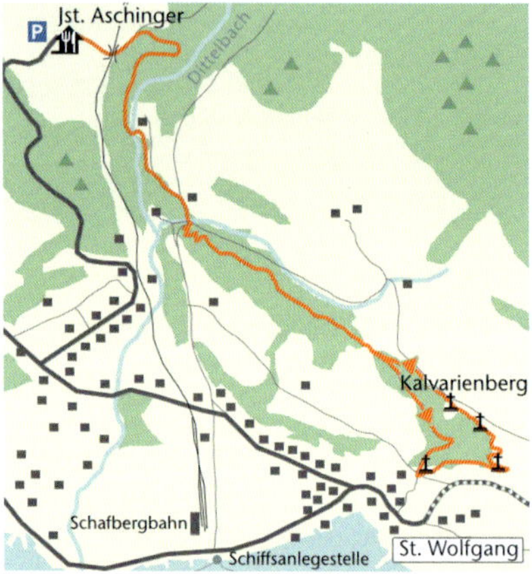

Wegbeschreibung:
Der Weg ist ab diesem Ausgangspunkt nicht durchgehend beschildert, weshalb hier die Wegbeschreibung umfangreicher ist: Der Anfahrtstraße durch die Häuser weiter folgen, bis in der Kurve hinter der Jausenstation nach rechts ein Schotterweg abzweigt. Dieser führt über die Wiesen zu den Geleisen der Schafbergbahn. Diese überqueren und der Beschilderung „St. Wolfgang – Schafbergbahnhof" bergab durch den Wald folgen. Unten führt eine kleine Brücke über den Dittelbach. Danach geht es wieder bergauf über einen Pfad bis zur Straße. Diese (rechts) ein kurzes Stück bergab bis zur Kurve wandern. Hier weist ein Schild zum Malersteig, der zuerst in Stufen bergauf führt. Ab der Anhöhe geht's im lieblichen Auf und Ab dahin. Nach dem Aussichtspunkt teilt sich der Weg in zwei Pfade, beide finden weiter unten wieder zusammen. Der Weg führt immer weiter bergab bis knapp oberhalb von St. Wolfgang. Hier zweigt links der Aufstieg zum Kalvarienberg ab. Dem Kreuzweg bis zum reizenden Kalvarienbergkircherl folgen und hinter der Kirche weiter, dem Schild „Malersteig Waldweg" folgend. Links neben der Straße ist ein ausgetretener Pfad, der dann in den Wald und auf bekanntem Weg zurück zum Ausgangspunkt führt.

14 Vormauerstein (1450 m)

St. Wolfgang: anspruchsvolle Gipfeltour mit Blick zum Schafberg

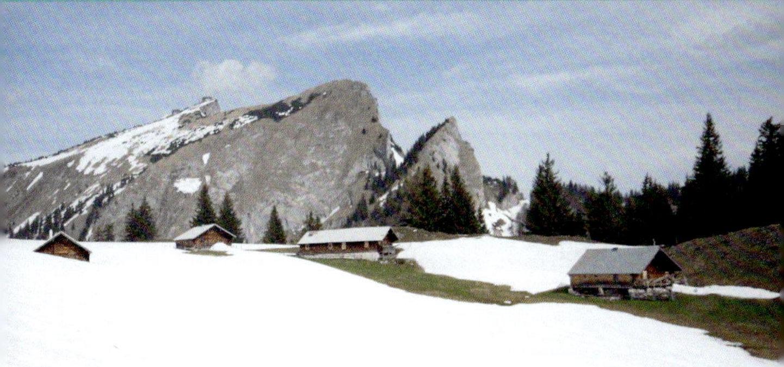

Zugegeben, der Vormauerstein ist für Kinder ein „zacher" Berg, aber es ist ein wunderschöner Gipfel und für einheimische Familien ein beliebter Klassiker. Von der Alm ist es nicht mehr weit, aber etwas zum Kraxeln auf den Vormauerstein. Am Weg motivieren Zwergerl auf Holztafeln zum Weitergehen. Vom Gipfelkreuz aus überblickt man das Wolfgangseetal, und wenn man sich umdreht, strahlt das Blau des Attersees entgegen. Nach der Wanderung ist am Rückweg eine Stärkung bei der Jausenstation „Holzerbauer" oder beim „Mosti" mehr als verdient.

Wetter: Anforderung: Dauer: 3 h

Anforderung:	Mittel; 875 Hm; weniger technisch als konditionell anspruchsvoll, oben ist ein kurzes Stück zum Kraxeln; zuerst Hohlweg, dann Wald- und Almsteige. Var. Holzerbauer: Leicht; ca. 60 Hm; leichte Steigungen; Hohlwege, Rückweg über Asphalt.
Dauer:	Eine Strecke: ca. 3 h (davon bis zur unteren Sommeraualm ca. 2 h); ca. 4 km. Variante Holzerbauer: 1 h; ca. 2 km.

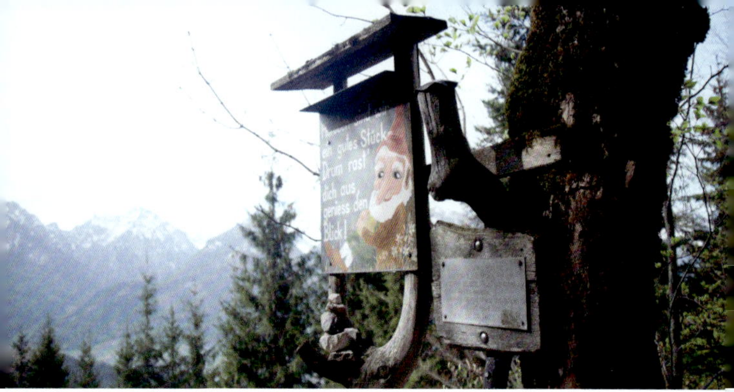

Wetter:	Schönes Bergwetter, früh starten, damit man nicht in die Mittagshitze kommt. Bei Nieselwetter: Variante bis Holzerbauer möglich.

Kindergartenkinder:	In diesem Alter ist nur die kürzere Variante zum Holzerbauern empfehlenswert.
Volksschulkinder:	Gott sei Dank motivieren die Zwerge und der Weg ist abwechslungsreich. Die Strecke ist nur für konditionsstarke und gehfreudige Kinder geeignet. In allen anderen Situationen: Siehe oben.
Ab 10 Jahren:	Sehr gut geeignet.

Navi: 5360 St. Wolfgang, kurz vor der Adresse Schwarzenbach 1 („Zum Mosti"), siehe Anfahrt.

Anfahrt: B158 bis Strobl. Bei Strobl abfahren Richtung St. Wolfgang. Nach 2,5 km nach der langgezogenen Kurve vor dem Hotel Bürgelstein rechts in die kleine Straße abbiegen. Nach 500 m bei der Kreuzung rechts in den Wald abbiegen. P am Straßenrand.

Bus/Bahn: Hst. St. Wolfgang im Szkg, Schwarzenbach. Dadurch Wegverlängerung um ca. ½ km.

Ausgangspunkt/P: P im Wald (siehe Anfahrt).

Infos/Gaststätten: *Mostbauer „Zum Mosti", knapp vor dem Ausgangspunkt, Tel. +43 6138 2637, www.mostbauer.net, Mo, Di Ruhetag; *Jausenstation Holzerbauer, am Rückweg, Tel. +43 6138 3436.

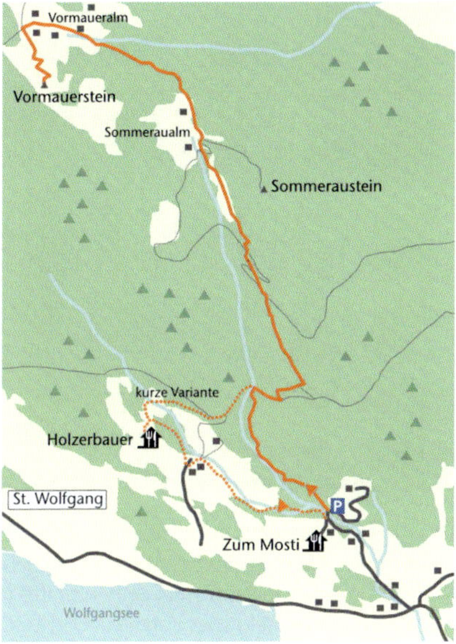

Wegbeschreibung: Vom Ausgangspunkt weist ein Schild Richtung Vormauer. Es geht auf einem alten Hohlweg links neben dem Tiefenbach bergauf bis zu einer Forststraße. Der ganze Weg ist bis zum Ziel gut beschildert, nur nach dem kurzen Stück auf der steilen Forststraße weist ein Wegweiser an, weiter auf der Forststraße zu wandern, aber wir sind hier dem ersten Zwergenschild gefolgt. Beide Wege sind möglich. Drei Mal wird eine Forststraße gequert und in nicht ganz 2 Stunden gelangt man zur Sommeraualm. Nach der Alm geht es wieder in den Wald und nach einer weiteren ¾ Stunde ist die Vormaueralm erreicht. Von dort ist der Gipfel in 20 Minuten erklommen. Gleicher Rück- wie Hinweg. Für einen Abstecher zur Jausenstation „Holzerbauer“ am Rückweg der Beschilderung an der steilen Forststraße folgen. Vom Holzerbauer geht es entlang der schmalen Asphaltstraße, Beschilderung „Schwarzenbach“, retour zum Ausgangspunkt.

Variante Holzerbauer: Vom P den Hohlweg links neben dem Bach bergauf wandern. Oben bei der Forststraße bergab Richtung Holzerbauer wandern. Rückweg: Hinter dem Mostbauern am Waldrand Richtung Schwarzenbach entlang der Straße wandern. Es geht bergab über Wiesen schnurstracks zum Ausgangspunkt.

15 Wirersteig (716 m)

Wolfgangsee: über die 1000 Staffln zum Schwarzensee

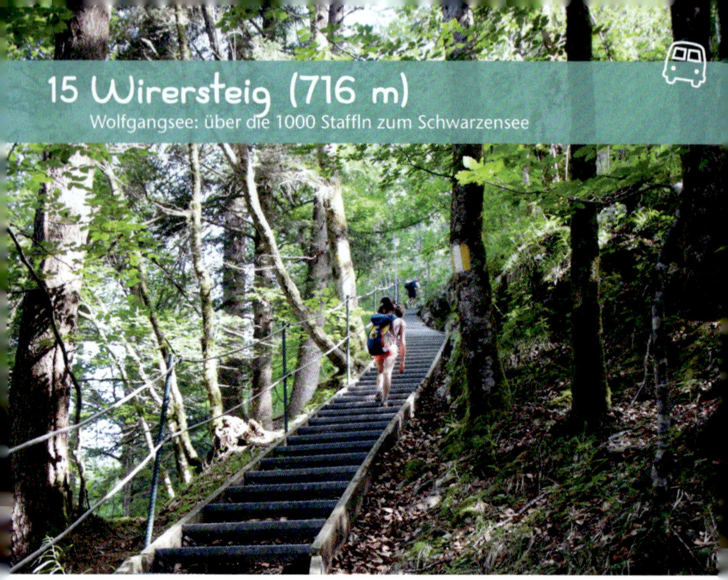

Das ist ein spannender, nicht zu langer – und für unsere Kinder absolut cooler Weg mit einem netten Ziel. Es geht über unendlich viele Stufen durch die steile und tief eingeschnittene Kaltenbachschlucht. Der schmale Pfad ist immer durch ein Drahtseil gesichert. Am Ende der Schlucht weitet sich der Weg und mündet schließlich knapp vor dem altbekannten Gasthof „Zur Lore" am idyllischen Schwarzensee, der im Sommer zum Baden und Abkühlen einlädt.

Wetter: Anforderung: ● Dauer: 1 h

Anforderung:	Schwer; ca. 130 Hm; Waldwege, Stahlstiegen und zur Schlucht teils steil abfallender Steig durch Drahtseile gesichert, gutes Schuhwerk erforderlich.
Dauer:	Eine Strecke: ca. 1 h; 2 km.
Wetter:	Klassisches Wanderwetter und Badewetter.

Kindergarten-kinder:	Nicht geeignet.
Volksschulkinder:	Nur für verlässliche, trittsicher Kinder. An abschüssigen Stellen bitte an die Hand nehmen.
Ab 10 Jahren:	Sehr gut geeignet.

Navi: 5360 St. Wolfgang, Schwarzenbach 13.

Anfahrt: A1 Linz-Sbg, Abfahrt Mondsee, Richtung St. Gilgen/Bad Ischl auf B154. Nach Strobl abfahren Richtung St. Wolfgang. Nach 2,5 km rechts Richtung Schwarzensee. Nach 250 m unmittelbar nach der Brücke links abbiegen. Nach ca. 400 m ist die Mühle erreicht. Hier kann am Straßenrand geparkt werden.

Bus/Bahn: Hst. St. Wolfgang, Schwarzenbach. Wegverlängerung um 10 Min.

Ausgangspunkt/P: Parkmöglichkeit entlang der Straße vor der Mühle.

Infos/Gaststätten: *Ghf. „Zur Lore", beim Ziel, Tel. +43 664 8762515, www.schwarzensee.at; * Ghf. „Alm-Stadl", Tel. +43 664 2664498, www.almstadl-schwarzensee.at.

Wegbeschreibung: Knapp vor der Mühle fließt der Schwarzenbach. Dem Wegweiser Richtung Wirersteig folgend rechts neben dem Wild-

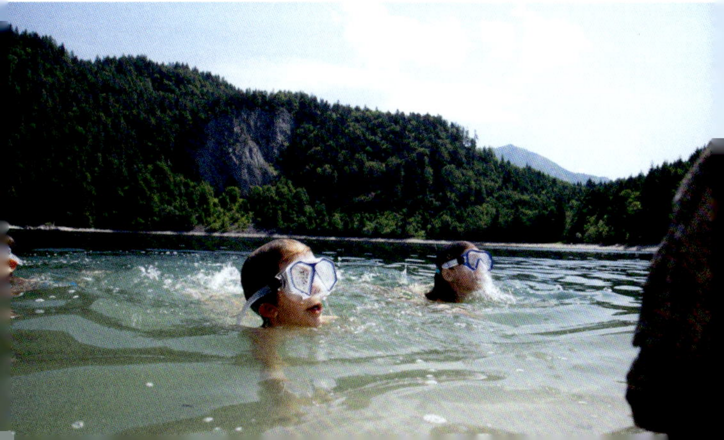

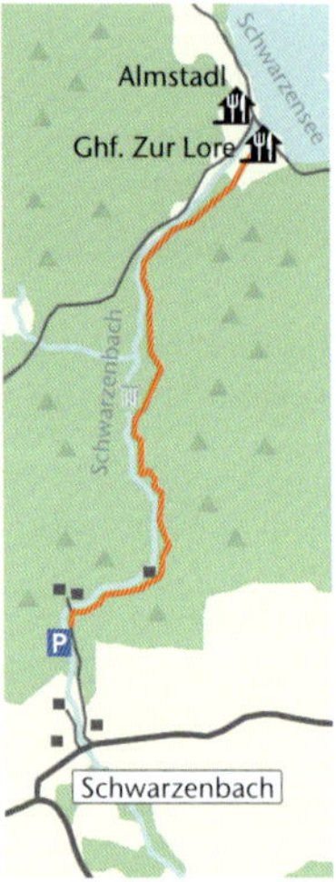

bach entlang wandern. Es geht anfangs noch auf einer Schotterstraße bei Häusern im Wald vorbei. Knapp vor dem alten Kraftwerk zweigt der Weg nach rechts in den Wald. Kurz danach gut aufpassen, denn nach dem Kraftwerk geht's links weiter. Ab nun beginnt die steile Passage über Eisentreppen bergauf. Dazwischen gibt es immer wieder Abschnitte, die mit Stahlseilen zum Abhang hin gesichert sind. Der ca. ½ m breite Weg erfordert achtsames Gehen, links geht es steil hinunter. Am Ende der Schlucht wird die Steigung flacher und der Weg breiter. Es geht auf eine Lichtung, dann ist noch ein Kuhgatter zu übersteigen und schon kommt man am beliebten Schwarzensee unmittelbar vor dem Gasthof „Zur Lore" heraus. Der See ist im Sommer herrlich zum Baden, zwar etwas kühler, aber nicht so überlaufen wie der Wolfgangsee. Hinter dem Gasthof „Zur Lore" etwas versteckter gibt es noch den „Almstadl" als weitere Möglichkeit zum Einkehren. Gleicher Rück- wie Hinweg.

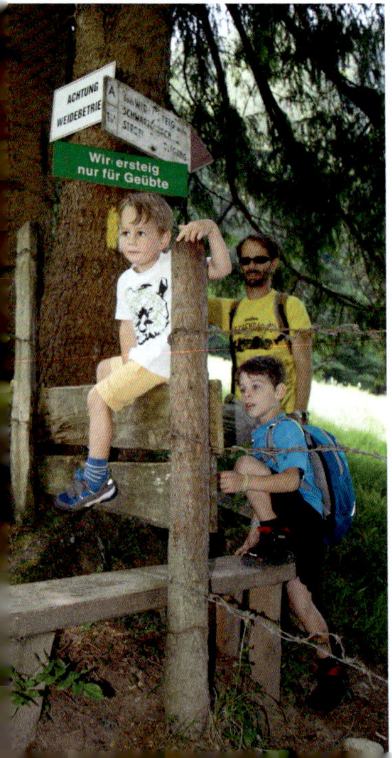

16 Bürgelstein Rundweg (558 m)

Strobl: Panoramarundweg am Wolfgangsee

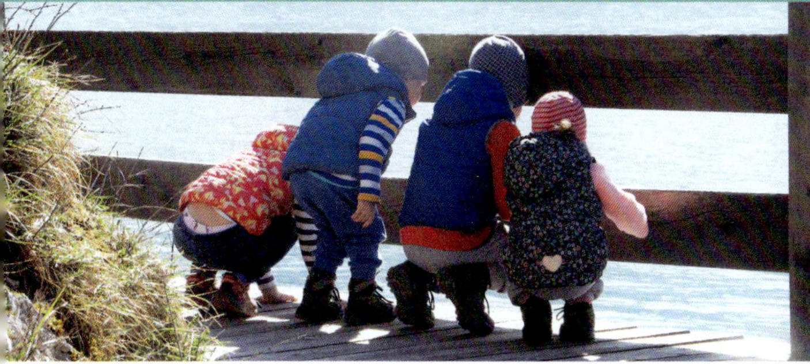

Eigentlich geht es gemütlich mit ein paar kleineren Steigungen rund um den kleinen Hügel zwischen Strobl und St. Wolfgang. Aber am spektakulärsten ist der Abschnitt mit den Holzstegen knapp oberhalb des glitzernden Sees entlang der Felsen. Oft kann man bei Badewetter wagemutige Kinder bewundern, die von den Felsen ins Wasser „köpfeln". Wenn es nicht schon besetzt ist, lädt ein Holzpodest in Form von Seerosenblättern zum Handtuch-Ausbreiten ein. Ungefähr in der Mitte der Strecke liegt Strobl und ein kurzer Abstecher auf ein Eis lohnt sich auf alle Fälle. Am Ziel/Ausgangspunkt wartet auch noch ein Abenteuerspielplatz und Skaterpark.

Wetter: ◑ Anforderung: Dauer: 1 ½ h

Anforderung:	Leicht; 30 Hm; eben mit kurzen Steigungen; Wanderwege und Holzstege, kurze Strecken Asphalt; Hinweis für Badende: Viele Stellen sind übersät mit scharfkantigen Muscheln.
Dauer:	RW 2 h; 4 km.
Wetter:	Jedes Wetter, außer bei Sturm. Im Frühling einer der ersten schneefreien Wanderwege, die zu begehen sind.

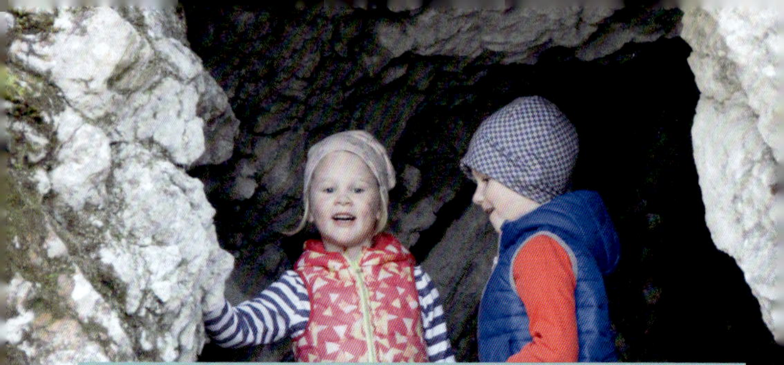

Kindergarten-kinder:	Der gesamte Rundweg ist eventuell zu lang und die Retour-Strecke hinter dem Bürgelstein kann sich ziehen. Am besten nur das erste Teilstück entlang der Felsen bis nach Strobl gehen und – nach vielleicht einem Eis – am gleichen Weg retour.
Volksschulkinder:	Sehr gut geeignet. Weniger gehfreudige Kinder s.o.
Ab 10 Jahren:	Nett, vor allem im Sommer sind die Stege ein Treffpunkt zum Baden. Es darf auch mit dem Rad gefahren werden. Es gilt aber auf den Stegen: absteigen und Rücksicht auf Fußgänger am Rundweg nehmen.

Navi: 5230 St. Wolfgang, Schwarzenbach 27.

Anfahrt: B158 bis Strobl. Bei Strobl weiter Richtung St. Wolfgang. Nach ca. 3 km hinter dem Bürgelstein befindet sich links das Rote Kreuz und ein riesiger P.

Bus/Bahn: Hst. St. Wolfgang im Salzk. Schwarzenbach.

Ausgangspunkt/P: P beim Roten Kreuz.

Infos/Gaststätten: *Schwarzenbacher Spielplatz, beim Ausgangs- bzw. Endpunkt, Beachvolleyball, Fußball, Skaterpark, Kinderspielplatz und Riesenpendelschaukel, gebührenfrei. *Einkehrmöglichkeiten in Strobl, in der Nähe der Promenade ist z.B. der *Grill am See, Imbissstube nur bei Schönwetter geöffnet. *Wer einen Badetag an die Wanderung anhängen möchte, dem sei das Strandbad in Strobl (gesonderte Zufahrt), Strandbad Straße 228a empfohlen.

Wegbeschreibung: Den Parkplatz durch eine Tür in der Umzäunung verlassen und weiter Richtung Berg zum Rundweg gehen. Den Rundweg rechts gegen den Uhrzeigersinn wandern. Nach 20 Minuten durch den Wald folgt der schönste Teil mit den Holzstegen und Holzseerosen.

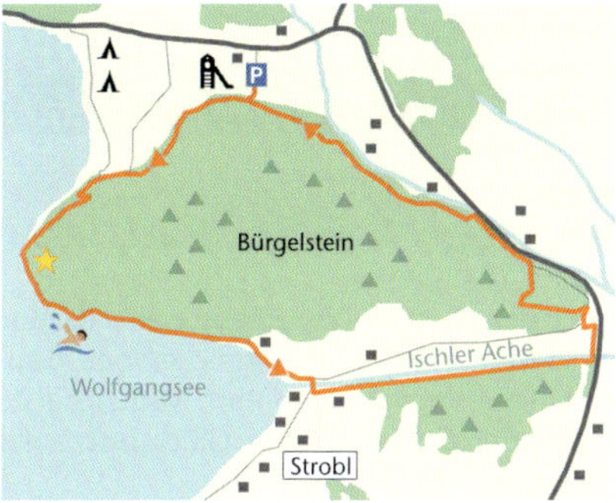

Am Ende des Panoramaweges in Strobl geht es über die Brücke bei der Seeklause. Danach gleich links hinunter zur Ischler Ache, sie bildet die natürliche Grenze zwischen Oberösterreich und Salzburg. Wer noch ein Eis schlecken will, oben die Straße weiter in den Ort wandern. Für die Runde entlang des Achenweges bis zur Bundesstraße wandern. Hier links halten. Die Bundesstraße wird nur kurz mit dem Blick gestreift, ein Geh- und Radweg führt über die Ischl und die Bürgelsteinstraße zum Waldrand am Hang des Bürgelsteins: anfangs auf breitem Geh- und Radweg, später auf einem Waldweg zurück zum Ausgangspunkt.

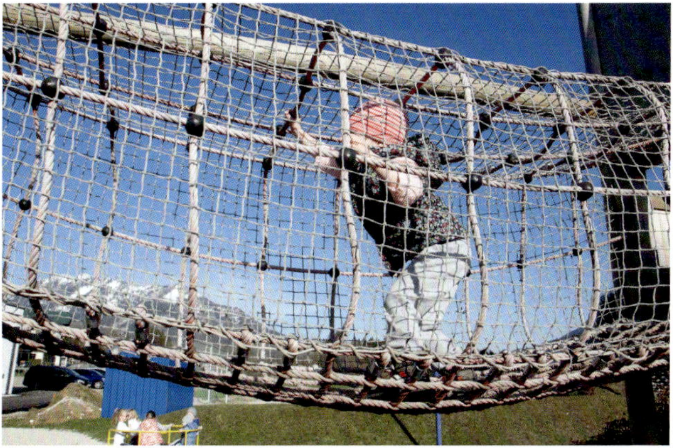

Zusatztipps am Wolfgangsee

... die es noch zu entdecken gibt.

Strobl:

Glücksplatz Theresienstein (608 m)

20 min, 0,6 km, 80 Hm

Nach dem Gasthof Weberhäusl weiter Richtung Laimeralm parkt man am besten bei der Unteraubrücke, von wo aus auch die Forststraße Richtung Laimeralm wegführt. Nach der ersten Kehre weist ein Wegweiser durch den Wald zum Glücksplatz auf dem Felsen mit Wiegeliege und Ausblick.

Strobl:

Rodelstrecke Laimeralm (791 m)

1 h, 2 km, 232 Hm

Bei Strobl weiter Richtung Laimeralm. Parkmöglichkeiten bei der Unteraubrücke, von wo aus auch die Forststraße Richtung Laimeralm wegführt. Zur nicht bewirtschafteten Laimeralm führt eine Forststraße, die eher langweilig zu wandern ist, aber im Winter bei guter Schneelage eine ideale Rodelstrecke bietet.

Gschwendt:

Badeplatz Zinkenbach

10 min, 0,5 km

Im Sommer ist der frei zugängliche Badeplatz, wo der Zinkenbach in den Wolfgangsee mündet, sehr beliebt. Wir empfehlen früher anzureisen, wegen der begrenzten Parkmöglichkeiten in der Ortschaft. Wir finden, gerade der Zinkenbach ist eine kühle und spannende Abwechslung zum Wolfgangsee. Unsere Kinder lieben Expeditionen auf dem Stand-upPaddle-Board. In Gschwendt Richtung See fahren bis zum Wunderer-Weg rechts. Diesen entlangwandern, weiter durch den Wald bis zum See.

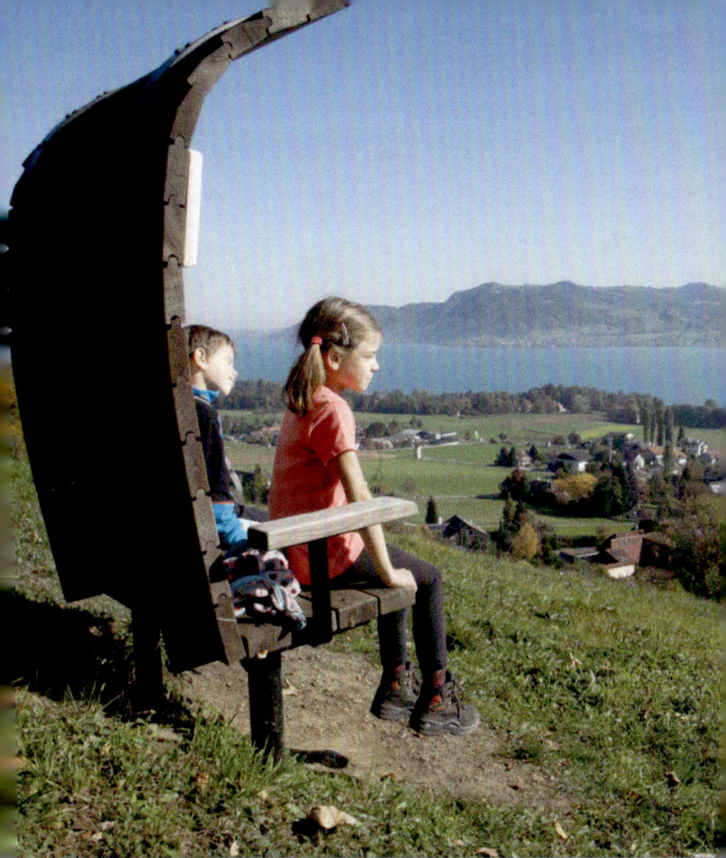

III. Attersee

St. Georgen, Attersee, Nußdorf, Unterach, Steinbach, Weißenbach

Wir filmen unsere Wege nach und nach!
Besuche uns auf Youtube: „Wandaverlag"

17 Attergauer Aussichtsturm (894 m)

St. Georgen: 208 Stufen und der Attergau liegt dir zu Füßen

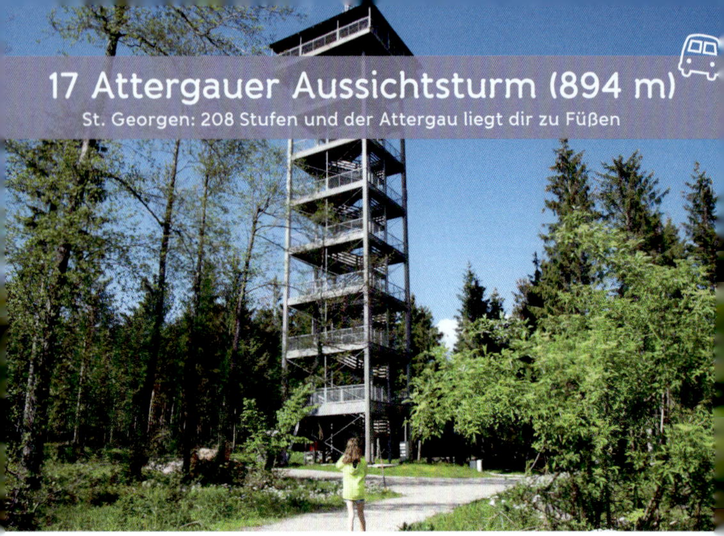

„Der hört ja gar nicht mehr auf!“ – war der Kommentar unserer Kinder beim Erklimmen des Aussichtsturms. Der hohe Turm steht auf einer Lichtung des Lichtenberges und überragt die Wipfel der Fichten bei Weitem. Oben bietet sich ein schöner Ausblick auf die Atterseeregion. Der Weg hinauf ist zugegeben etwas langweilig und verläuft auch zur Hälfte auf Forststraßen. Wer das umgehen möchte, kann direkt zum Aussichtsturm zufahren. Andererseits eignet sich der Weg aber auch sehr gut als erste Mountainbikestrecke. Nach 10 Minuten Fußmarsch ist auch der Berggasthof Danter etwas unterhalb des Aussichtsturms erreicht.

Wetter: Anforderung: Dauer: 1 ½ h

Anforderung:	Leicht bis Mittel; 300 Hm; leichte Steigungen; halb Forststraßen, halb Waldwege.
Dauer:	Eine Strecke: ca. 1,5 h; 3,7 km.
Wetter:	Wanderwetter, Nieselwetter – jedes Wetter, außer Sturm.

Kindergarten-kinder:	Nur überdurchschnittlich gehfreudige Kinder bzw. in der Gruppe. Vom Spitzerwirt ist auch der Keltenbaumweg erreichbar und ideal für dieses Alter (siehe unser Kinderwagen-Wanderbuch Salzkammergut).
Volksschulkinder:	Siehe oben.
Ab 10 Jahren:	Die Bewertung unseres 13-Jährigen: „Ganz ok, ... der Turm ist cool." Ideal auch als erste Mountainbiketour.

Navi: 4880 St. Georgen, Kogl 76, weiter bis zum Waldrand.
Direkte Zufahrt Aussichtsturm: 4880 St. Georgen, Lichtenberg 3.

Anfahrt: A1/E55 Abfahrt St. Georgen im Attergau, weiter Richtung St. Georgen. L540. Bei den Kreisverkehren und Abzweigungen Richtung Kogl. In Kogl links abbiegen bei Ghf. Spitzerwirt. Weiter Richtung Reha-Zentrum. Nach dem Reha-Zentrum bei der Weggabelung rechts Richtung Ernst Mair-Zeininger GmbH abbiegen. Der Straße bis zum kleinen P am Waldrand folgen.

Bus/Bahn: Kogl im Attergau Lokalbahn, Wegverlängerung um ca. 30 Min.

Ausgangspunkt/P: P am Waldrand.

Infos/Gaststätten: *Berghof Danter, beliebter Gasthof beim Aussichtsturm, Tel. +43 7667 6555, www.berghof-danter.at, Ruhetag: Mo, Di. *Gasthof Spitzerwirt, an der Straße zum Ausgangspunkt, der Gasthof ist auch Ausgangspunkt für den Keltenbaumweg, Tel. +43 7667 6590, www.spitzerwirt.at, Ruhetag: Mo, Nov. - Apr. Mo, Mi.

Wegbeschreibung:

Im Prinzip kann man vom Beginn bis zum Ziel dem Schild „1c Attergauer Aussichtsturm" folgen. Vom Ausgangspunkt die Forststraße für ca. 2 km bergauf durch den Klauswald wandern, bis nach rechts ein Waldweg

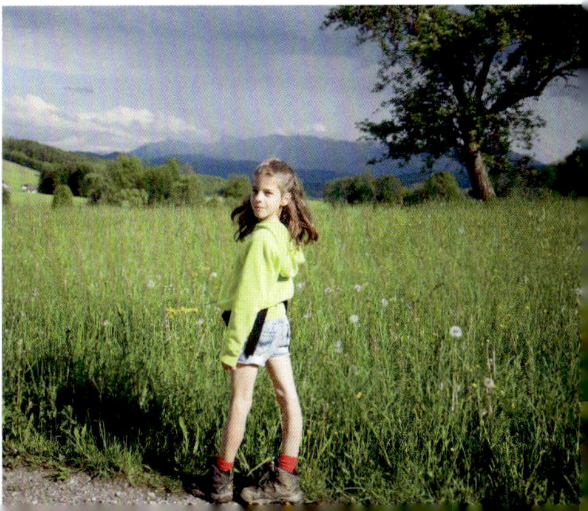

abzweigt. Es geht abwechselnd über Forststraßen und Waldwege, dazwischen liegen nette Lichtungen. Der Aussichtsturm ist spannend und an schönen Tagen sieht man bis in den Böhmerwald. Oben weisen Wegweiser zum ca. 10 Min. entfernten Berggasthof Danter. Gleicher Rück- wie Hinweg.

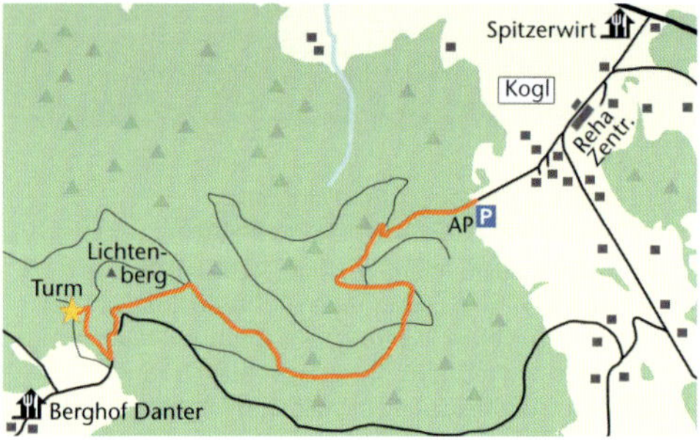

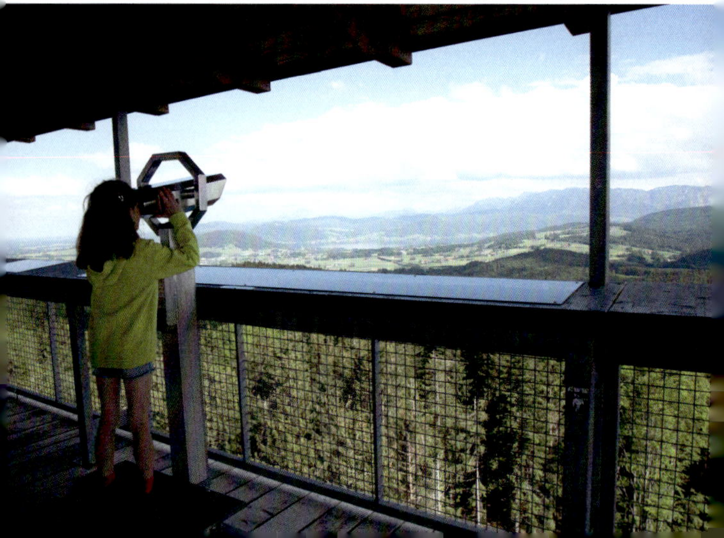

18 Jagastüberl am Buchberg (808 m)

Attersee: durch herrliche Buchenwälder zum Aussichtspunkt

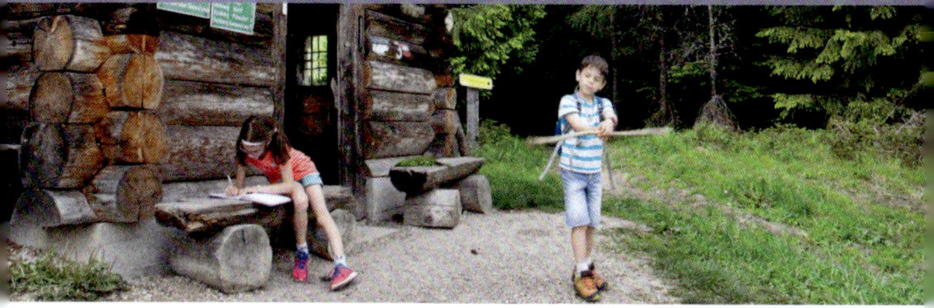

Das Jagastüberl ist eine kleine offene Holzhütte etwas unterhalb des Buchberggipfels. Es liegt auf einer Lichtung mit einer schönen Aussicht auf den Attersee. Eine kleine Strecke führt entlang des Walderlebnisweges. Wir haben auch diesen getestet, uns jedoch heillos verlaufen und er ist auch so gut wie nicht mehr erkennbar. Der Buchberg ist kein spektakulärer Salzkammergutgipfel, jedoch als Nahziel beliebt und auch der Aufstieg ist knackig.

Wetter: Anforderung: Dauer: 1 ½ h

Anforderung:	Mittel; 380 Hm; oberes Drittel ist sehr steil; teilw. ausgewaschene Waldwege und -steige, teils Forststraßen, die gequert oder kurz gegangen werden.
Dauer:	Eine Strecke: ca. 1 ½ h; 2,6 km.
Wetter:	Trockenes Wanderwetter.

Kindergarten-kinder:	Nicht geeignet, da die Strecke zu weit ist. Das erste Stück im Wald ist aber sehr nett zum Herumstreunen, Bucheckernsuchen und Baumkraxeln.
Volksschulkinder:	Für gehfreudige Kinder gut geeignet.
Ab 10 Jahren:	Das ist ein kurzer, knackiger Gipfel zum Auspowern. Perfekt zum Kombinieren mit einem anschließenden Badetag am Attersee.

Navi: Kirchenstraße 3, 4864 Attersee am Attersee, P Atterseehalle.

Anfahrt: A1/E55 Abfahrt St. Georgen weiter Richtung Attersee am Attersee fahren. Vor Attersee bei der Weggabelung links zur Atterseehalle einbiegen.

Bus/Bahn: Attersee Bahnhof, Wegverlängerung um ca. 10 Minuten.

Ausgangspunkt/P: P bei der Atterseehalle.

Infos/Gaststätten: *Terrassencafé Koberger, weiter am Waldweg am Beginn der Wanderung, Tel.: +43 664 2555964, www.terrassencafe-koberger.com, Mai-Ende Sept., Mo Ruhetag. *Sprintzensteinpark Badeplatz, frei zugänglicher Badeplatz mit Steg, Liegewiese, Spielplatz, Parkgebühr, Tel. +43 7666 7719, geöff. in der Badesaison.

Wegbeschreibung: Links neben der Einfahrt zur Atterseehalle weisen Wegweiser zur Jagastüberlrunde. Diesen folgend zuerst 700 m entlang der „Waldstraße“ wandern. In der Kurve am Waldrand zweigt nach rechts ein Pfad ab – Beschilderung „Jagastüberlrunde/Walderlebnisweg“. Nach einem kurzen Stück am Waldrand bei der nächsten Weggabelung den Hinweisschildern „Jagastüberlrunde” links bergauf durch den Wald folgen. Teilweise ist der Weg schlecht beschildert. Weiter oben kommt man bei einer Forststraße heraus. Entlang dieser nach rechts weiter wandern. Nach ca. 500 m weist nach links der nächste Wegweiser zur „Jagastüberlrunde/Buchberg steil“, der nun knackig zum Gipfel führt. Wir empfehlen den gleichen Rück- wie Hinweg. Bitte jedoch bei den Forststraßen gut auf die Abzweigungen achten.

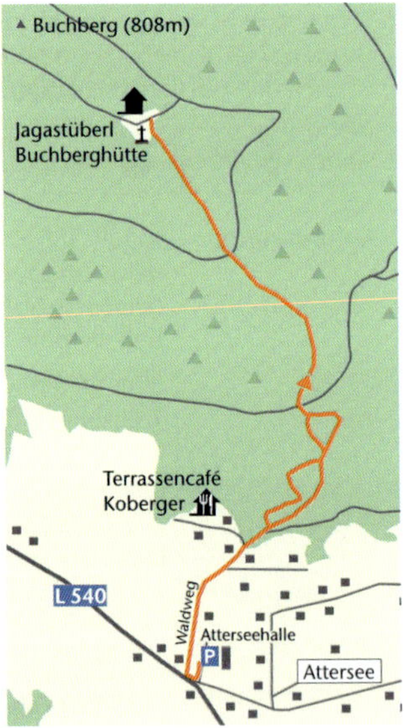

19 Wildholzweg (600 m)

Nußdorf: netter Erlebnisweg mit schöner Aussicht

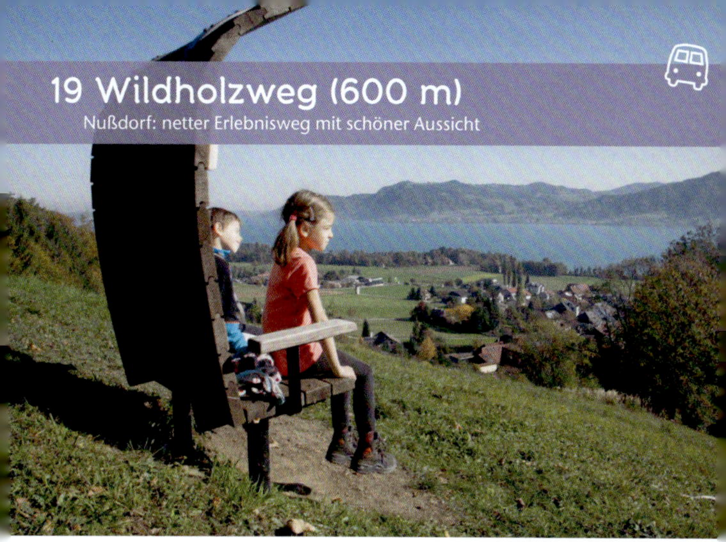

Welche Bedeutung hat der Nussbaum für Nußdorf? Erfühle den Unterschied zwischen Kirschenbaum und Zwetschkenbaum? Was ist das für eine Mühle, die kein Mehl mahlt? Die 12 Stationen des Wildholzweges, gesäumt mit Skulpturen und Baumstämmen, sind für die ganze Familie interessant. Spannend für Kinder ist der zweite Teil des Weges durch den Wald mit Riechstationen, Aussichtspunkt, Baumperiskop und einem Abenteuerspielplatz beim Pfarrersalettl. Wem der Erlebnisweg zu kurz ist, oder kann noch gerne 30 Minuten zu einem weiteren Aussichtsplatzerl als Verlängerung bergauf wandern.

Wetter: Anforderung: Dauer: ½ – 1 h

Anforderung:	Leicht; 89 Hm; leichte Steigungen; erste Hälfte führt durch Nußdorf auf Asphalt, zweite Hälfte Waldpfade. Verlängerung: 130 Hm.
Dauer:	Eine Strecke: ½ h reine Gehzeit, jedoch Spielzeit einplanen. Verlängerung nochmals ½ h, 1 km.
Wetter:	Jedes Wetter, außer bei Sturm.

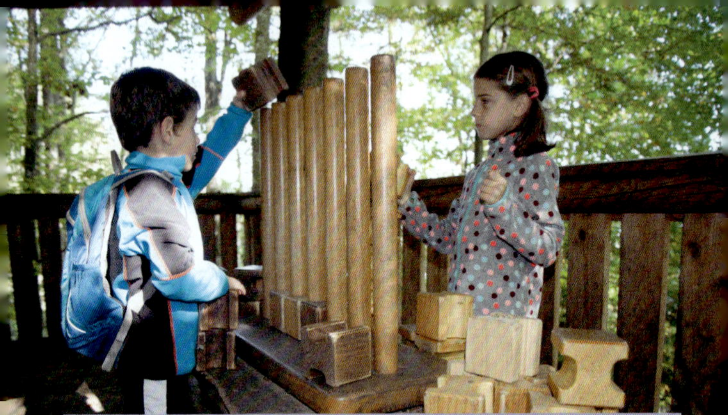

Kindergarten-kinder:	Die Erlebnisstationen sind für Kinder jeden Alters sehr ansprechend. Richtig nett und alle Sinne ansprechend sind vor allem die Stationen im Wald.
Volksschulkinder:	Sehr gut geeignet, s.o.
Ab 10 Jahren:	Weg mit Wegverlängerung gut geeignet.

Navi: 4865 Nußdorf, Dorfstraße 25.

Anfahrt: A1 bis Abfahrt St. Georgen im Attergau, über Attersee nach Nußdorf am Attersee, Parkplatz an der Ortseinfahrt nach Tankstelle auf der linken Seite.

Bus/Bahn: Hst. Nußdorf/Attersee, Ortsmitte.

Ausgangspunkt/P: Vom P am Gehsteig in den Ort Nußdorf bis zur Tourist-Information gehen. Diese ist Ausgangspunkt der Wanderung.

Infos/Gaststätten: Der Weg führt an verschiedenen Gaststätten im Ort vorbei.

Wegbeschreibung: Hinweis: Da es direkt beim Einstieg in den Themenweg keine Parkmöglichkeiten gibt, beschreiben wir den Weg ab dem Ortszentrum. Dazu von der Tourismus-Information weiter entlang der Straße in den Ort wandern, bis kurz vor dem Gasthof Ragginger rechts die Wegweiser zum „Wildholzweg" zeigen. Die Straße führt bergauf durch die Siedlung. Ab Station 8 geht die Route durch das Oberdorf und zweigt dort in den Wald ab. Der ansteigende Waldpfad führt an weiteren, liebevoll gestalteten Stationen vorbei, bis das Ziel, der Aussichtspunkt Pfarrersalettl erreicht ist.

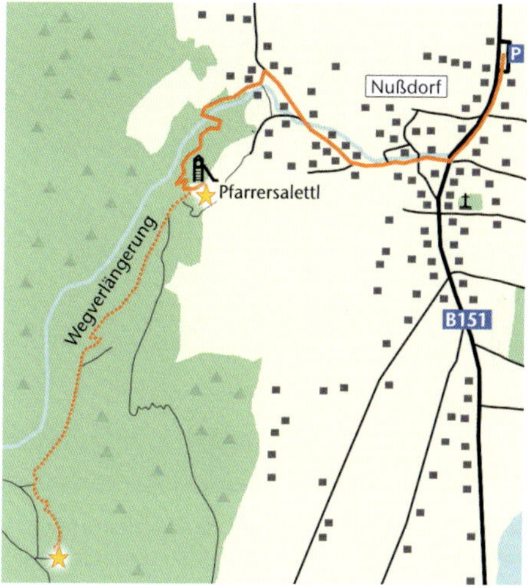

Wegverlängerung (160 Hm): Nach dem Pfarrersalettl den Weg kurz weiterwandern und bei den Wegweisern Richtung „Dachsteinblick, Oberwang" nach links halten. Bald darauf bei der Weggabelung diesmal rechts bergauf Richtung „Oberwang, Rossmoos" wandern. Bei den nächsten zwei Abzweigungen jeweils der Beschilderung „Oberwang, Rossmoos, Dachsteinblick" folgen. Kurz geht es noch durch schattigen Mischwald bergauf bis zur kleinen Hütte mit Weitblick über den Attersee. Davor plätschert ein Trinkwasserbrunnen und eine Sitzgelegenheit mit Tisch lädt zum Jausnen ein. Retour geht es wieder am gleichen Weg.

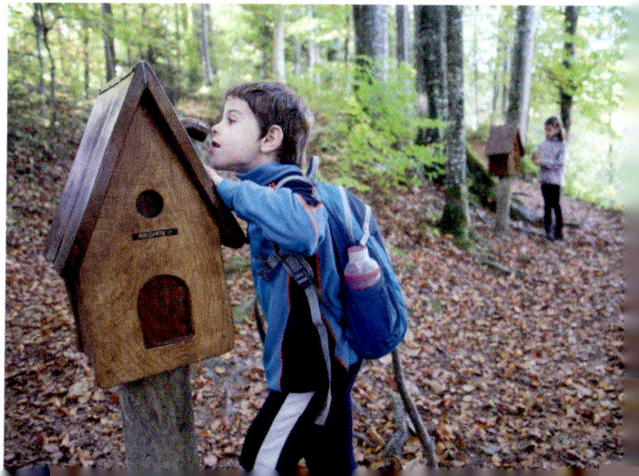

20 Rossmoos (1015 m)

Nußdorf: durch knorrigen Wald zum höchsten Punkt von Nußdorf

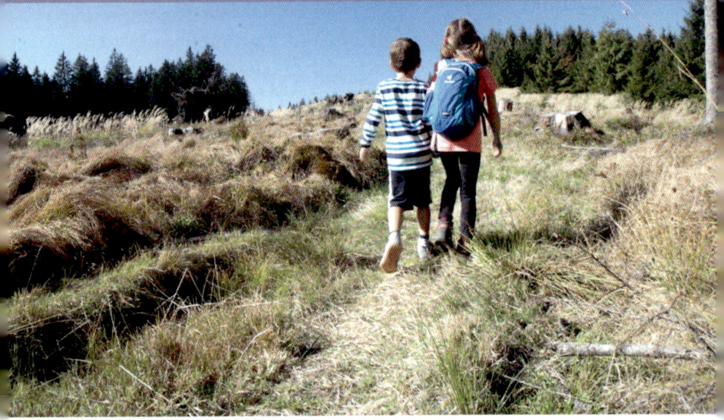

Dieser Weg ist weniger spektakulär als in den felsigen Salzkammergut-Bergen. Die Route führt über eine Wiese zum Wald und dann auf einem Steig hinauf zum Bergrücken. Trotzdem ist das eine durchaus nette Alternative und irgendwie verströmt das Gebiet eine besondere Atmosphäre. Oben am Kamm bieten knorrige Baumstümpfe und wilde Gräser besonderen Reiz. In den nächsten Jahren werden wieder Bäume wachsen und immer ein neues Bild zaubern. Es gibt kein Gipfelkreuz beim Ziel, aber ein kleines Bankerl lädt zum Rasten und Jausnen ein.

Wetter: Anforderung: Dauer: 1 h

Anforderung:	Mittel; 235 Hm; erste Hälfte mittlere bis steile Steigungen, danach mäßig ansteigend; Waldsteige.
Dauer:	Eine Strecke: 1 h; 2 km.
Wetter:	Jedes Wanderwetter, außer Sturm.

Kindergarten-kinder:	Der gesamte Weg ist vermutlich zu weit. In diesem Alter empfehlen wir, nur bis zum Waldrand aufzusteigen, dort befindet sich eine Panoramatafel. Die Jausenstation ist ein nettes Familienausflugsziel. Hier gibt es einen kleinen Spielplatz sowie Schafe und Hühner.
Volksschulkinder:	Gut geeignet. An gehfaulen Tagen bietet sich die kurze Variante zum Waldrand an.
Ab 10 Jahren:	Sehr gut geeignet.

Navi: 4865 Nußdorf am Attersee, Dachsteinblick 2.

Anfahrt: Autobahn A1 Abfahrt St. Georgen im Attergau, über Attersee nach Nußdorf am Attersee, in Nußdorf rechts abzweigen Richtung Oberwang (Limbergstraße). Nach 3 km rechts abbiegen und dem Schild Ghf. Dachsteinblick bis zum Gasthof folgen.

Bus/Bahn: Nicht geeignet.

Ausgangspunkt/P: P Ghf. Dachsteinblick

Infos/Gaststätten: *Jausenstation Dachsteinblick, kinderfreundliches Gasthaus mit herrlicher Aussicht, Tel. +43 7666 860515, geöff. Mai – Okt., Ruhetage Di u. Mi, (im Juli und Aug. keine Ruhetage).

Wegbeschreibung: Vom Parkplatz zur Weggabelung bei der Einfahrt gehen. Im Prinzip kann man ab hier dem Wegweiser „Rossmoos" folgen. Der Karrenweg führt über eine Wiese zum Waldrand mit

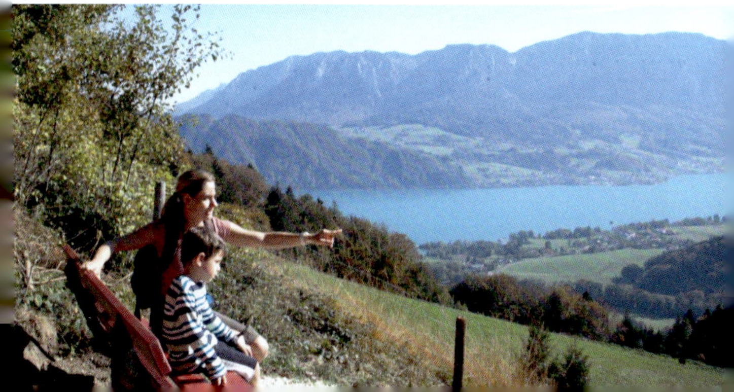

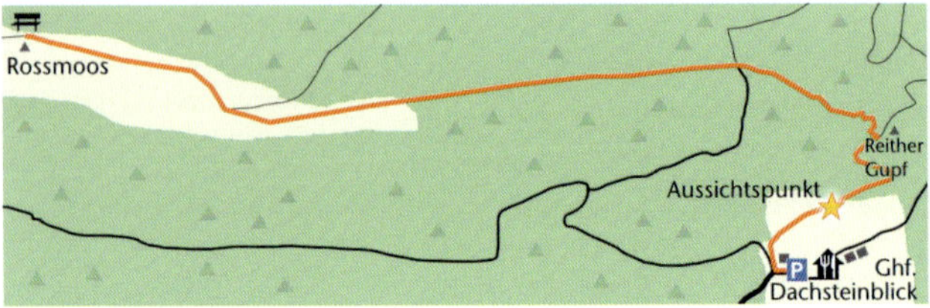

Panoramatafel. Es zahlt sich aus, hier kurz innezuhalten und die Aussicht zu genießen. Im nun folgenden Mischwald ist das steilste Stück der Strecke. Schön langsam nehmen die Steigungen ab und der Weg führt durch einen fast ein wenig düster wirkenden Wald, den unsere Kinder als „Hexenwald" bezeichnet haben. Oben am Kamm geht es über offenes Gelände und durch Jungwald. Bald ist das Bankerl am Rossmoos und somit das Ziel erreicht. Gleicher Rück- wie Hinweg.

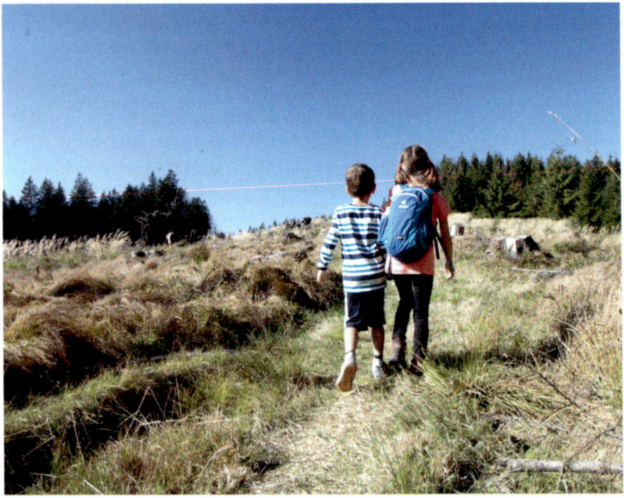

21 Egelsee (624 m)

Unterach: über einen Märchenwanderweg zum Naturschutzgebiet Egelsee

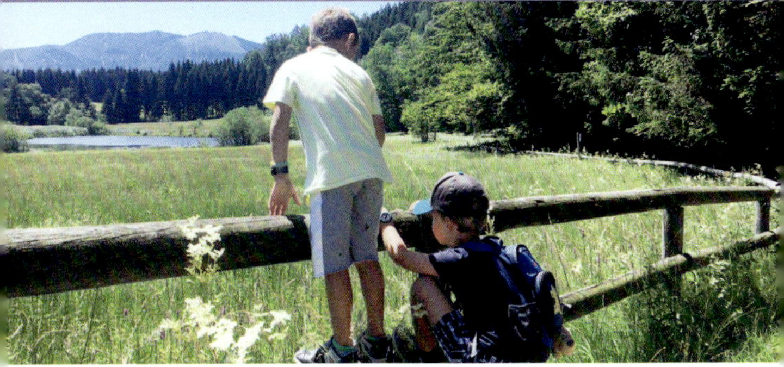

Nahe dem Ort Unterach führt der beliebte Märchenwanderweg 750 m durch den Wald. Dieser Abschnitt lässt sich auch ohne weiteres gut mit dem Kinderwagen wandern und hat nur eine etwas mühsame Passage. Märchenfiguren säumen den Weg und ein spannender Spielplatz ist ein Highlight. Mitten im Märchenweg zweigt der Steig zum Egelsee ab. Mit herrlichen Ausblicken über den Attersee geht es zunächst durch den Wald und dann über Wiesen bergauf zu dem kleinen Moorsee. In den Wiesen rund um das Biotop wachsen seltene fleischfressende Pflanzen wie der Sonnentau. Natürlich wimmelt der See im Frühjahr von Kaulquappen – perfekt für kleine Forscher.

Wetter: Anforderung: Dauer: 2 ½ h

Anforderung:	Leicht; 183 Hm; kurze Steigungen; Wanderwege, ca. 1 km Straße; Märchenweg: Waldweg mit leichtem Auf und Ab.
Dauer:	RW: ca. 2,5 – 3 Std.; 5,5 km.
Wetter:	Klassisches Wanderwetter und Nieselregen. Im Sommer ev. nur den schattigen, kurzen Märchenwanderweg wandern.

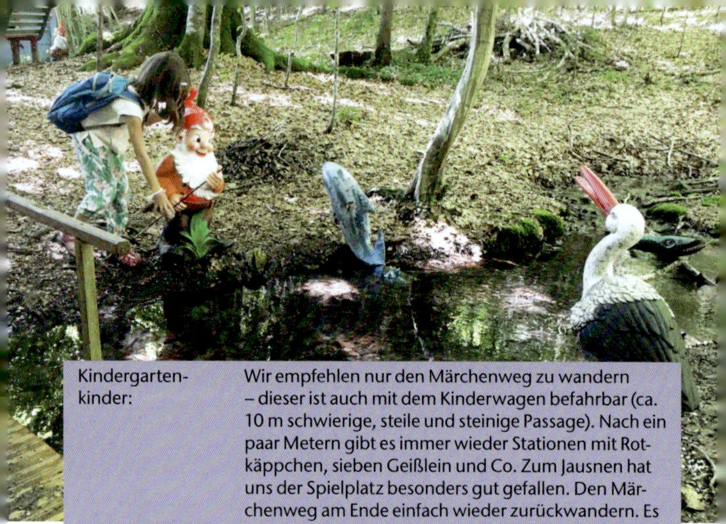

Kindergarten-kinder:	Wir empfehlen nur den Märchenweg zu wandern – dieser ist auch mit dem Kinderwagen befahrbar (ca. 10 m schwierige, steile und steinige Passage). Nach ein paar Metern gibt es immer wieder Stationen mit Rotkäppchen, sieben Geißlein und Co. Zum Jausnen hat uns der Spielplatz besonders gut gefallen. Den Märchenweg am Ende einfach wieder zurückwandern. Es gibt einen zweiten Parkplatz direkt am anderen Ende des Märchenweges, um die Asphaltstraße zu umgehen (siehe Navi P2) .
Volksschulkinder:	Wir haben Kaulquappen und Fische im kleinen Moorsee entdeckt. Es gibt eine Infotafel über Moore und die Entstehung des Sees. Die Wege sind abwechslungsreich. Entlang der 1 km langen Asphaltstraße vom See zum Märchenweg hinunter gibt es einen netten Bauernhof mit Hasen und Ponys. S.o.
Ab 10 Jahren:	Geeignet für Naturliebhaber (siehe Volksschulkinder).

Navi: 4866 Buchenort, Druckerstraße 5; P2 am anderen Ende des Märchenweges ist weniger überfüllt: P2 Navi: 4866 Buchenort, Egelseestraße 10.

Anfahrt: B151 am westlichen Atterseeufer etwa 8 km südlich von Nußdorf und 3 km nördlich von Unterach liegt auf der Seeseite der Kohlbauernaufsatz – Parkplatz. Gegenüber weist ein Schild zum Märchenweg. Diesem folgend liegt nach 350 m links der P Märchenweg.

Bus/Bahn: Hst. Nußdorf/Attersee, Ortsmitte.

Ausgangspunkt/P: P1 an der Asphaltstraße zum Märchenweg.

Infos/Gaststätten: *Panorama Gasthof Druckerhof, Tel. +43 7665 8295, nicht direkt am Weg (Beschilderung), Wildgehege und Streichelzoo.

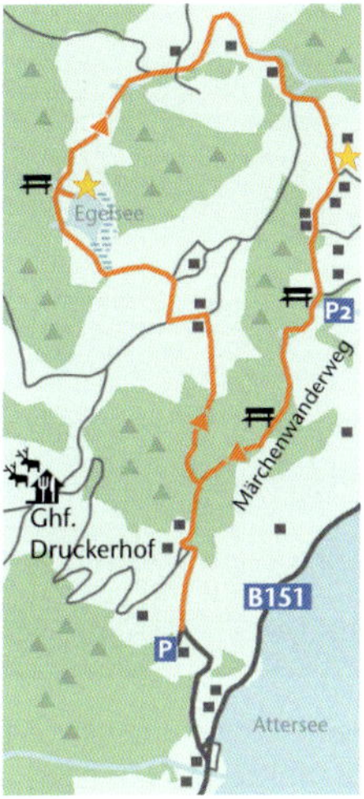

Wegbeschreibung: Wir haben eine Runde zum Egelsee zusammengestellt, die den kurzweiligen Märchenweg als Ausgangspunkt und Endpunkt beinhaltet und somit für Kinder sehr abwechslungsreich zu wandern ist. Der Märchenweg alleine ist für größere Kinder nämlich schon etwas langweilig, aber in dieser Kombination perfekt. Ausgehend vom P1 geht es zuerst eine asphaltierte Straße in leichter Steigung bergauf. Nach der ersten Kehre weist ein Zwergerl-Wegweiser nach rechts zum Märchenweg. Es geht beim Lebkuchenhaus vorbei und bald ist die Abzweigung zum Egelsee erreicht – Achtung, kann übersehen werden. Den Pfad nun durch den Wald bergauf wandern. Oben beim Bauernhof links halten und den Wegweisern zum Egelsee folgen. Beim See gibt es Bänke zum Jausnen. Den Weg weiterwandern, bis er in eine Asphaltstraße mündet. Diese nun 1,3 km bergab wandern und zwei Mal der Beschilderung „Stockwinkel" folgen bis zum Schild „Märchenweg". Hier ist der P2 am anderen Ende des Märchenweges. Den Märchenweg wieder zurückwandern bis zum Ausgangspunkt.

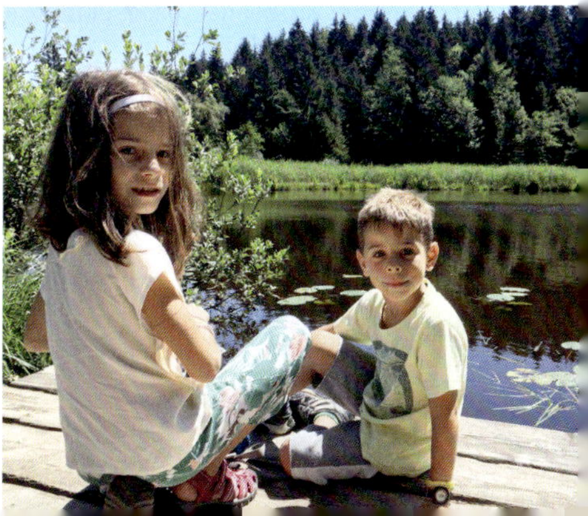

22 Viktor-Kaplan-Weg (604 m)

Unterach: Höhen-Waldweg zwischen Attersee und Mondsee

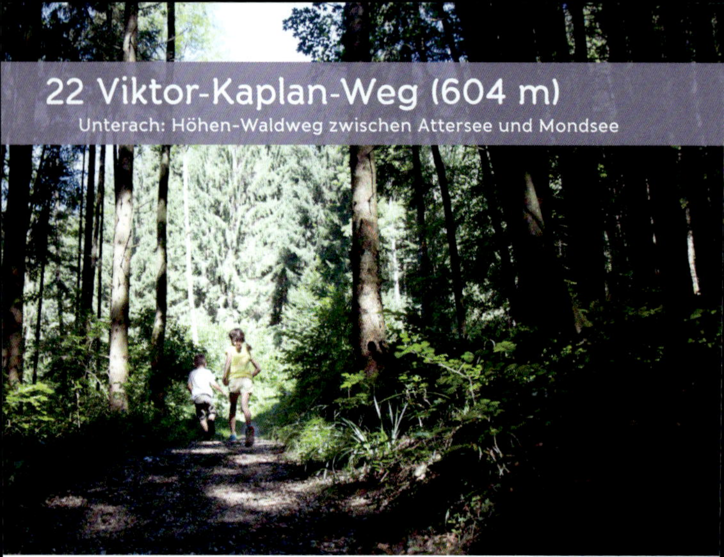

Der gesamte Viktor-Kaplan-Weg ist eigentlich eine Runde und gliedert sich in zwei landschaftlich unterschiedliche Abschnitte. Der „untere" Weg entlang der Seeache ist barrierefrei und in unserem Kinderwagenbuch beschrieben. Der am Hang verlaufende Weg ist fast ein Höhenweg und schlängelt sich kurzweilig durch den Wald. Infotafeln über den Namensgeber des Weges und seine Erfindungen begleiten die Wanderung. Der Weg führt auch am ehemaligen Anwesen von Viktor Kaplan und seinem Mausoleum vorbei. Ohne gröbere Anstiege bieten sich immer wieder nette Ausblicke, Brücken führen über kleine Schluchten und Bachläufe. Ideal bei Nieselwetter und an heißen Tagen.

Wetter: Anforderung: Dauer: 1 ¼ h

Anforderung: Leicht; 21 Hm; kaum Steigungen; Waldwege.
Dauer: Eine Strecke: knapp 1 ¼ Std.; 3 km.
Wetter: Für jedes Wetter geeignet, großteils schattig.

Kindergarten-kinder:	Ein idyllischer Weg, ideal zum „Einlaufen". Immer wieder kreuzen Bacherl den Weg über die Brücken führen. Bei Bedarf kann jederzeit der Rückweg angetreten werden.
Volksschulkinder:	Der Weg ist sehr kurzweilig, unsere Kinder sind fast alles gelaufen. Wir haben versucht auszumachen, wo Herr Kaplan seinen Tennisplatz hatte und in welcher Hütte sein Kino, ...
Ab 10 Jahren:	Netter Weg für zwischendurch.

Navi: 4866 Unterach, Kohlstatt 69.

Anfahrt: A1 Linz-Sbg, Abfahrt Mondsee Richtung Attersee, Unterach auf B151. Nach der Abzweigung Unterach weiter auf B151 bleiben und nach ca 200 m links von der Bundesstraße abfahren, danach gleich rechts abbiegen auf Sonnwendbühel. Der Straße ca. 750 m bergauf folgen (Wegweiser Viktor-Kaplan-Weg). Es kann am Wegrand geparkt werden.

Bus/Bahn: Nicht geeignet.

Ausgangspunkt/P: Der Sonnwendbühel und Kohlstattweg gehören bereits zum Viktor-Kaplan-Weg, nachdem die Asphaltstraße nach dem Wohngebiet am Waldrand endet, Wegweiser Viktor-Kaplan-Weg.

Infos/Gaststätten: *Ghf. See am Mondsee, schöner Gastgarten am Mondsee (am verlängerten Wegende), Tel. +43 766 20523, www.gasthof-see.at, Ruhetage: Mo, Di.

Wegbeschreibung:

Nach dem letzten Haus mündet die Straße in einen Forstweg. Hier zweigt der Viktor-Kaplan-Weg nach links ab (Wegweiser). Das Wegerl schlängelt sich zuerst durch den Wald. Nach ca. 20 Min. kommt man zum

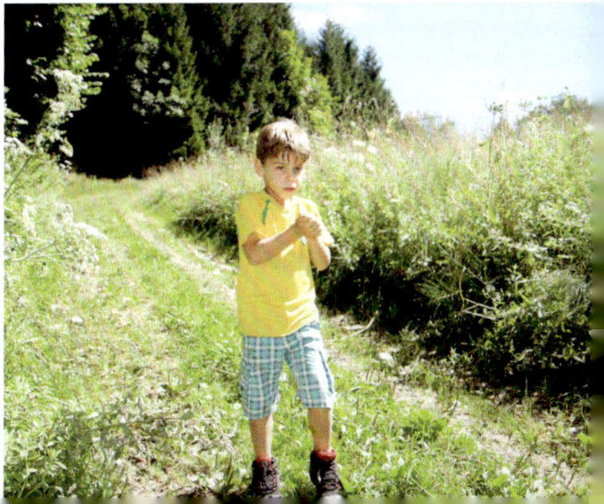

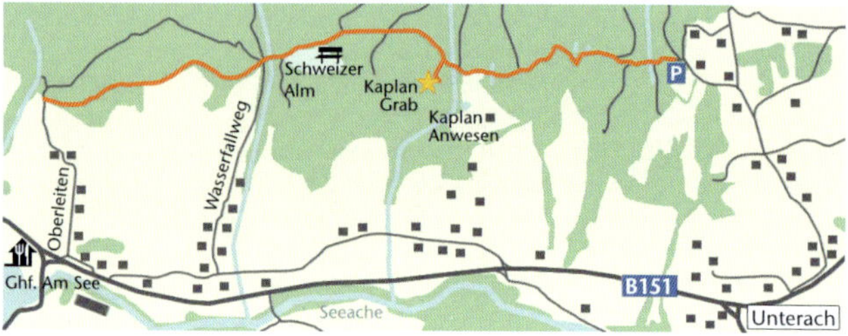

Rochuspoint, dem ehemaligen Anwesen von Viktor Kaplan. Gleich darauf kommt die Abzweigung zum Mausoleum des Erfinders (5 Min.). Den Weg von hier aus weiterwandern. Nach weiteren 10 Minuten wird die Schweizeralm erreicht. Hier gibt es auch ein Bankerl und einen Tisch zum Jausnen. Für kleine Kinder ein idealer Umkehrpunkt. Es geht weiter über eine Brücke, dem Wegweiser folgen. Nach weiteren 5 - 10 Min. mündet der Weg in die Asphaltstraße und die ersten Häuser tauchen auf. Dies ist der Umkehrpunkt unserer Wanderung. Wer noch nicht müde ist, kann hinunter zur Bundesstraße wandern (Gehzeit ca. 10 Min.). Gegenüber, direkt am Mondsee, liegt der Gasthof See.

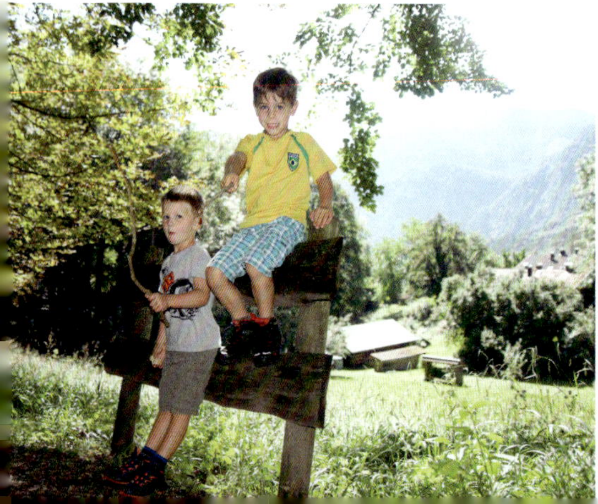

23 Nikoloweg (571 m)

Steinbach: Walderlebnisweg zwischen Steinbach und Weißenbach

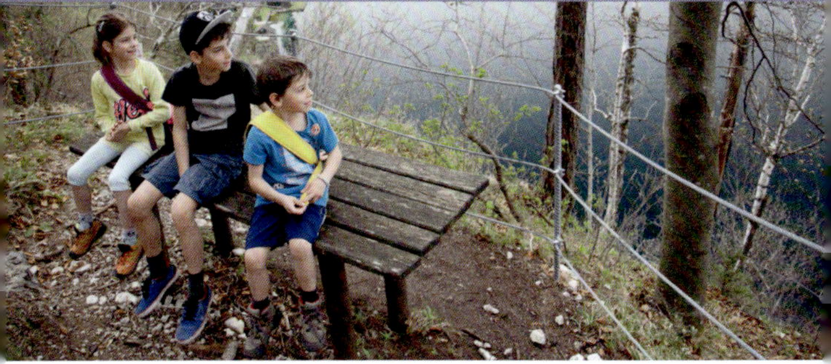

Der schattige Nikoloweg teilt sich in zwei Abschnitte. Er schlängelt sich ohne grobe Steigungen zuerst durch herrliche Wälder und dann am felsigen Fuße des Höllengebirges entlang. Entlang des Weges informieren Infotafeln über den Wald. Der zweite Teil bietet Felsen zum Kraxeln. Am Ende lädt der Glücksplatz Rotbuche zum Jausnen ein, dort in der Nähe befindet sich auch die Nikolokapelle, nach der der Weg benannt ist. Anstatt alles wieder retour zu wandern, kann mit dem Schiff zurück zum Ausgangspunkt gefahren werden. Genügend Verpflegung mitnehmen, der Weg ist lange.

Wetter: Anforderung: Dauer: 2 h

Anforderung: Leicht bis mittel; 160 Hm; anfangs Steigungen und ca. 10 - 15 Min. durch Siedlungsgebiet, danach rel. eben durch den Wald. Zweiter Teil am Ende kurzes Stück gesichert, da der Hang felsig abfällt. Gutes Schuhwerk!

Dauer: Eine Strecke: 2 h; 4,5 km, jedoch zusätzlich etwas Verweildauer bei den Stationen einplanen.

Wetter: Klassisches Wanderwetter und Nieselregen, großteils schattig.

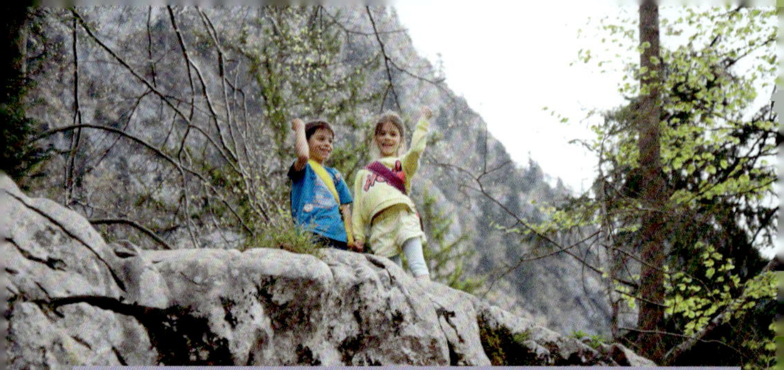

Kindergarten-kinder:	Der gesamte Weg ist eher zu weit und der zweite Teil hat steil abfallende Stellen, daher empfehlen wir, nur den ersten Teil zu wandern. Um sich den Weg durch die Siedlung zu sparen, den Beginn der Forststraße als Ausgangspunkt nehmen (siehe Wegbeschreibung).
Volksschulkinder:	Der Weg ist zwar lange, beinhaltet jedoch spannende Details. Am sogenannten „Infotrail" gibt es Bacherl inmitten von Bärlauchfeldern, Kletterfelsen und verwurzelte Bäume. Bei Motivationstiefs kann evtl. mit der Option auf die Retourfahrt mit dem Schiff gelockt werden (siehe Infos).
Ab 10 Jahren:	Sehr gut geeignet, s.o.

Navi: 4853 Steinbach, Steinbach 7.

Anfahrt: A1 Linz-Sbg, Abfahrt Seewalchen. Weiter Richtung Weißenbach, Weyregg, nach 15 km nach Steinbach links abbiegen. Die nächste Straße links führt zur Volksschule, dahinter bzw. weiter hinten bei der Gemeinde kann geparkt werden.

Bus/Bahn: Hst. Steinbach/Attersee Dorf, dadurch Wegverlängerung um ca. 10 Min.

Ausgangspunkt/P: P an der Volksschule.

Infos/Gaststätten: *Im kleinen Supermarkt beim Ausgangspunkt kann noch schnell etwas Proviant besorgt werden. *Attersee-Schifffahrt: Tel. +43 7666 7806, www.atterseeschifffahrt.at.

Wegbeschreibung: Hinweis: Der Lehrpfad ist in zwei Teile gegliedert. Der erste Teil ist technisch einfacher und für kleinere Kinder gut geeignet, der zweite Teil ist anspruchsvoller und für größere Kinder

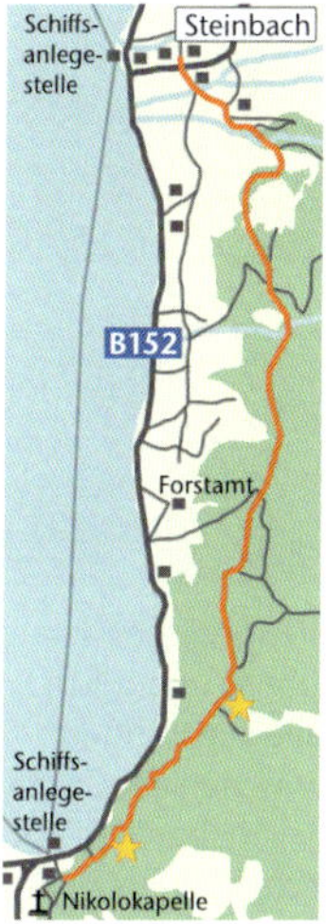

spannend. Nach dem Ausgangspunkt den Wegweisern „Nikoloweg Nr. 7/Waldlehrpfad" durch Siedlungsgebiet folgen. Es geht stetig bergauf, doch die Mühe lohnt sich und nach 500 m beginnt die Forststraße. Diese mündet nach einem weiteren Anstieg bei der ersten Infotafel des Waldlehrpfades. Mit nur kleinen Steigungen schlängelt sich nun der Weg durch den Wald und über drei, vier Bachläufe. Hier wuchert im Frühling der Bärlauch. Bei der Abzweigung Forstamt beginnt der zweite Teil – beim Rückweg ist unser Papa mit den Großen zurück zum Auto gelaufen und hat den Rest aufgesammelt. Ab Forstamt weiter den Wegweisern Richtung Weißenbach Nikoloweg folgen. Der Weg führt entlang der steilen Felswände des Höllengebirges. Riesige Gesteinsbrocken laden zum Kraxeln ein. Es gibt auch Bäume, die den Weg versperren und überklettert werden müssen. Der Wald wird lichter und hin und wieder bieten sich wunderschöne Ausblicke. Gegen Ende gibt es ein nettes, mit Drahtseilen abgesichertes Platzerl. Danach führt eine kurze Eisentreppe bergab. Man kommt noch bei einer kleinen Felsnische vorbei. Vor den ersten Häusern führt ein Wegweiser unmittelbar zum Glücksplatz Rotbuche. Hier versteckt sich auch die Nikolokapelle – da müsst ihr etwas suchen. Entweder gleicher Rück- wie Hinweg oder per Schiff: Die Schiffsanlegestelle ist in 3 Min. erreicht.

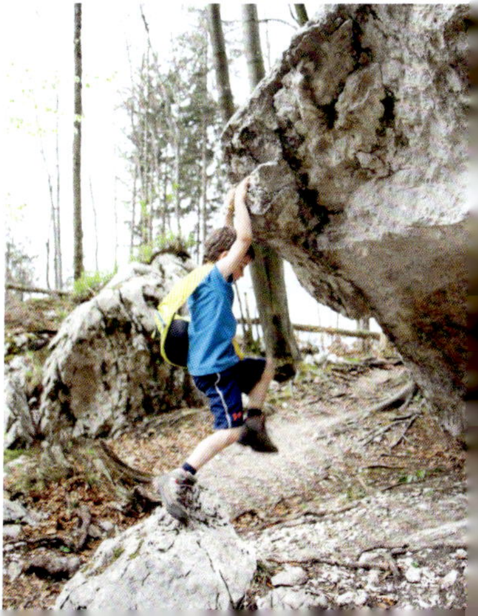

24 Schoberstein (1037 m)

Weißenbach: beliebte Gipfeltour im Süden des Attersees

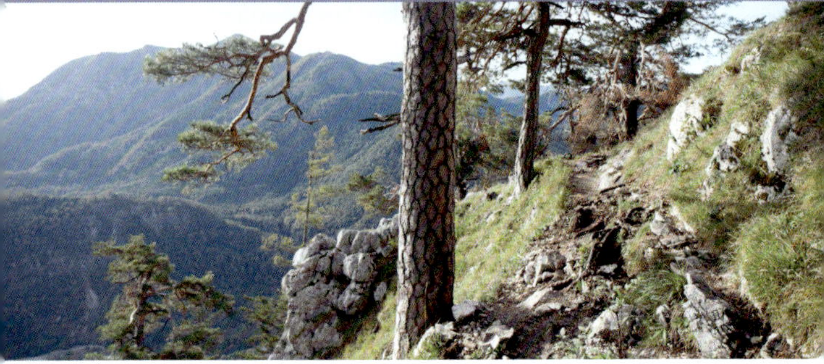

Bei Weißenbach am Attersee ragt am Rande des Höllengebirges der Schoberstein empor. Die zahlreichen Serpentinen führen unendlich gemächlich auf den Großen Schoberstein und fast alle BergsteigerInnen kürzen sie durch die ausgetretenen Wegerl dazwischen ab. Ca. 15 Min. vor dem Gipfel befindet sich ein markantes Aussichtsbankerl, ein beliebtes Fotomotiv und auch der Umkehrpunkt für die Kleineren. Ab hier ist die Befolgung des Hinweisschildes, auf dem Weg zu bleiben, unbedingt notwendig. Die letzte Minute auf den Gipfel ist eine kleine Kraxlerei, der Gipfelbereich ist dann wieder relativ ausladend und die Aussicht auf Attersee und Mondsee ist herrlich. Links vom Schafberg blitzen sogar der Rettenkogel und der Sparber hervor.

Wetter: ◐ | Anforderung: ● ● | Dauer: 1 ¼ h

Anforderung:	Gesamt 580 Hm; bis zum Aussichtsbankerl: technisch leicht; ca. 500 Hm, breiter, gemütlich ansteigender Schotterweg. Gipfelanstieg: schwer; 80 Hm; zuerst ca. 0,5 m breiter Weg, der einen steilen Hang quert, mit Stahlseilen gesichert, letzte Minute Kraxlerei. Hier ist Bergerfahrung, Trittsicherheit und Schwindelfreiheit notwendig.

Dauer:	Eine Strecke: knapp 1 ¼ Std.; 3 km.
Wetter:	Bis zum Aussichtsbankerl: Jedes Wanderwetter, Gipfelbereich nur bei trockenem Bergwetter empfehlenswert.

Kindergarten-kinder:	Zu weit, wir empfehlen die Tour zum Nixenfall zu wandern – auch beschrieben in unserem Buch „Kinderwagen-Wanderungen Salzkammergut".
Volksschulkinder:	Für gehfreudige Kinder gut geeignet. Wir empfehlen das Aussichtsbankerl (ca. ¼ h vor dem Gipfel) als Ziel zu verwenden. Auch hier ist die Aussicht ein Traum.
Ab 10 Jahren:	Für bergerfahrene Kinder eine spannende Tour.

Navi: 4854 Steinbach, Wolterweg.

Anfahrt: Am südlichen Atterseeufer bei Weißenbach abfahren auf B153 Richtung Bad Ischl. Nach 700 m ist rechts die Fachbergbrücke.
Von Bad Ischl kommend B153 Richtung Weißenbach fahren. Nach der großen Schotteranlage liegt links die Fachbergbrücke.

Bus/Bahn: Hst. Weißenbach/Attersee Ort.

Ausgangspunkt/P: Fachbergbrücke.

Infos/Gaststätten: *Einkehrmöglichkeiten in Weißenbach; *Europacamp, Badeplatz mit großer Liegewiese; *Weißenbachaufsatz Forstamt Badeplatz, Freibadeplatz direkt an der B152 Richtung Steinbach.

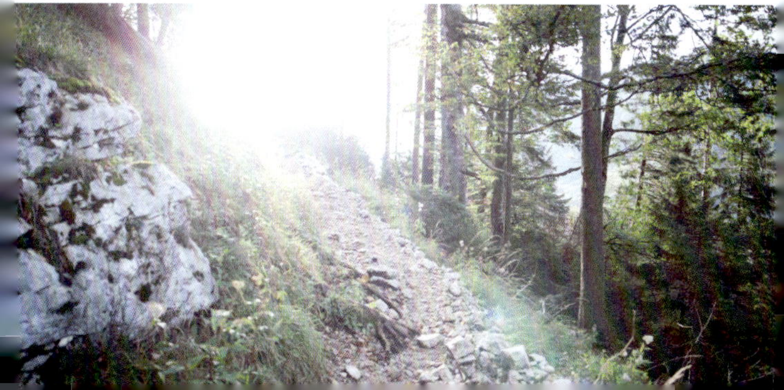

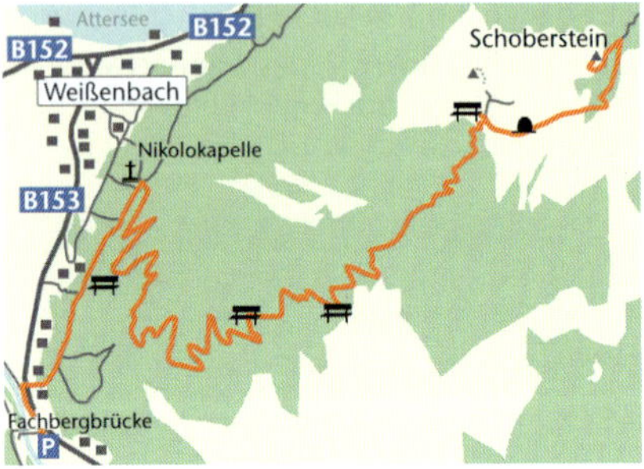

Wegbeschreibung: Vom P an der Fachbergbrücke kurz am Radweg entlang der Bundesstraße Richtung Weißenbach wandern, bis das erste Schild zum Aufstieg auf den Schoberstein nach rechts weist. Hier die Straße überqueren und der Beschilderung folgen. Anfangs führt der Weg flach durch den Wald ein Stück am Nikoloweg entlang, bis nach rechts der Weg auf den Großen Schoberstein abzweigt. Nun folgen unendlich viele Serpentinen mit geringen Steigungen durch den Wald, ausgetretene, steile Waldpfade kürzen ab. Weiter oben ersucht auch ein Schild, auf dem Weg zu bleiben. Ab dem markanten Aussichtsbankerl (erkennbar durch die Stahlseile, die ca. 20 m weiter den Weg absichern) ist das auch unbedingt notwendig, weil man sich sonst in einem Klettersteig wiederfindet. Diese Aussichtsbank ist das Ziel für all jene, die nicht schwindelfrei und bergerfahren sind. Für alle anderen: hier der Markierung nach rechts (nicht bergauf!) folgen. Der steile Hang wird nun auf einem ca. 0,5 m breiten, mit Stahlseilen gesicherten Weg gequert. Danach geht es durch lichten Wald bis zu einer Weggabelung. Hier links halten. Die letzte Minute vor dem Gipfel muss man kraxeln. Gleicher Rück- wie Hinweg.

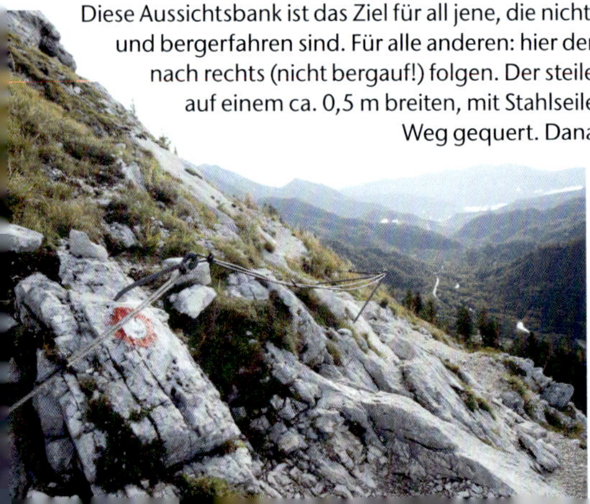

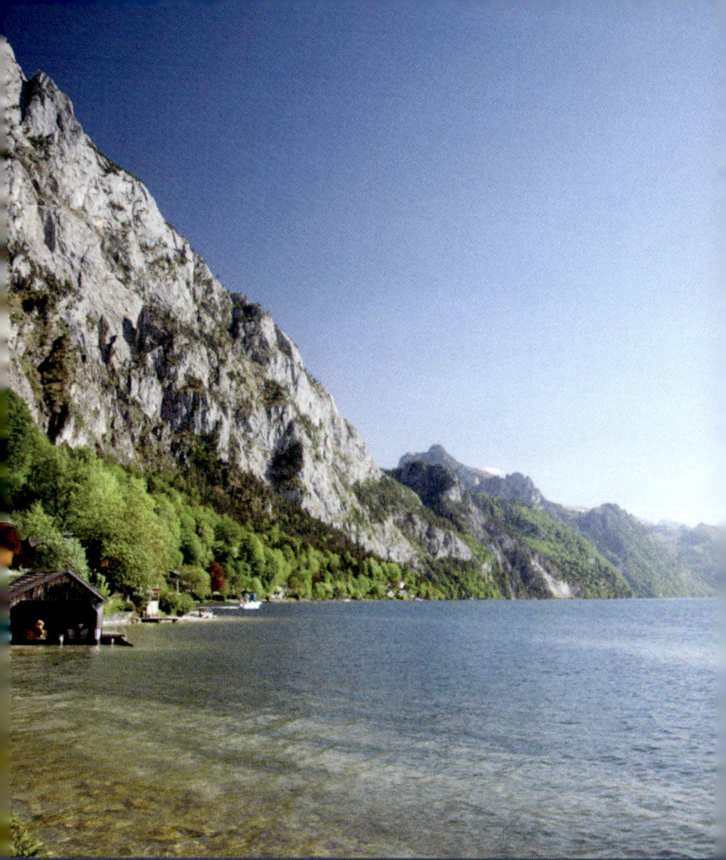

IV. Traunsee

Gmunden, Traunkirchen, Ebensee

25 Kaltenbachwildnis (670 m)

Gmunden: spektakuläre Landschaft am Fuße des Traunsteins

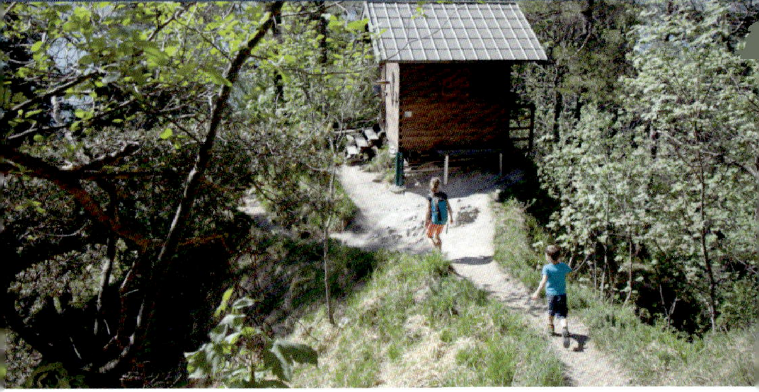

Felsspalten, Klüfte und vereinzelt thronen knorrige Kiefern auf den Felstürmen. Der Weg führt über Stege und Stufen und durch Tunnels. Fast fühlt man sich in die Welt eines Fantasyfilms versetzt, der Rundweg ist kurz, aber spektakulär und bedarf einiger Trittsicherheit. Bei Schneeschmelze und nach Regenfällen ist der Kaltenbach beeindruckend. Ausgangspunkt ist der altbekannte Hois'n Wirt, der gleichzeitig eine Schiffsanlegestelle bietet. Eine gute Option für die Anreise, da die Parkmöglichkeiten vor allem im Hochsommer begrenzt sind.

Wetter: Anforderung: Dauer: 2 h

Anforderung: Mittel bis schwer; 230 Hm; Wanderwege und Steige. Kurzes Stück Forststraße. Ca. 400 m enge, viel befahrene Straße zurück zum Ausgangspunkt.

Dauer: RW: 2 h; 2,8 km.

Wetter: Klassisches Wanderwetter; beeindruckend nach Regenfällen und bei Schneeschmelze. Achtung: Steinschlaggefahr.

Kindergarten-kinder:	Der gesamte Weg ist in diesem Alter noch nicht geeignet. Für einen netten Ausflug mit dem Schiff anreisen und kurz den Anfang des Weges entlang des Bogenparcours wandern. Dieser schlängelt sich durch einen schönen Wald bergauf und ist lustig zum Wandern – soweit die Füße tragen. Beim Hois'n ein Eis schlecken und die Füße bei der Anlegestelle ins Wasser baumeln lassen. Badesachen mitnehmen.
Volksschulkinder:	Siehe oben. Für geübte Kinder sehr spannend. Wichtige Regeln: Hände aus den Hosentaschen, nicht laufen, nicht überholen. Bei Gegenverkehr Kinder auf der Bergseite warten lassen...
Ab 10 Jahren:	Kurze Traumtour ohne Gipfel.

Navi: 4810 Gmunden, Traunsteinstraße 227.

Anfahrt: B145 bis Gmunden, Richtung Zentrum Grünbergseilbahn. Weiter entlang des Ostufers bis zum Hois'n Wirt. Hier entlang der Straße parken.

Bus/Bahn: Traunseeschifffahrt: Hst. Hois'n.

Ausgangspunkt/P: Gasthof Hois'n.

Infos/Gaststätten: * Schiffsanlegestellen am Traunsee gibt es in Ebensee, Traunkirchen und Gmunden, Traunseeschifffahrt: Tel. +43 7612 66700, www.traunseeschifffahrt. at; *Ghf. Hois'n Wirt, Ausgangspunkt, Schiffsanlegestelle und Bademöglichkeit, Tel. +43 7612 77333, www.hoisnwirt.at.

Wegbeschreibung:

Der Weg startet vor dem Hois'n Wirt und führt im Uhrzeigersinn vor dem Gasthof gleich zügig bergauf – Beschilderung „Kaltenbachwildnis 01". Der erste Teil des Weges ist gleichzeitig entlang eines

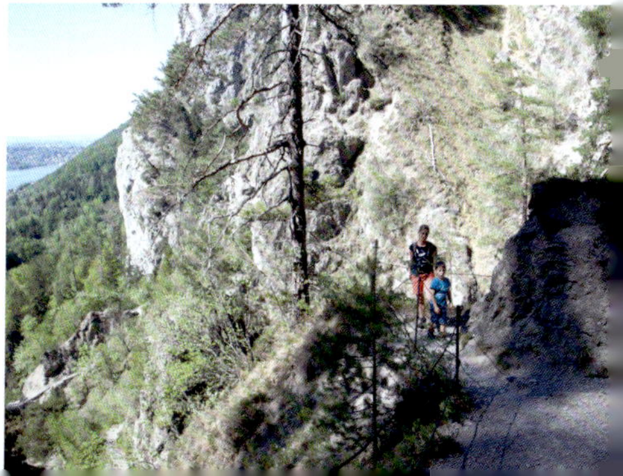

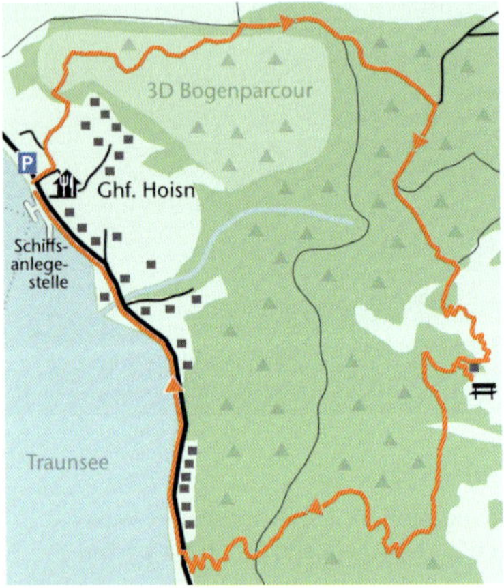

Bogenparcours angelegt und schlängelt sich durch den Wald steil bergauf. Die Forststraße kann als Umkehrpunkt für kleine Kinder genutzt werden. Weiter der Beschilderung folgen. Nach ca. 150 m, in einer Kehre, zweigt ein Pfad von der Forststraße nach rechts in den Wald ab. Pause kann bei einer winzigen Hütte gemacht werden – von hier aus weiter bergauf steht ein kleines Bankerl in einer Felsnische mit wunderbarem Ausblick. Ab jetzt geht es bergab, dem Wegweiser Richtung Ostufer folgen. Wieder im Wald finden sich super Kletterfelsen. Die Forststraße direkt überqueren, der Weg führt unmittelbar weiter durch den Wald und mündet abrupt bei der viel befahrenen Straße am Ostufer. Achtgeben, dass die Kinder nicht auf die Straße hüpfen. Hier gibt es einen erfrischenden kleinen Brunnen – „Unterm Stein". Zurück zum Ausgangspunkt geht es in 10 Minuten entlang der Straße am See.

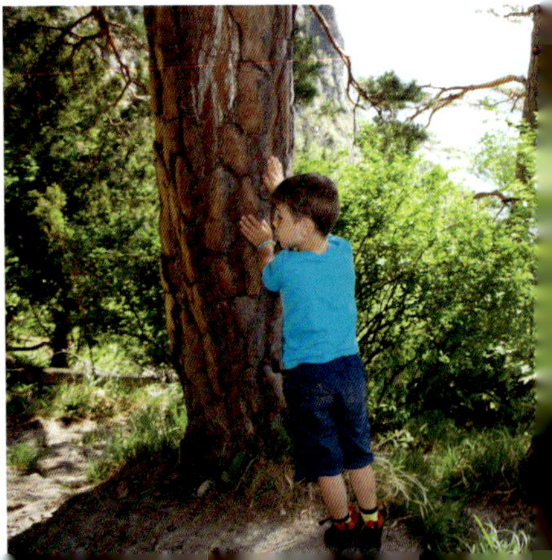

26 Kleiner Schönberg (895 m)

Gmunden: Gipfel über dem spektakulären Miesweg am Traunsee

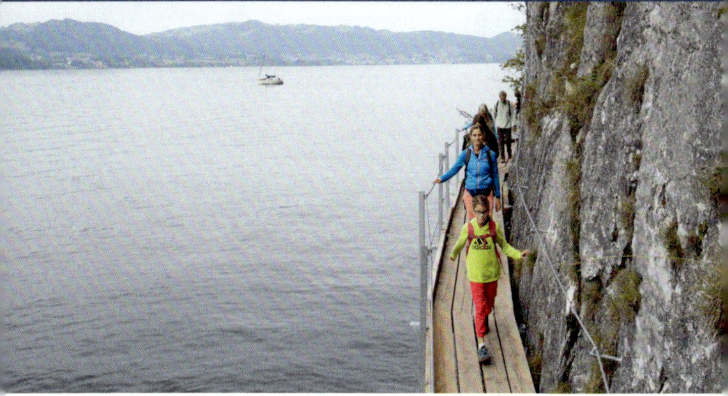

Alle drei hier beschriebenen Varianten sind sehr schön und beinhalten unterschiedliche Schwierigkeitsgrade, von ganz leicht bis schwierig. Variante 1, der Spazierweg entlang des Traunsees, verläuft zwar auf einem Forstweg, jedoch war nie ein Forstweg spannender, meinten unsere Kinder. Oftmals direkt am See entlang, aufregende Tunnels, Schotterbänke und am Schluss eine beeindruckende Brücke über den Lainaubach kennzeichnen diesen Weg.
Der Miesweg ist landschaftlich noch spektakulärer und aufregender, jedoch wie der Name schon sagt: Wer nicht trittsicher ist, dem kann der Weg ein bisschen vermiest werden. Denn man muss schon ein bissl kraxeln und zulangen. Der schmale Steig schlängelt sich entlang der Felswände des Traunsteins, immer ein paar Meter über dem schwarzen Wasser. Absolut spannend.
Variante 3 beschreibt den Aufstieg auf den Kleinen Schönberg, der Weg ist eine Verlängerung der beiden oben genannten. Der Schönberg ist einer der schönsten Aussichtsberge am Traunsee. Der Aufstieg ist sehr steil und beinhaltet Kraxlpassagen, aber er ist kurz und spannend. Das Parkproblem kann auch elegant mit einer Schifffahrt umgangen werden, siehe Infos.

Wetter: ☀ ☂ ◑ Anforderung: ● ● Dauer: 2 h

Anforderung:	Var. 1, Forststraße entlang des Traunsees: Leicht; breiter Weg. Var. 2, Mieswegrunde: Mittel bis schwer; 96 Hm; schmaler Steig. Var. 3, Kleiner Schönberg: Schwer; 483 Hm; steil mit Kraxelpassagen, am Gipfel ausgesetzt, bitte Kinder sichern.
Dauer:	Var. 1, eine Strecke bis zur Brücke über die Schlucht: ca. 1 h; 1 ½ km (variierbar). Var. 2, Mieswegrunde: 1 ¾ h; 3,5 km. Var. 3, Kleiner Schönberg: Aufstieg 2 h (ab AP); 3 km; Rückweg führt 5,5 km gemütlich bergab.
Wetter:	Wanderwetter, an heißen Sommertagen springen Jugendliche von den Felsen in den See. Der See ist hier eher kalt, dennoch Badesachen mitnehmen.

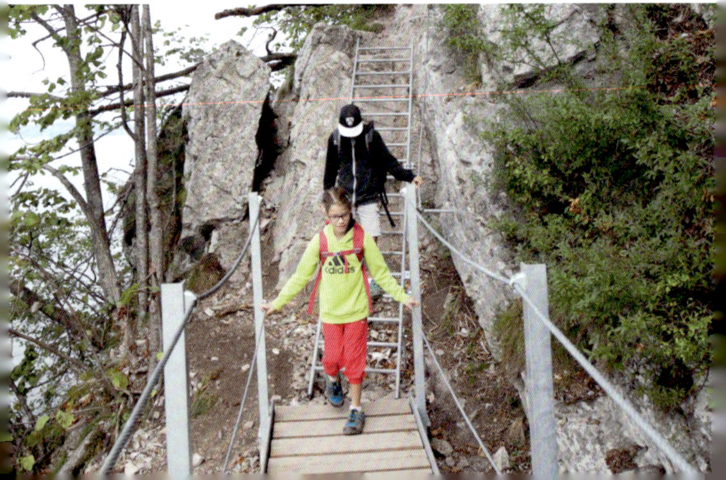

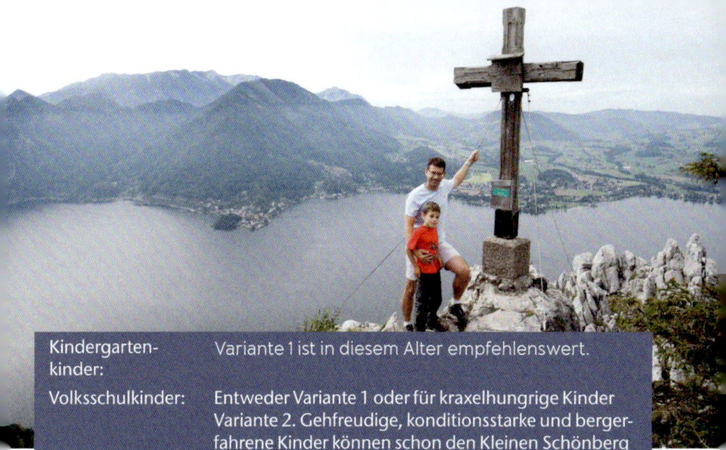

Kindergarten-kinder:	Variante 1 ist in diesem Alter empfehlenswert.
Volksschulkinder:	Entweder Variante 1 oder für kraxelhungrige Kinder Variante 2. Gehfreudige, konditionsstarke und bergerfahrene Kinder können schon den Kleinen Schönberg bewältigen.
Ab 10 Jahren:	Bewertung unserer zu diesem Zeitpunkt 10- bis 13-jährigen Kinder: „Absolut cool!“

Navi: 4810 Gmunden, Traunsteinstraße 84. Traunsteinparkplatz: Unterm Stein.

Anfahrt: B 145 bis Gmunden, Richtung Zentrum und dann entlang des Ostufers der Straße bis zum Ende folgen. Falls der P besetzt ist, bei der Grünberg Seilbahn parken und mit dem Shuttle zum Ausgangspunkt beim Traunsteinparkplatz fahren. Strafzettel gibt es, sobald sich auch nur ein Reifen außerhalb der weiß markierten Zonen befindet!

Bus/Bahn: Unterm Stein, per Elektroshuttle oder Schiff – siehe Infos, Wegverlängerung bei Schifffahrt: 25 Minuten.

Ausgangspunkt/P: Traunsteinparkplatz: Unterm Stein.

Infos/Gaststätten: *Elektroshuttle: verkehrt zw. Rathausplatz, Gasthof Grünberg, Hois'n Wirt und Unterm Stein; Abfahrten vom Rathausplatz: 11 h, 12:30 h, 14 h, 15:30 h, Tel. +43 650 2839983, elektroshuttle-gmunden.at, Mai/Jun/Sep: So und Sa, Jul/Aug: tägl.; *Traunseeschifffahrt von Gmunden Hst. Rathausplatz oder Ebensee Hst. Landungsplatz bis zur Hst. Hois'n Wirt., Kinder unter 10 Jahren frei, Abfahrten und Preise siehe Homepage, Tel. +43 7612 66700, www.traunseeschifffahrt.at. *Jausenstation Moaristidl, beliebte, kleine Jausenstation am Weg, Tel. +43 664 4810114, www.moaristidl.com, offen bei Schönwetter ab 12 h. *Gasthof Hois'n Wirt, neben Schiffsstation, schöner Gastgarten, Tel. +43 7612 77333, www.hoisnwirt.at, tägl. geöffnet.

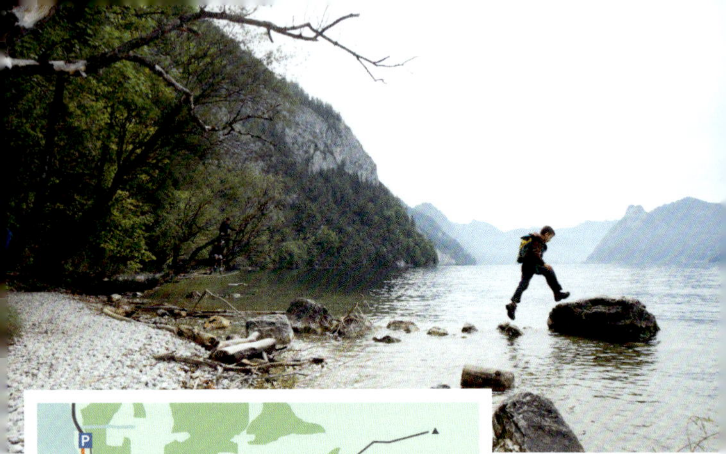

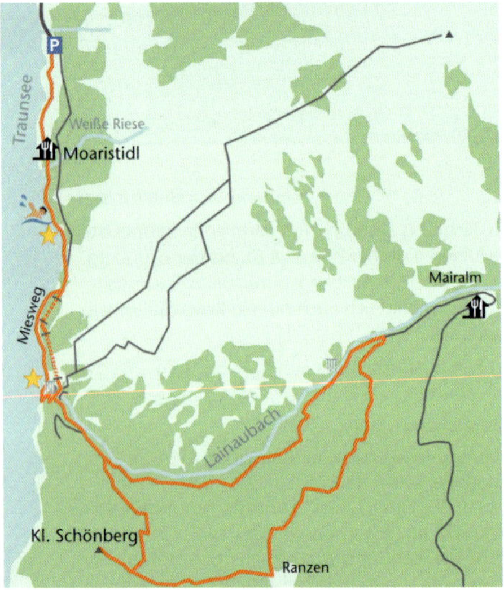

Wegbeschreibung:
Var. 1 – Spazierweg entlang des Traunsees: Vom Ausgangspunkt geht's kurz durch die Häuserreihe bis zur Jausenstation Moaristidl. Bald darauf führt der Weg direkt am See entlang mit vielen Schotterbänken zum Spielen. Einige breiten hier sogar ihr Handtuch aus und lassen sich von den vielen SpaziergeherInnen, die fast darübersteigen, nicht beirren. Mit Kindern ist es ein absolut netter Weg am Wasser entlang. Später geht es durch die Tunnels, und unmittelbar danach kommt die Brücke über den Lainaubach, die einen Blick durch die Schlucht erlaubt. Das ist der Umkehrpunkt dieser Variante. Retour geht es auf dem gleichen Weg.

Var. 2 – Mieswegrunde: Bis zum 1. Tunnel wie Var. 1. Vor dem Tunnel biegt rechts der Miesweg ab, der mit einer kurzen Kletterei beginnt. Danach geht's leicht bergab, bis eine Stahlleiter zu den ersten Holzstegen oberhalb des Traunsees führt. Kurz vor dem Ende befindet sich ein schöner Wasserfall, das ist ein idealer Rastplatz, bevor der Rückweg angetreten wird. Von diesem Rastplatz geht es für ca. 10 Minuten in steilen Serpentinen zur Forststraße hinauf. Dort angelangt, über die Brücke des Lainaubachs und durch die Tunnels retour.

Var. 3 – Kleiner Schönberg: Den ersten Teil der Wanderung entweder auf der Forststraße oder auf dem Miesweg (Beschreibung siehe Var. 1 und Var. 2) wandern. Nach der markanten Brücke über den Lainaubach der Forststraße für weitere 10 Minuten bergauf folgen, bis rechts der Steig abzweigt. Nun einfach der guten Beschilderung „Kl. Schönberg" bis zum Gipfel folgen. Entweder gleicher Rück- wie Hinweg oder gemütlicher (aber etwas länger) über den Ranzen retour. Dazu zuerst vom Gipfel den gleichen Weg kurz retour wandern bis zur Weggabelung. Hier geradeaus Richtung Mairalm halten. Bei der Forststraße entweder rechts noch zur bewirtschafteten Mairalm marschieren (Abstecher von 25 Min. eine Strecke) oder links Richtung Traunsee-Ostufer zurück zum Ausgangspunkt wandern.

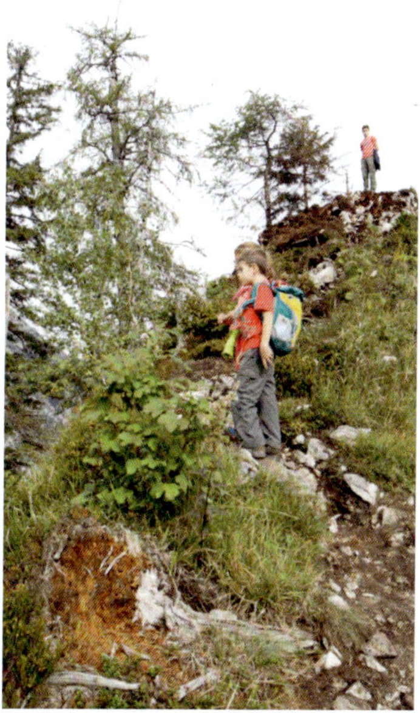

27 Kleiner Sonnstein (923 m)

Traunkirchen: Aussichtsberg zwischen Traunkirchen und Ebensee

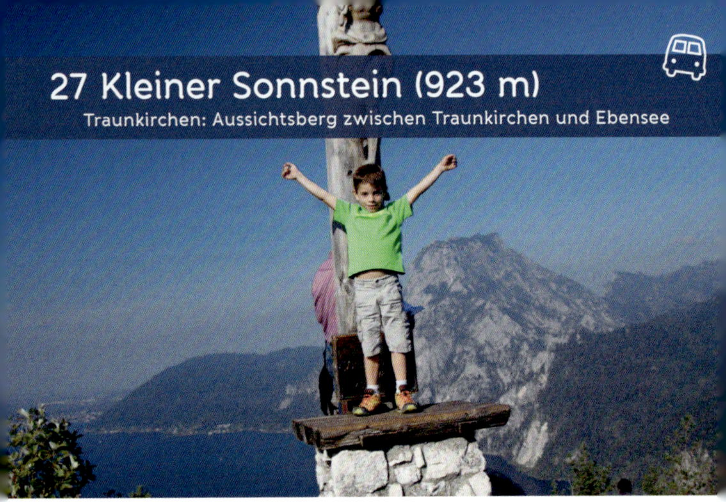

Die felsigen Flanken des Sonnsteins ragen zwischen Ebensee und Traunkirchen in den dunklen Traunsee hinein. Er ist einer der beliebtesten „Kurzgipfel" im Traunseegebiet. Für einheimische Kinder ist die Erstbesteigung ein Höhepunkt, da man da schon richtig kraxeln muss. Der Weg eignet sich gut als Trainingsstrecke, um Kinder Stück für Stück an herausfordernde Bergtouren heranzuführen. Zuerst geht's durch ein schattiges Waldstück, das für das Karstgebiet typisch mit malerischen Steinen besticht, weiter oben begleiten vereinzelte knorrige Kiefern den steinigen Aufstieg. Oben, kurz vor dem Gipfel, schmiegt sich die Sonnsteinhütte an den Felsen.

Wetter: Anforderung: Dauer: 1 ½ h

Anforderung:	Mittel bis schwer; 500 Hm; ca. ¾ schattiger Waldweg mit Steilstücken, letztes Viertel steiler, felsiger Pfad. Breiter Gipfel, jedoch ausgesetzt. Gutes Schuhwerk!
Dauer:	Eine Strecke: knapp 1 ½ h; 1,8 km.
Wetter:	Klassisches Wanderwetter.

Kindergarten-kinder:	Der Gipfel ist in diesem Alter noch nicht geeignet.
Volksschulkinder:	Das beste Alter für die Erstbesteigung gibt es nicht. Jedes Kind ist anders. Geschicktes und aufmerksames Gehen sind Voraussetzung für diesen Berg. Der Weg ist abwechslungsreich mit Bächen und einem Wasserfall.
Ab 10 Jahren:	Kurze Traumtour mit Gipfel.

Navi: 4801 Traunkirchen, Siegesbach 5.

Anfahrt: A1 Linz-Sbg, Abfahrt Regau Richtung Gmunden, Bad Ischl bis Traunkirchen. Nach Traunkirchen durch den Tunnel. Hier gibt es rechts und links Parkplätze entlang der Straße. *Von Süden Richtung Bad Ischl, Gmunden. Nach Ebensee weiter. Nach dem ersten Tunnel rechts oder links entlang der Straße parken. Falls kein P gefunden wird, in Traunkirchen parken und 1 km (15 Min.) vorwandern zum Ausgangspunkt beim Siegesbach.

Bus/Bahn: Bus: Hst. Traunkirchen Siegesbach, Bahn: Traunkirchen, Wegverlängerung um 20 Minuten.

Ausgangspunkt/P: Bei der Brücke über den Siegesbach weist an der Bergseite ein großes Schild auf die Sonnsteinhütte.

Infos/Gaststätten: *Sonnsteinhütte, Tel. +43 650 348617, www.sonnsteinhuette.at, in den Ferien, am Wochenende und feiertags geöffnet. *Mehrere Einkehrmöglichkeiten in Traunkirchen, einem malerischen Ort am Traunsee.

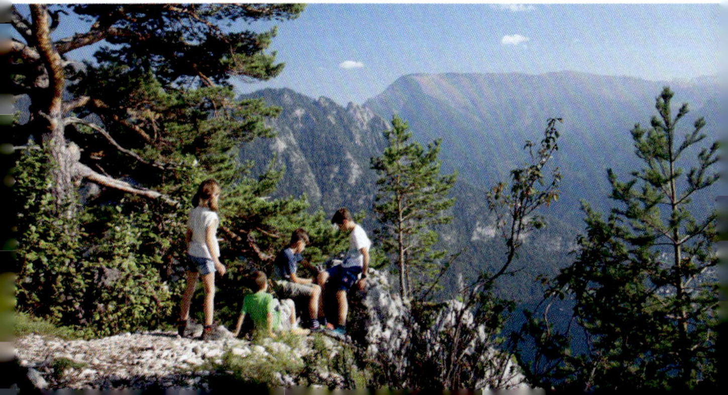

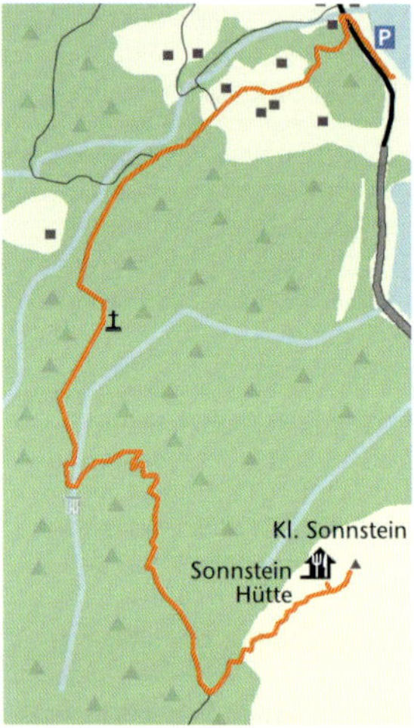

Wegbeschreibung: Von der Bundesstraße startet der Weg beim großen Schild „Sonnsteinhütte" und führt über zahlreiche Stufen bergauf durch den Wald. Es geht kurz über einen alten Talboden bei ein paar Häusern vorbei. Nach dem Bildstock führt der Weg links entlang des Baches vorbei an einem Wasserfall wieder bergauf durch den Wald. Nach einer weiteren knappen halben Stunde Gehzeit geht's über einen Graben und die Schusterleiten steil bergauf bis zum Grat. Das letzte Viertel führt über einen steilen Felsrücken zur Sonnsteinhütte, die Richtung Traunkirchen ins Tal blickt. Nach der Hütte ist der Gipfel in 5 Minuten erreicht.

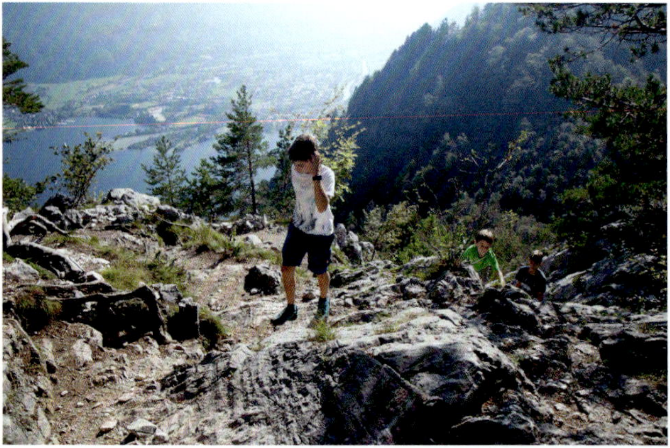

28 Riederhütte (1752 m)

Ebensee: Wanderung über das Höllengebirge mit Übernachtung

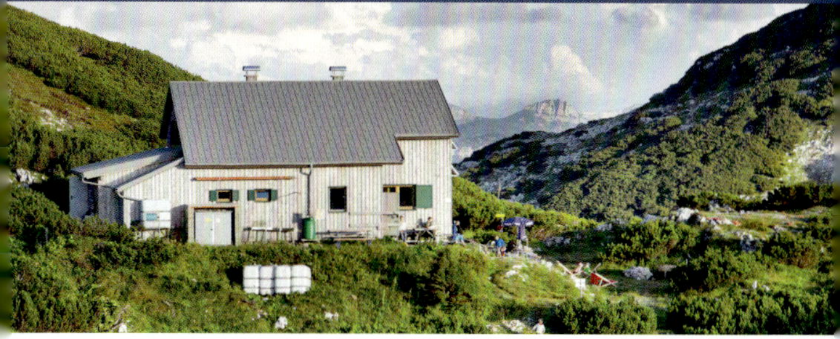

Ausgangspunkt dieses wunderschönen Höhenwanderweges ist die Bergstation der Feuerkogelseilbahn. Nach den Liftanlagen des Schigebietes geht es über das hochalpine Gelände des Höllengebirges. Latschen und Almblumen säumen die steinigen Pfade. Immer wieder sind Talsenken mit schroffen Felsen zu überqueren, und obwohl nicht viele Höhenunterschiede zu überwinden sind, geht der Weg aufgrund der großen Steine ziemlich in die Waden. Diese Tour ist vor allem als Übernachtungstour ideal. Für eine Kurzwanderung eignet sich auch das Europakreuz am Alberfeldkogel mit herrlichen Ausblicken auf die Langbathseen als Ziel. Ein kürzeres Ausflugsziel in unmittelbarer Nähe der Bergstation ist der Karstlehrpfad mit dem neu angelegten Latschenlabyrinth.

Wetter: ○ Anforderung: ● Dauer: 2 ¾ h

Anforderung: Mittel; 350 Hm; Gebirgsüberquerung mit meist kurzen, aber manchmal steilen Auf- und Abstiegen, dazwischen leichte Steigungen; steinige Gebirgspfade in hochalpinem Gelände, gute Bergschuhe unbedingt notwendig, genug Proviant und viel zu trinken mitnehmen. Kurzvarianten: Mittel; mittlere Steigungen; Steige durch offenes Gelände.

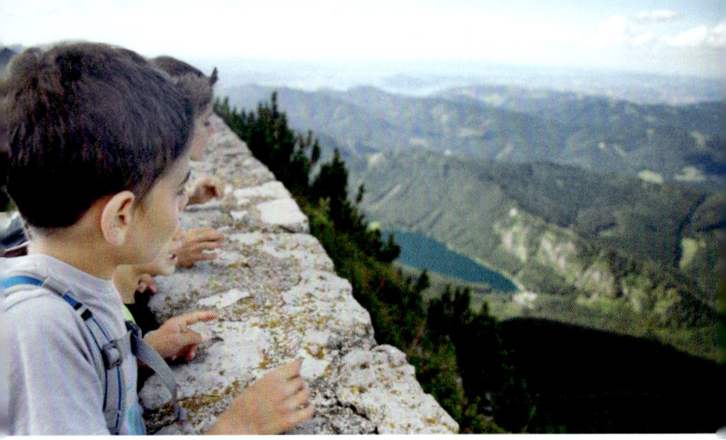

Dauer:	Eine Strecke: ca. 2 ¾ h; 5,2 km; davon 1. Teil der Wanderung bis zum Alberfeldkogel 1 h; ca. 2 km; RW Latschenlabyrinth: ca. 1 h; ca. 2 km.
Wetter:	Nur schönes Bergwetter, Wetterbericht einholen und bei Gewitterwarnungen nicht gehen! Sonnenschutz, da offenes alpines Gelände.

Kindergartenkinder:	Wanderung Riederhütte nicht geeignet. Die erste Teilstrecke bis zum Alberfeldkogel mit dem Europakreuz (114 Hm) ist in diesem Alter ideal, interessant ist auch der Karstlehrpfad mit dem Latschenlabyrinth.
Volksschulkinder:	Wunderschöne Bergtour für wandererfahrene Familien mit genügend Kondition, ansonsten siehe oben.
Ab 10 Jahren:	Sehr gut geeignet.

Navi: 4802 Ebensee, Rudolf-Ippisch-Platz 4.

Anfahrt: B 145 bis Ebensee. Bei Ebensee Richtung Zentrum abfahren, im Ort der Beschilderung zur Feuerkogelbahn folgen, dort parken.

Bus/Bahn: Hst. Ebensee Feuerkogelbahn.

Ausgangspunkt/P: Mit der Seilbahn bis zur Bergstation am Feuerkogel auffahren. Ausgangspunkt ist die Bergstation.

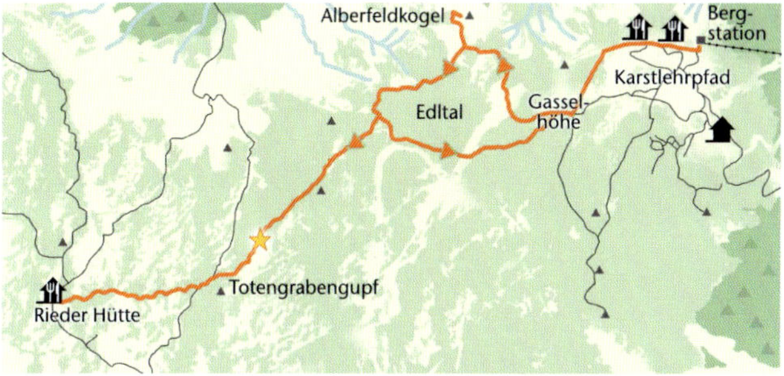

Infos/Gaststätten: *Feuerkogelbahn, www.feuerkogel.info, Tel. +43 50 140, Richtpreise: Erw. Berg- und Talfahrt: € 22,50, Kinder € 11,20, Familientarif: € 60,80 (Freifahrt ab dem 3. Kind). Hinweis: Es gibt vergünstigte 3- oder 4-Gipfel-Tickets, Infos unter: www.seilbahnholding.at. *Riederhütte, AV-Hütte mit ÜN-Möglichkeit, Zimmer und Lager möglich, Tel. +43 6133 93013, www.alpenverein.at/riederhuette, geöff. Ende Mai – Mitte Okt. *In der Nähe der Bergstation befinden sich mehrere Einkehrmöglichkeiten, siehe Webseite der Bahn.

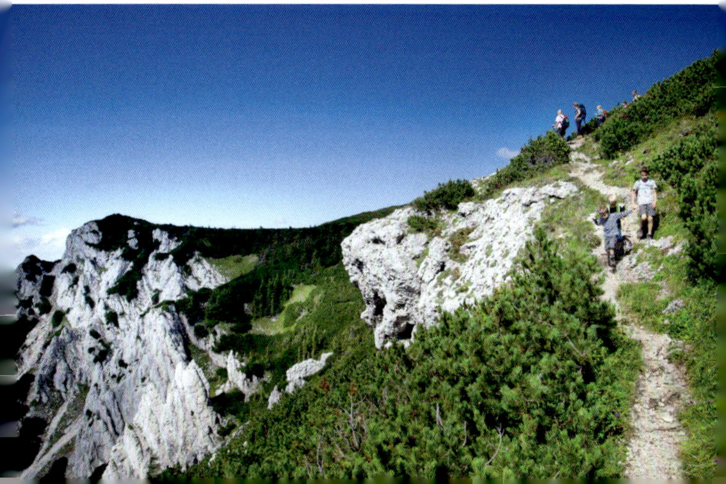

Wegbeschreibung: Von der Bergstation des Feuerkogels der Schipiste bergauf vorbei an den Schihütten folgen. Hier weisen bereits die ersten

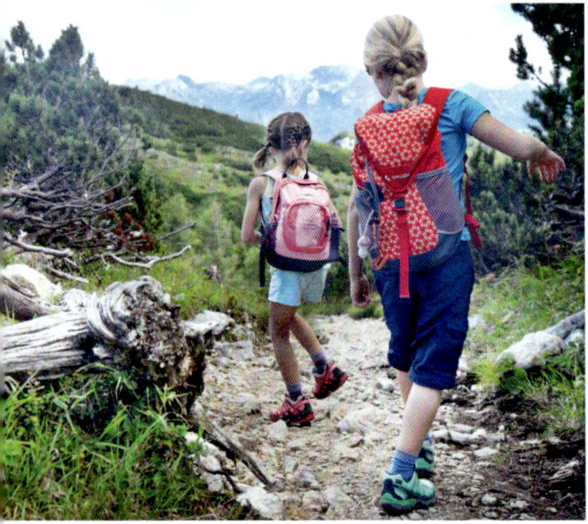

Wegweiser zum Europakreuz und dem Alberfeldkogel. Nach 20 Minuten liegt das Schigebiet hinter einem und bei der Weggabelung kann entschieden werden: Entweder links den direkten Weg oder rechts über den Alberfeldkogel zur Riederhütte wandern. Der Gipfel Alberfeldkogel mit dem Europakreuz ist nach einer halben Stunde erreicht. Hier kann man sich kurz für den Weiter- bzw. Rückweg stärken. Für den Weiterweg vom Europakreuz zurückwandern bis zur Abzweigung mit dem Wegweiser Riederhütte. Es geht bergab ins Edltal. Hier kommt der Weg wieder zusammen mit dem Weg vom Feuerkogel. Nun der Beschilderung zur Riederhütte nach rechts folgen. Der Weg schlängelt sich durch Latschen über das Hochplateau, teilweise mit Kraxelpassagen, bis zum Totengrabengupf. Von hier geht's in 20 Minuten zur Riederhütte.

Rückweg: Der Beschilderung Richtung Feuerkogel folgen. Im Edltal diesmal rechts halten, um zur Feuerkogel- Seilbahn zu gelangen.

29 Katzenwoferlklause (566 m)

Ebensee: kurzweiliger Märchenweg zu einer Einsiedelei

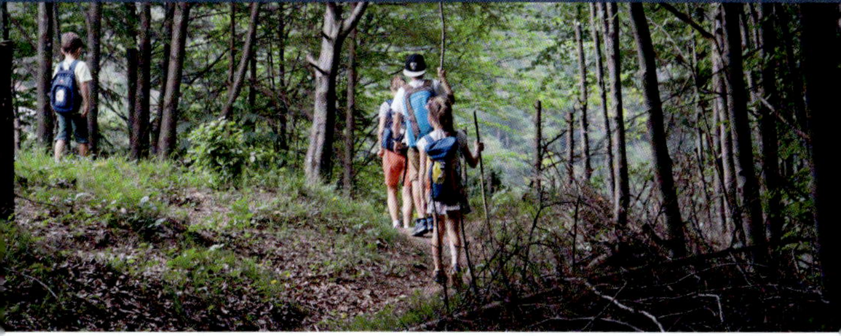

Vom Ortszentrum Ebensee ausgehend ist das kleine Kalvarienbergkircherl über die zahlreichen Stufen bald erreicht. Neugierig, wie die Geschichte vom Katzenwoferl weitergehen könnte, laufen die Kinder von Tafel zu Tafel. Der Weg wird gesäumt von Rastplätzen und Aussichtspunkten und schlängelt sich durch den schattigen Wald bergauf zur Einsiedelei Katzenwoferl. Wer will, nimmt das als Ziel und Umkehrpunkt. Wer ausgiebiger wandern möchte, kann einen Rundweg anhängen. Dabei geht es über Brückerl und Gräben hinab zur Talstation der Feuerkogelseilbahn, dann kurz durch Siedlungsgebiet und durch den Wald zurück. Ein Eis am Rathausplatz ist ein netter Abschluss für die Kinder.

Wetter: | Anforderung: | Dauer: 2 h

Anforderung: Leicht bis mittel; 215 Hm; zuerst ca. 400 m durch den Ort, dann Wanderwegerl. Bei der Talstation der Feuerkogelbahn geht es kurz durch Siedlungsgebiet.

Dauer: RW: 2 h; 4 km. Kurze Variante bis Katzenwoferl, eine Strecke ca. ½ - ¾ h.

Wetter: Jedes Wanderwetter. Die kurze Variante ist auch bei Nieselwetter ideal.

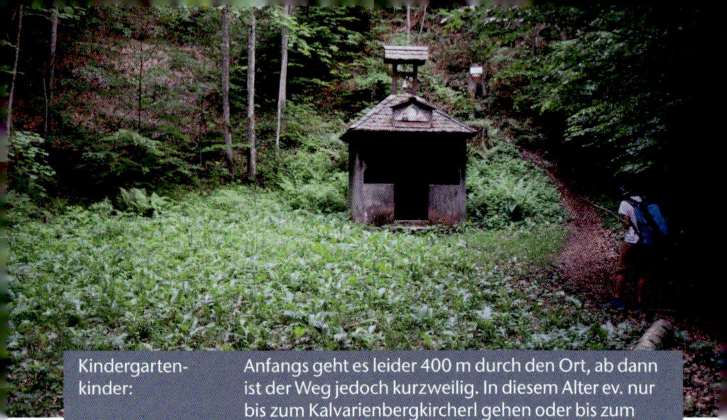

Kindergartenkinder:	Anfangs geht es leider 400 m durch den Ort, ab dann ist der Weg jedoch kurzweilig. In diesem Alter ev. nur bis zum Kalvarienbergkircherl gehen oder bis zum Katzenwoferl. Märchenwege sind immer ein guter Motivationsfaktor.
Volksschulkinder:	Siehe oben. Es kann ggf. auch die Rundwegvariante gewandert werden. Das Ausfahren der Gondeln der Feuerkogelseilbahn ist interessant.
Ab 10 Jahren:	Als kleine Runde für zwischendurch gut geeignet.

Navi: 4802 Ebensee, Salinenplatz bzw. Hauptstraße 21.

Anfahrt: A1 Linz-Sbg, Abfahrt Regau Richtung Gmunden, Bad Ischl bis Ebensee. Bei Ebensee rechts abfahren, über die Gleise und hier am Salinenplatz parken. *Von Süden Richtung Bad Ischl, Gmunden bis Ebensee. Bei Ebensee links abfahren, über die Gleise und hier am Salinenplatz parken.

Bus/Bahn: Ebensee Landungsplatz.

Ausgangspunkt/P: P Salinenplatz.

Infos/Gaststätten: *Keine Gaststätte am Weg, Proviant mitnehmen. *Eissalon Giovanni, beim Ausgangspunkt, Spielplatz gleich nebenbei, Tel. +43 699 12 02 60 50.

Wegbeschreibung: Ausgehend vom Parkplatz geht es entlang der Hauptstraße weiter in den Ort hinein. Nach der Brücke rechts abbiegen. Dann links vorbei beim Bäckerwirt. Ab hier den Wegweisern zum Kalvarienberg/Katzenwoferlklause durch die Gassen über die Stiegen folgen. Vom Ausgangspunkt bis zum Kalvarienbergkircherl sind es ca. 15 - 20 Minuten. Und von dort bis zur Katzenwoferlklause nochmals

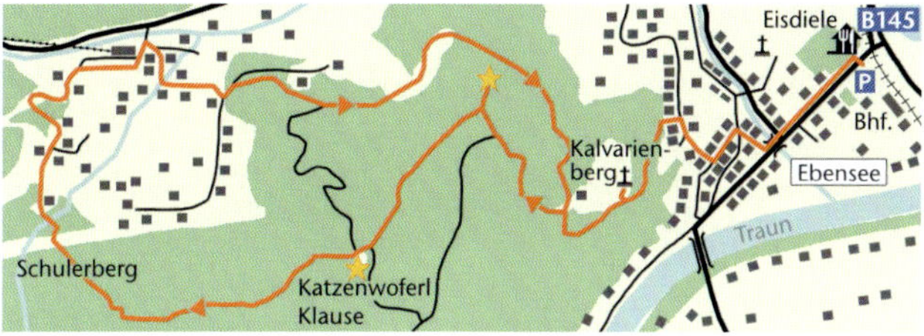

in etwa gleich lang wandern. Ab dem Kalvarienbergkircherl zeigen die Wegweiser zur Katzenwoferlklause und später zur „Feuerkogelseilbahn Talstation über Schulerberg". Die kleine Hütte befindet sich mitten im Wald, hier gibt es Sitzgelegenheit zum Jausnen und Rasten (Sitzunterlagen mitnehmen). Danach geht es am Berghang entlang und über ein paar Brückerl abwärts zur Talstation. Dort über den Parkplatz wandern und vor der Brücke rechts dem Wegweiser „Bartlberg-Kalvarienberg-Runde" folgen. Die Runde schließt sich oberhalb des Kalvarienbergkircherls. Von hier geht es wieder zurück zum Ausgangspunkt.

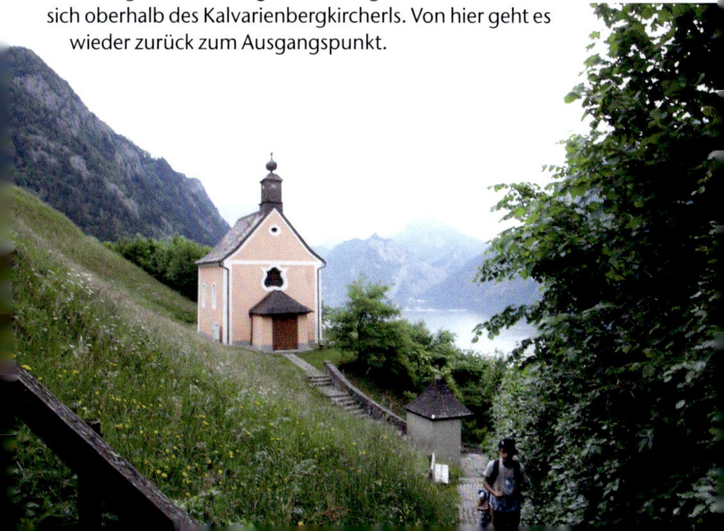

30 Mittereckerstüberl (775 m)

Ebensee: Entlang des tosenden Schwarzenbaches zur kleinen Alm

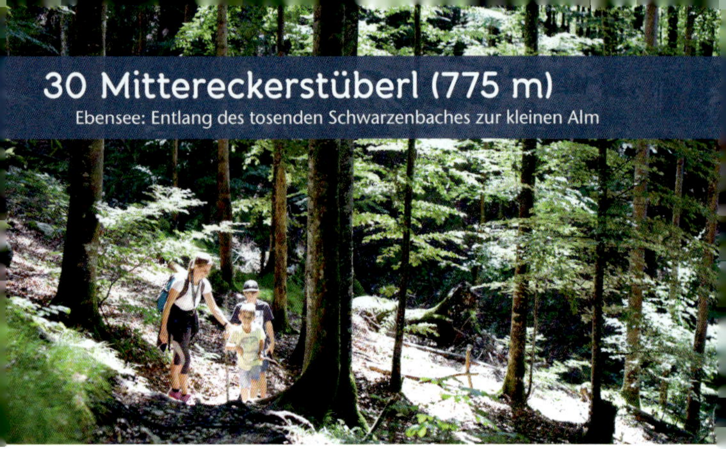

Gerne machen die Ebenseer einen kleinen „Spazierer" in die Mittereckeralm. Es geht entlang von tosenden Wildbacherln in das immer enger werdende Tal. Im Talschluss liegt unterhalb des Hochkogels die kleine Hütte. Auch wenn das Klettergerüst und der Barfußweg schon etwas ausgedient haben, hat der Wirt vor Kurzem eine echt coole Boulderwand zum Kraxeln aufgestellt. Das beste und allen Wettereinflüssen trotzende Spielgerät ist eindeutig der Kletterfelsen. Zur Schneeschmelze bildet sich im hinteren Bereich der Alm der Wiesensee, geschaffen durch ein Toteisloch. Ende Mai ist das Schauspiel wieder vorbei. Zur Jagdzeit Mitte September bis Anfang Oktober ist der Weg gesperrt.

Wetter: Anforderung: Dauer: 1 ½ h

Anforderung:	Leicht bis mittel; 316 Hm; anfangs leichte bis mittlere Steigungen, dann immer flacher werdend; anfangs Forststraße, dann Waldwege und Steige.
Dauer:	Eine Strecke: ca. 1 ½ h; 2,7 km
Wetter:	Jedes Wetter, außer Sturm. Aus jagdwirtschaftl. Gründen begehbar zw. Mitte Mai u. Mitte Sept.

Kindergarten-kinder:	Für gehfreudige Kinder ist der ganze Weg geeignet. Der Schwarzenbach ist ein breiter Bach mit Schotterbänken, der an vielen Stellen zum Spielen und Plantschen einlädt. Vor allem an der Forststraße vor dem Ausgangspunkt gibt es immer wieder Stellen, die zum Bach führen.
Volksschulkinder:	Sehr gut geeignet.
Ab 10 Jahren:	Sehr gut geeignet.

Navi: 4802 Ebensee, Offensee 58; Achtung: von hier der Straße noch 1,6 km bis zum P folgen.

Anfahrt: B145 Richtung Ebensee bis zur Abfahrt Offensee. Nun ca. 2 km der Beschilderung „Offensee" folgen, bis nach rechts der Wegweiser zum Mittereckerstüberl weist. Von hier ca. 2 km bis zum P.

Bus/Bahn: Nicht geeignet.

Ausgangspunkt/P: Wanderparkplatz Schwarzenbach.

Infos/Gaststätten: *Mittereckerstüberl, Naturfreundehütte, beliebtes und uriges Ziel, Salzkammergut-Spezialität: Holzknechtnocka, Tel. +43 676 5862880, www.ebensee.naturfreunde.at, geöffnet von Mitte Mai bis Mitte Sept., bitte jedoch die exakten Öffnungszeiten erfragen, da aufgrund der Jagdsaison teilw. geschlossen.

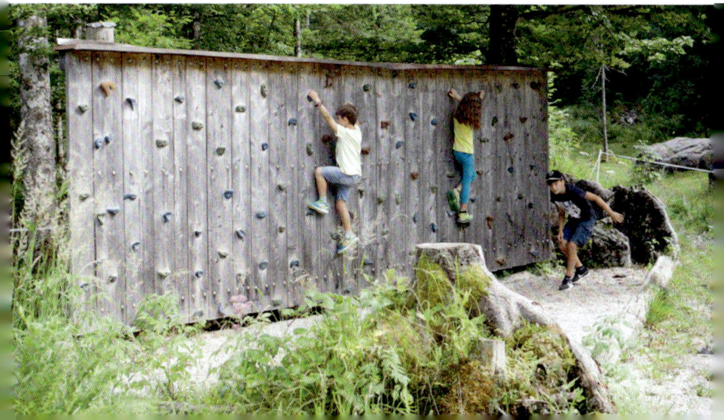

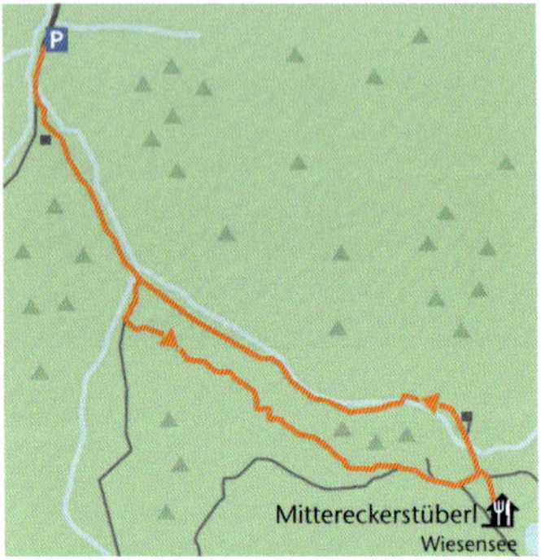

Wegbeschreibung: Vom P die Forststraße entlang des Schwarzenbaches weiterwandern. Bei der Weggabelung der Beschilderung „Mittereckerstüberl" folgen, bis nach rechts der Almweg abzweigt. Dieser führt zuerst bergauf entlang des Zwerchbaches, immer tiefer ins Tal hinein, bis er wieder in die Forststraße mündet. Bei der nächsten Weggabelung geht es rechts in ein paar Minuten zum Mittereckerstüberl. Zum Wiesensee einfach vom Mittereckerstüberl 10 Min. weiterwandern. Für den Rückweg vom Mittereckerstüberl bis zur Weggabelung zurückwandern. Von dort der Markierung Ursprungweg folgen. Dieser ist wegen der Wildfütterung nur von Mitte Mai – Mitte September begehbar.

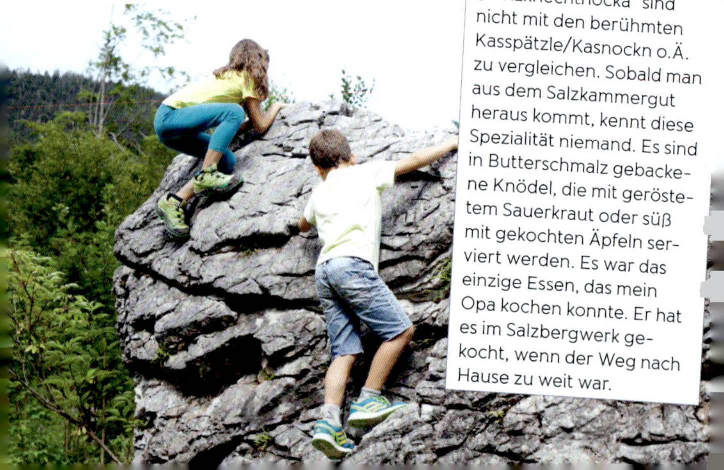

TIPP

„Holzknechtnocka" sind nicht mit den berühmten Kasspätzle/Kasnockn o.Ä. zu vergleichen. Sobald man aus dem Salzkammergut heraus kommt, kennt diese Spezialität niemand. Es sind in Butterschmalz gebackene Knödel, die mit geröstetem Sauerkraut oder süß mit gekochten Äpfeln serviert werden. Es war das einzige Essen, das mein Opa kochen konnte. Er hat es im Salzbergwerk gekocht, wenn der Weg nach Hause zu weit war.

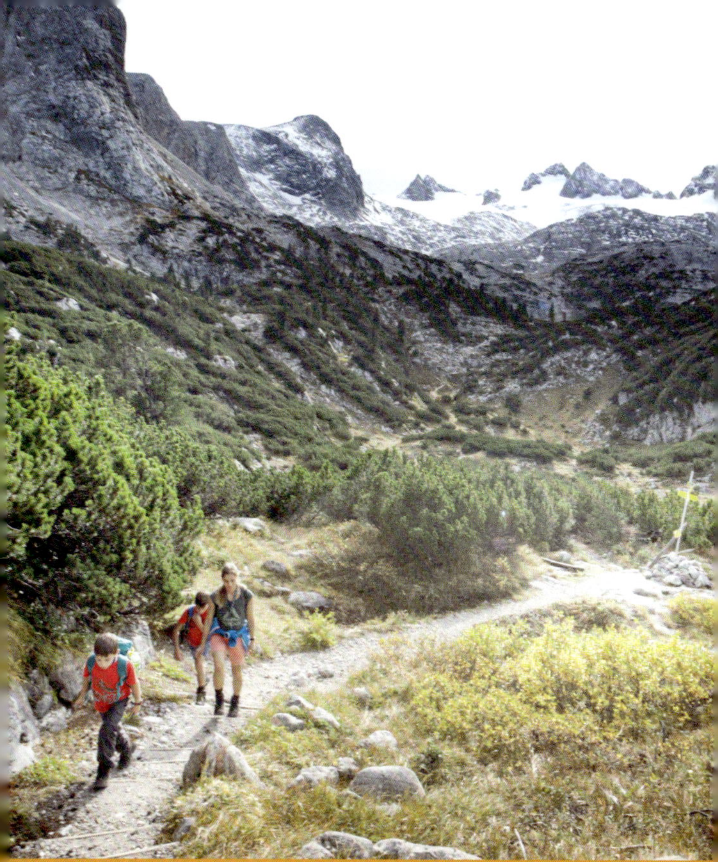

V. Inneres Salzkammergut

Bad Ischl, Bad Goisern, Hallstatt, Obertraun, Gosau

Besuche uns auf Facebook: **wandaverlag**

31 Nussensee (604 m)

Pfandl bei Bad Ischl: gemütlicher Weg zum kleinen Waldsee

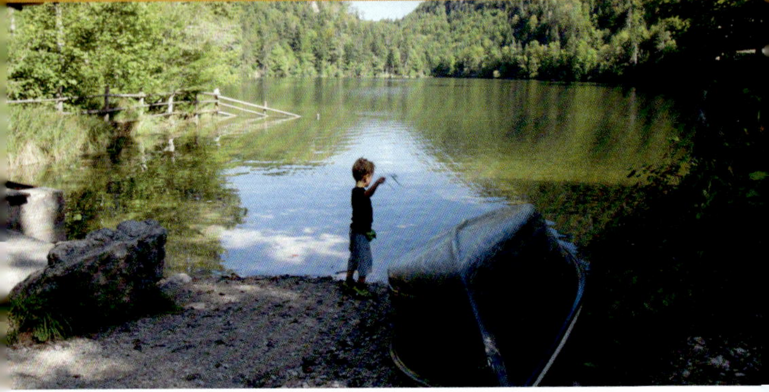

Der breite Weg führt entlang des kleinen Nussenbachs. Wenn man dann beim Ursprung ankommt, ist es jedes Mal eine Überraschung, wie hoch der Wasserspiegel im Nussensee steht. Früher war das Gasthaus am See ein beliebtes Ausflugsziel, aber seit es geschlossen ist, ist auch der See etwas in Vergessenheit geraten. Wir genießen ihn um so mehr und nehmen selbst Proviant mit. Picknickplatzerl und auch Stellen zum Baden und Füße Hineinhalten gibt es am hinteren Ende. Da der See sehr schattig liegt, ist er im Winter meist zugefroren und ideal zum Eislaufen.

Wetter: Anforderung: Dauer: RW 2 h

Anforderung:	Leicht; 109 Hm; leichte bis mittlere Steigungen; bis zum See breiter Wanderweg im schattigen Wald, rund um den See schmaler Waldpfad.
Dauer:	RW: 2 h; 4,4 km, davon bis zum See: 45 Min. Seeumrundung: 1 h; 1,8 km.
Wetter:	Jedes Wanderwetter, auch bei Nieselwetter gut geeignet.

Kindergartenkinder:	Je nach Ausdauer entweder den längeren Fußweg entlang des Nussenbaches zum See wandern oder direkt zum See fahren und diesen umrunden, siehe Kurzvariante. Pritscheln im See, Fischerl beobachten, wurzeliger netter Waldweg um den See.
Volksschulkinder:	Ideal! Im See kann man auch baden, aufgrund der besonderen Atmosphäre sind hier jedoch meistens wenig Menschen anzutreffen, s.o.
Ab 10 Jahren:	Sehr gut geeignet, siehe oben.

Navi: 4820 Bad Ischl, Nähe Schneiderwirtsstraße 12.

Anfahrt: Von Salzburg kommend B158 Richtung Bad Ischl. Nach dem Gasthaus zur Wacht (Grenze zu Oberösterreich) weist nach 300 m ein grünes Schild nach rechts zum Nussensee. Weiter siehe *alle Richtungen.
Von Bad Ischl kommend B158 Richtung Salzburg. Nach dem Ortsteil Pfandl gegenüber dem kleinen Spar links abzweigen Richtung Nussensee (grünes Schild). Weiter siehe *alle Richtungen.
*alle Richtungen: Hier in der Schneiderwirtsstraße nach einer Parkmöglichkeit suchen. Für die kurze Variante bis zum P beim See der Beschilderung folgen.

Bus/Bahn: Hst. Bad Ischl, Abzw. Nussensee. Wegverlängerung ca. 300 m.

Ausgangspunkt/P: Schneiderwirtsstraße.

Infos/Gaststätten: *Keine Einkehrmöglichkeiten, beim Ausgangspunkt an der Bundesstraße gibt es einen kleinen Spar zum Proviant Kaufen. *Eis-Freigabe im Winter: TVB Bad Ischl, Tel. +43 6132 27757.

Wegbeschreibung: Von der Schneiderwirtsstraße links abbiegen Richtung Lindau, gleich darauf zweigt nach rechts der Fußweg zum Nussensee ab, der in 45 Minuten zum See führt. Der

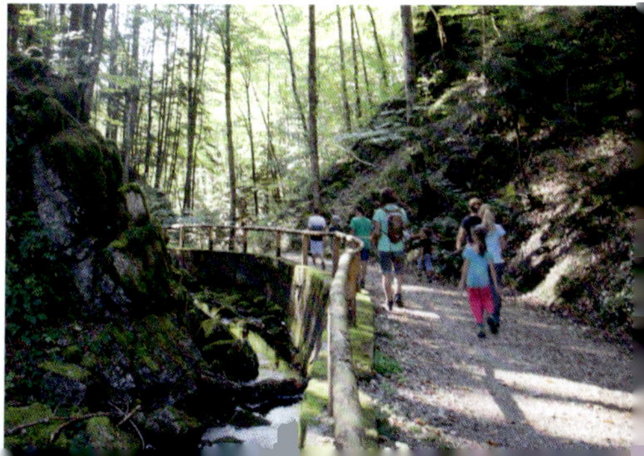

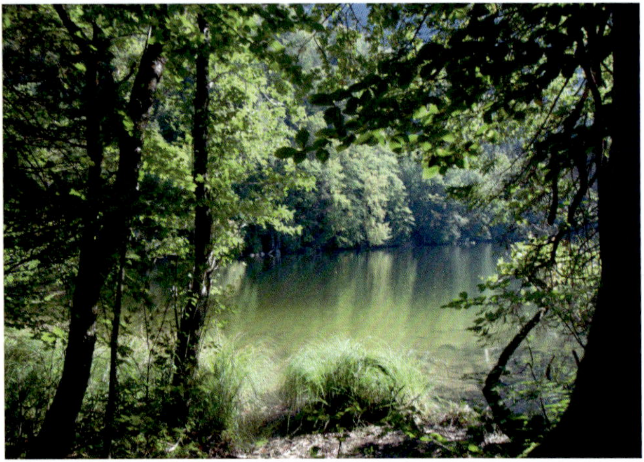

See wird gegen den Uhrzeigersinn umwandert. Zuerst geht es beim ehemaligen Gasthof vorbei. Danach der Beschilderung „Rund um den See“ folgen.

Kurzvariante:
Vom P Richtung See wandern und dort der Beschilderung „Rund um den See“ folgen.

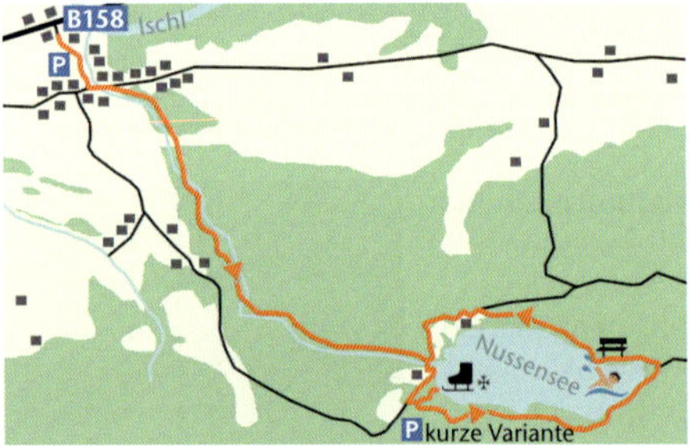

32 Jainzenberg (834 m)

Bad Ischl: Sissis wild romantischer Zauberberg

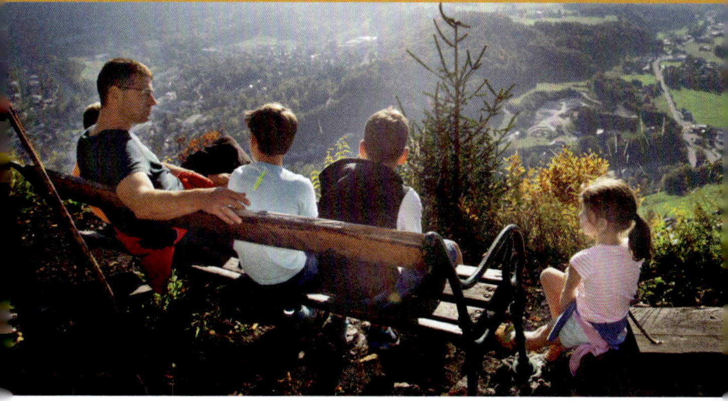

Der Sage nach sollen Sonntagskinder in einer Lichtmessnacht den Eingang in das Innere des Jainzenberges finden können, wo ein glitzernder See und goldene Säulen – das Reich der Jainzenzwerge – ruht. Im Spätherbst ist es herrlich durch den lichten Buchenwald auf den kleinen Berg bei Ischl zu wandern. Durch die Südwestlage liegt der Aufstieg auch nachmittags auf der Sunseitn. Kleine IschlerInnen starten meist mit der Jainzenberg-Erstbesteigung ihre Wanderkarriere. Ideal von der Länge, aber dennoch mit einer ziemlichen Steigung schlängelt sich der steinige Pfad bergauf und ist auch bei großen Kindern sehr beliebt. Wenn frühmorgens Ischl im Nebel liegt, kann der Aussichtspunkt knapp unterhalb des Gipfels schon über der Wolkendecke liegen. Wir sind die Tour als Runde gewandert, so führt der Abstieg gemütlich und weniger steil entlang des Bergrückens.

Wetter: Anforderung: Dauer: 2 ⅓ h

Anforderung: Mittel; 338 Hm; mittlere bis steile Steigungen in Serpentinen; steinige Waldsteige und Pfade.

Dauer:	RW: 2 ⅓ h; 4,5 km. Davon bis zum Gipfel: 50 Min; 1,3 km.
Wetter:	Trockenes Wanderwetter.

Kindergarten-kinder:	Geeignet für sehr gehfreudige Kinder, die einmal einen „richtigen" Berg erklimmen wollen. Ansonsten nur so weit die Füße tragen, es gibt am Weg immer wieder nette Stellen mit Aussicht, die gut als Umkehrpunkt genommen werden können. Die Tour zum Hohenzollerwasserfall ist eine nette Alternative und ist im Buch „Kinderwagen-Wanderungen Salzkammergut" zu finden.
Volksschulkinder:	Gut geeignet.
Ab 10 Jahren:	Kurz, aber trotzdem immer nett.

Navi: 4820 Bad Ischl , Jainzendorfstraße 48. Hier entlang der Straße nach Parkmöglichkeiten Ausschau halten.

Anfahrt: B158 bis Bad Ischl. Bei Bad Ischl West abfahren Richtung Zentrum. Nach ca. 600 m in die erste Straße nach links abzweigen. Der Straße über die Brücke, durch das Siedlungsgebiet und dann steil bergauf folgen. Hier rechts haltend nach dem letzten Haus (Navi-Adresse) nach P suchen.

Bus/Bahn: Nicht möglich.

Ausgangspunkt/P: Letztes Haus der Siedlung (Navi-Adresse).

Infos/Gaststätten: *Keine Einkehrmöglichkeiten am Weg, daher genügend Proviant mitnehmen.

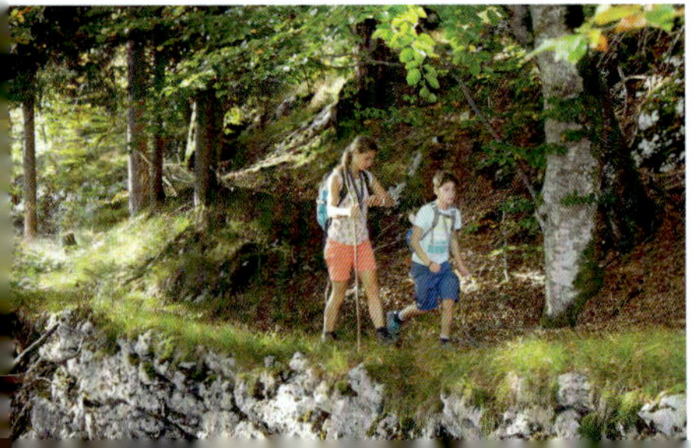

Wegbeschreibung:
Nach dem letzten Haus des kleinen „Grätzels" führt nach rechts ein kleiner Pfad, beschildert mit „Jainzenberg", entlang der Wiese bergauf. Nach der Wiese zweigt

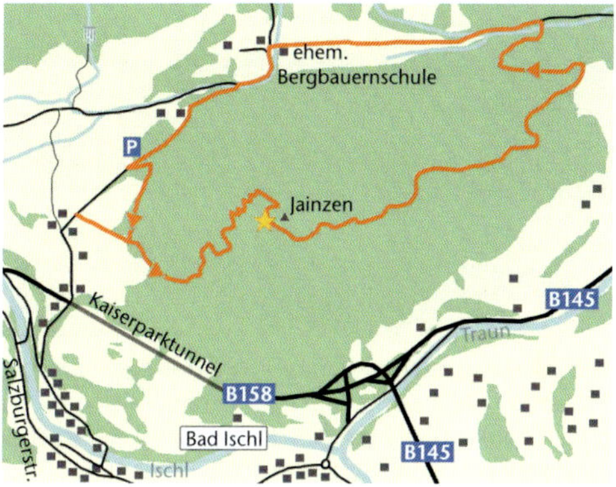

nach links der steile und steinige Pfad ab. Diesem ab hier eine knappe Stunde bis zum Aussichtspunkt unterhalb des Gipfels folgen. Nach verdienter Pause und Genießen der Aussicht ab nun der Beschilderung „Jainzen 50 min". Der Weg führt etwas unterhalb des Bergrückens entlang und mündet im hinteren Jainzental in einen breiteren Karrenweg. Hier links halten. Neben dem Bach führt der Weg leicht bergauf durch den Wald bis zu einer Wiese. Von hier ist schon die alte Bergbauernschule zu sehen. Hinter dem Gebäude links die Straße bergab wandern. Dieser links haltend ca. 30 Minuten bis zum Ausgangspunkt folgen.

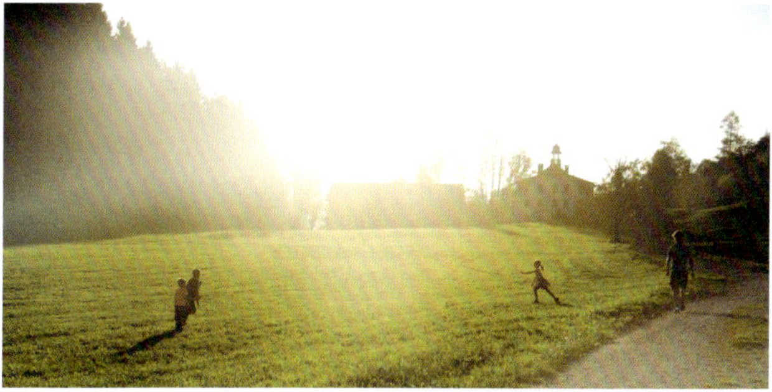

33 Wanderbare Katrin (1542 m)

Bad Ischl: Gipfelglück für Bergfexe oder Erlebnisweg für Gemütliche

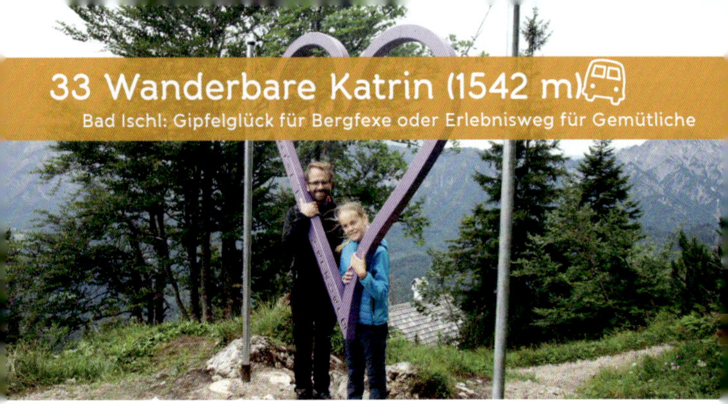

Auffahrten mit Seilbahnen belasten zwar das Familienbudget, aber ab und zu ist das eine nette Abwechslung, und man befindet sich ohne Anstrengung gleich in alpinem Gelände. Mit dem Sieben-Seen-Blick und einem traumhaften Bergpanorama ist der Ausblick rekordverdächtig. Die Sommersaison beginnt Mitte April und viele IschlerInnen nutzen die Saisonkarte, um hier oben mit den Kindern noch rodeln zu gehen. Sobald der letzte Schneehaufen geschmolzen ist, stehen nette Wanderungen auf dem Programm. Auf größere Kinder wartet das Kaiser-Franz-Josef-Gipfelkreuz neben dem Katrin-Sender. Es ist zwar ein kurzer, dafür aber knackiger und felsiger Aufstieg. Der Gipfel ist breit mit vielen Bänken, aber hinter dem Gipfelkreuz geht eine Felswand steil bergab. Kleinere Kinder können über einen Erlebnisweg das Feuerkögerl umwandern: 12 Stationen führen zu Aussichtspunkten, Infotafeln und dem Feuerkögerl-Gipfelkreuz.

Wetter: ○ | Anforderung: ● ● | Dauer: RW: 1–2 h

Anforderung: Katrin Gipfel-RW: Mittel; 170 Hm; mittlere Steigungen mit steilen Teilstücken; hochalpiner Steig, Trittsicherheit erforderlich.
Rundweg Feuerkögerl: Leicht bis Mittel; 90 Hm; es geht immer leicht bergauf und bergab mit ein paar steilen Passagen; Steige mit teils hohen Stufen und Wurzeln.

Dauer:	Katrin Gipfel-RW: ganze Runde: 1 ¼ h; 2 km. Rundweg Feuerkögerl: 1 h; 1,5 km.
Wetter:	Schönes Bergwetter. Hier oben ist es meist etwas kühler als im Tal, daher auch im Sommer Jacken einpacken; Sonnenschutz, da offenes Gelände.

Kindergarten-kinder:	In diesem Alter ist der Rundweg Feuerkögerl empfehlenswert. Der Katrin-Gipfel ist nur für gehfreudige Kinder mit entsprechender Beaufsichtigung am Gipfel möglich (siehe Anforderung).
Volksschulkinder:	Siehe oben.
Ab 10 Jahren:	Der Katrin-Gipfel ist ideal. Die Wanderung kann noch weiter bis zum Hainzen ausgedehnt werden, Dauer hin und retour ca. 2 h zusätzlich, mittlerer Schwierigkeitsgrad. Dafür die Runde gegen den Uhrzeigersinn wandern und mit dem Katrin-Gipfel beginnen.

Navi: 4820 Bad Ischl, Kaltenbachstraße 62.

Anfahrt: B145/B158 bis Bad Ischl. Bad Ischl Zentrum. Hier den Wegweisern zur Katrinseilbahn folgen.

Bus/Bahn: Kaltenbach b. Bad Ischl Katrinseilbahn.

Ausgangspunkt/P: Bergstation der Katrinseilbahn.

Infos/Gaststätten: *Katrin Berggasthof, bei der Seilbahn-Bergstation, Tel. +43 650 7118536, www.katrin-berggasthof.at, täglich geöffnet. *Katrin Almhütte, unterhalb der Bergstation, Tel. +43 676 9238620, www.katrinalmhuette.com, Ruhetag: Mo. *Katrin Seilbahn, die Gondeln sind richtig retro und jede individuell gestaltet. Etwas Besonderes ist aber die Beichtgondel mit Seelsorger. Kinder bis 6 Jahre gratis, Tel. +43 6132 23788, www.katrinseilbahn.com, Mitte Apr. – Mitte Nov. von 9 – 17 Uhr geöffnet; Richtpreis Berg- und Talfahrt Erw.: € 22,–, Kind: € 14,–.

Wegbeschreibung: Katrin Gipfel-RW: Rechts hinter der Bergstation der Beschilderung „Elferkogel" folgen. Wir wandern die Runde immer im Uhrzeigersinn mit sanfterem Aufstieg. Nach dem höher liegenden Elferkogel geht es leicht bergab zum Sender und dem Gipfelkreuz der

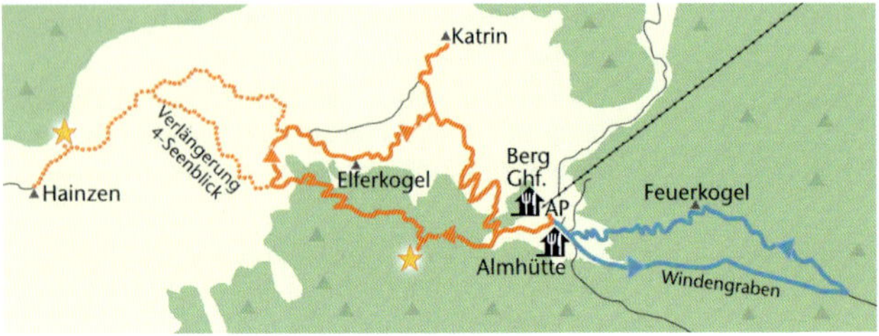

Katrin. Für den Rückweg zuerst für ca. 5 Minuten auf gleichem Weg retour. Dort, wo der Weg vom Elferkogel einmündet, dieses Mal links halten und immer abwärts zurück zum Ausgangspunkt.

Rundweg Feuerkögerl: Erste Stationen befinden sich rund um die Bergstation und sind sehr gut beschildert. Der eigentliche Rundweg beginnt unterhalb der Bergstation neben der kleinen Katrin Almhütte. Hier der grünen Beschilderung „Rundweg Feuerkögerl“ folgen. Der Rundweg führt gegen den Uhrzeigersinn am Windengraben entlang. Bei Station 7 links halten und über den Bergrücken und das Feuerkögerl retour wandern bis zum Ausgangspunkt.

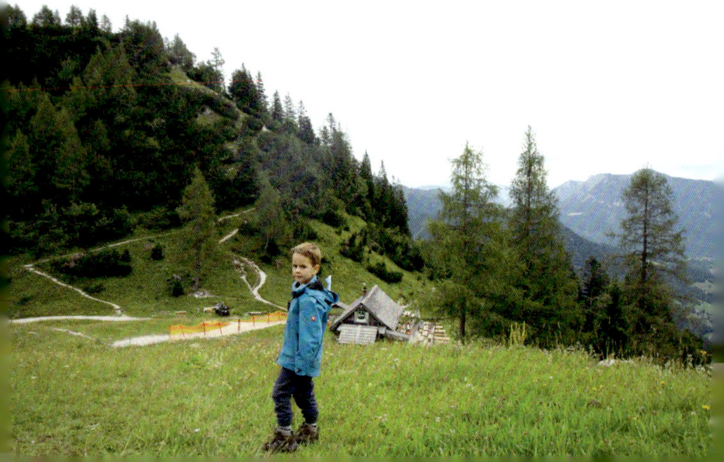

34 Siriuskogel (599 m)

Bad Ischl: kurzer Sinneswunderweg auf das Stadtkögerl

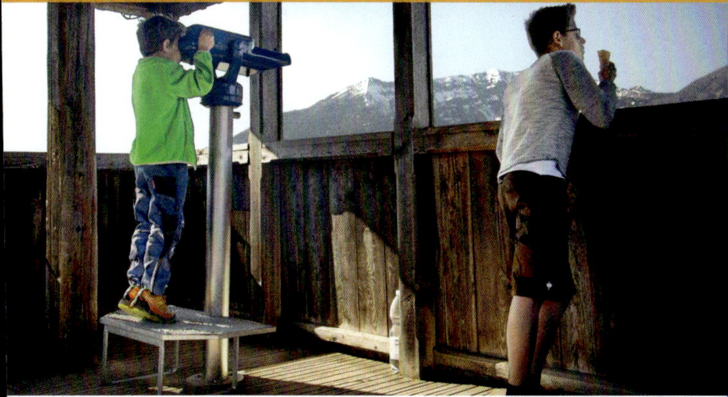

Die Traun schlängelt sich zwischen Bad Ischl und Siriuskogel hindurch und der schönste Blick auf die „Kaiserstadt" lässt sich am besten vom Aussichtsturm am Siriuskogel genießen. Der sehr kurze Weg geht sich auch noch am späten Nachmittag aus. An heißen Sommertagen ist der Buchenwald angenehm kühl und der Einsiedlerstein ein prima Naturspielplatz. Eigentlich ist der gesamte Weg ein Spielplatz, denn entlang des „Sinneswunderweges" stehen interaktive Stationen. Bei der einladenden Jausenstation gibt es einen Kleintierzoo, weitere Spielgeräte und einen Aussichtsturm.

Wetter: Anforderung: Dauer: ½ h

Anforderung: Mittel; 140 Hm; kurzer, aber teilweise steiler Weg; schmale und sehr, sehr rutschige Schotterwege – vor allem beim Hinuntergehen aufpassen.

Dauer: Eine Strecke: 30 Min.; 700 m.

Wetter: Jedes Wetter, außer Sturm.

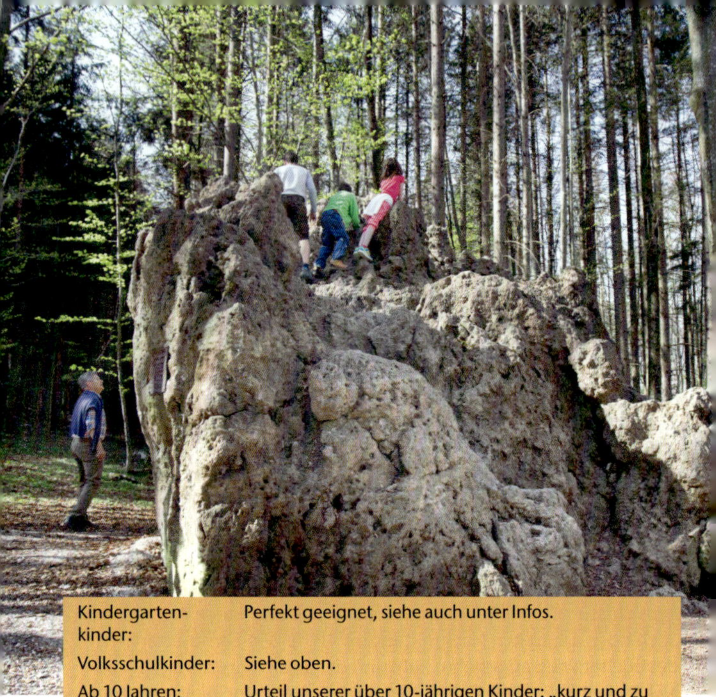

Kindergarten-kinder:	Perfekt geeignet, siehe auch unter Infos.
Volksschulkinder:	Siehe oben.
Ab 10 Jahren:	Urteil unserer über 10-jährigen Kinder: „kurz und zu kindisch, ... aber oben chillig“.

Navi: 4820 Bad Ischl, Maria-Theresien-Weg.

Anfahrt: B145/B158 bis Bad Ischl. Bad Ischl Süd abfahren. Nach dem Kreisverkehr 700 m weiter Richtung Zentrum. Nach dem Spar links in den P Maria-Theresien-Weg einbiegen (gebührenpflichtig, Richtpreis € 4,– / Tag).

Bus/Bahn: Bad Ischl Hst. Krankenhaus/Gymnasium, dadurch Wegverlängerung um ca. 10 Min.

Ausgangspunkt/P: Großer Parkplatz am Maria-Theresien-Weg.

Infos/Gaststätten: *Ghf. Siriuskogel, hochwertige Speisen, kinderfreundlich, es gibt z.B. Meerschweinchen, Schweine, Hasen, Ziegen, Ponys, Hühner und Schildkröten, Tel. +43 660 7346302, teilw. Musikprogramm, siehe www.siriuskogel.at, Apr. - Ende Okt. tägl. geöffnet.

Wegbeschreibung: Vom P weist gleich ein Schild zum Sinneswunderweg. Diesem Richtung Siriuskogel folgen. Es geht rechts an den Gebäuden vorbei. Nach diesen geht es rechts am Waldrand entlang bis zum Aufstieg. Von hier führt ein steiler Schotterweg bergauf an den ersten Stationen des Sinneswunderweges vorbei bis zum Einsiedlerstein. Hier kann man kurz verschnaufen für den letzten Anstieg zum Ziel. Gleicher Rück- wie Hinweg.

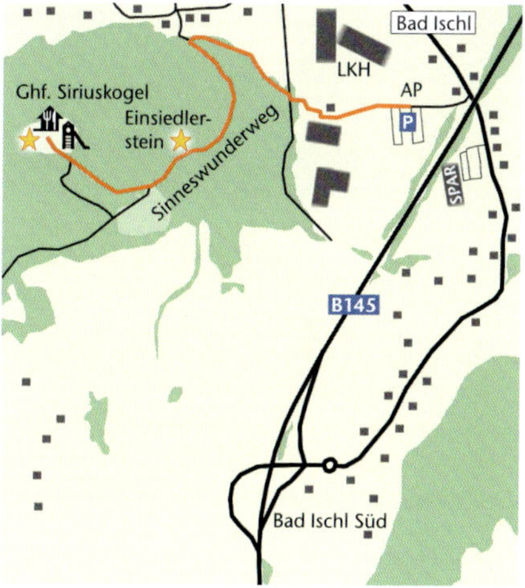

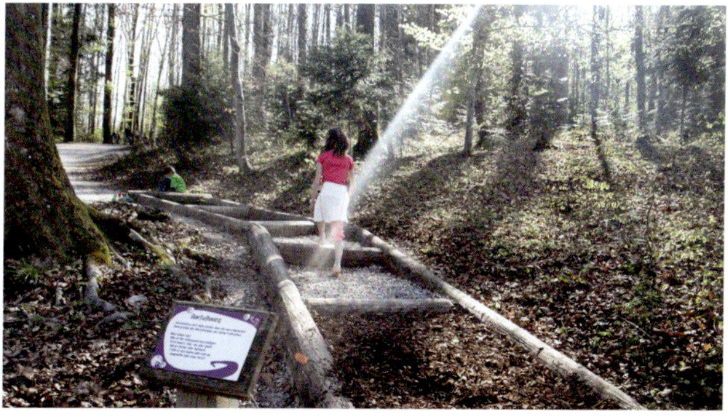

35 Hoisnradalm (969 m)

Bad Ischl: Kaiserjubiläumssteig zur beliebten Alm

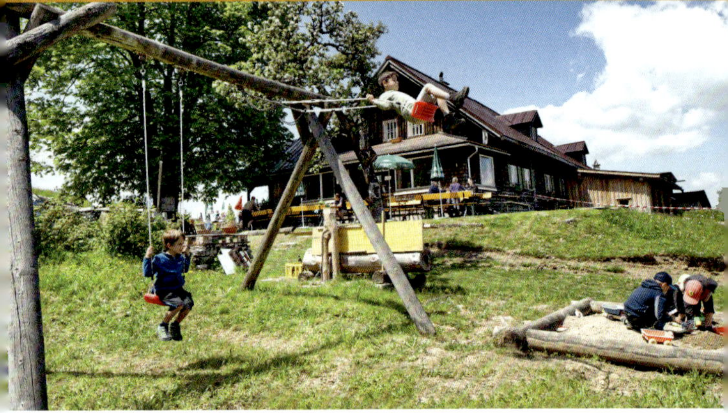

Zu Kaiserzeiten wurden die Herrschaften mit einer Sänfte den Berg hinaufgetragen. Wir hüpfen lieber über die ausgewaschenen Steine und Wurzeln und wandern gerne den alten Steig durch den Wald zur Alm hinauf. Allmählich wird es immer steiler. Als Kinder sind wir jährlich auf's Hoisnrad gewandert. Die urige Hütte ist ein beliebtes, familienfreundliches Wanderziel mit kleinem Spielplatz. Oben reicht der herrliche Ausblick vom Ischlertal mit der Katrin, Jainzen und Zimnitz bis zum Wolfgangsee.

Wetter: Anforderung: Dauer: 2 h

Anforderung:	Mittel; 450 Hm; mäßige bis mittlere Steigungen, die letzten 100 Hm zur Hütte steil; Waldsteige, nach Regen schlammig und ausgewaschen.
Dauer:	Eine Strecke: 2 h; 3,5 km.
Wetter:	Jedes Wetter, außer bei Sturm.

Kindergarten-kinder:	Für sehr gehfreudige Kinder geeignet. Obwohl es nur eine Schaukel und eine kleine Sandkiste gibt, ist es rundherum sehr nett.
Volksschulkinder:	Siehe oben.
Ab 10 Jahren:	Sehr gut geeignet.

Navi: 4820 Bad Ischl, Rosenkranzgasse 42d.

Anfahrt: B145/B158 bis Bad Ischl. Bei Bad Ischl Süd in Richtung Zentrum. Nach Gasthof Bachwirt rechts einordnen – grünes Schild Rettenbachalm. Dem Straßenverlauf durch Siedlungsgebiet folgen, nach der starken Linkskurve gut Acht geben, denn ca. 350 m weiter befindet sich rechts ein kleiner Wanderparkplatz für ca. 6 Autos. Falls der P voll ist, ca. 300 m weiter zum P Rettenbachmühle.

Bus/Bahn: Rettenbach b. Bad Ischl Hst. Abzw Hinterstein.

Ausgangspunkt/P: Wanderparkplatz Jubiläumssteig.

Infos/Gaststätten: *Hoisnrad Alm, sehr gemütlich und urig, bei Regen knistert der Ofen gemütlich, Tel. +43 699 15991228, hoisnradalm.at, Winter/April Sa,So; Mai – Ende Okt. täglich geöffnet.

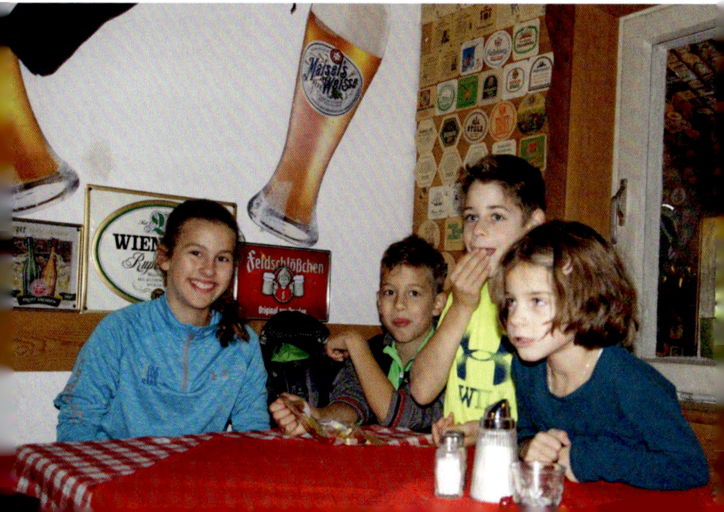

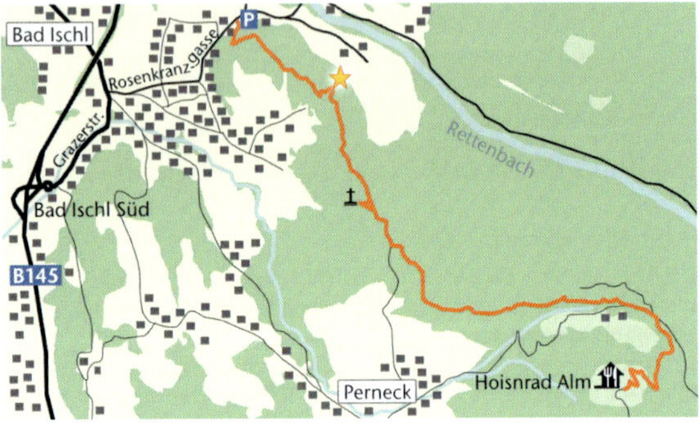

Wegbeschreibung: Vom P der Beschilderung zur Hoisnradalm folgend, führt nach rechts ein schmaler Pfad zwischen Wald und Häusern. Danach geht es hauptsächlich durch einen schönen Buchenwald über den Hubkogel mit meist leichten Steigungen. Nach ca. 45 Minuten kommt eine kleine Abzweigung nach Perneck, hier links halten. Ab nun wird es steiler, bis nach weiteren 30 Minuten die Wiesen des Niederrades durch den Wald blinzeln. Von hier ist das Hoisnrad in einer halben Stunde erreicht. Obwohl die Hütte schon sichtbar ist, wird es knapp davor nochmals ein bisschen anstrengend. Gleicher Rück- wie Hinweg.

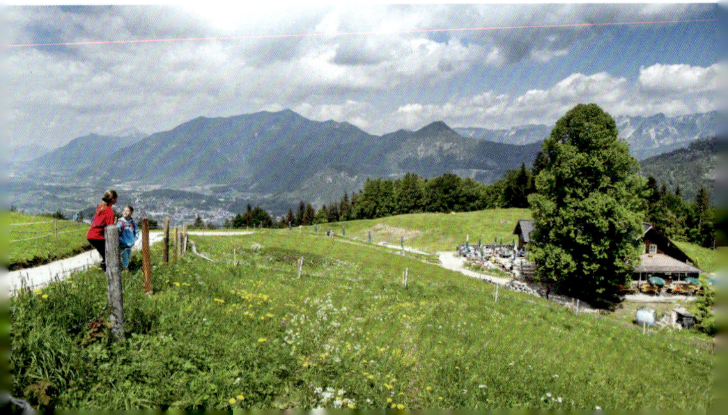

36 Blaa-Alm (969 m)

Bad Ischl: entlang des Rettenbaches zur Altausseer Blaa-Alm

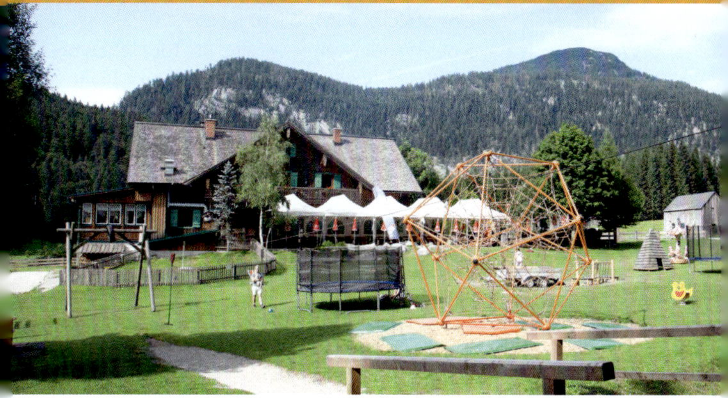

Ausgangspunkt dieser gemütlichen, aber langen Tour ist die Bad Ischler Rettenbachalm. Nach dem ebenen Almgebiet schlängelt sich der Weg neben dem tosenden Rettenbach flussaufwärts durchs Tal. Es geht sogar durch einen kleinen Tunnel – Taschenlampe nicht vergessen. Kurz vor dem Ziel gibt es einen ziemlichen steilen Bühel, der nicht nur für die zahlreichen MountainbikerInnen eine Herausforderung ist. Oberhalb der Baumwipfel sind die felsigen Bergflanken des Greimuths und Losers zu erkennen. Danach tauchen aber bald die Almwiesen rund um die Altausseer Blaa-Alm auf. Das Gasthaus hat einen außergewöhnlichen und großen Spielplatz und wird deshalb von Familien gern besucht.

Wetter: Anforderung: Dauer: 2 ½ h

Anforderung: Leicht bis mittel; 265 Hm; größtenteils mäßig aufwärts, ca. 1 km vor der Blaa-Alm steiler; breiter Wanderweg auf grobem Schotter; beliebte Mountainbikestrecke.

Dauer:	Eine Strecke: 2 ½ h; 5 km.
Wetter:	Jedes Wanderwetter, wir sind die Tour schon bei leichtem Nieselwetter gewandert, obwohl sie dafür fast zu weit ist.

Kindergartenkinder:	In diesem Alter empfehlen wir die direkte Zufahrt zur Blaa-Alm von Altaussee aus. Der große Spielplatz und die Streicheltiere sind eine Attraktion.
Volksschulkinder:	Der Weg ist weit, daher als Tagestour planen. Evtl. mit Freundesgruppe zur Motivation wandern, der gesamte Weg ist breit. Mit kleinem Kinderrad ist die Strecke zu holprig und steil.
Ab 10 Jahren:	Siehe 6-10 Jahre. Für eine erste Mountainbiketour gut geeignet. Beim letzten Steilstück muss man schieben.

Navi: 4820 Bad Ischl, Rettenbach 74.
Navi Blaa-Alm: 8992 Altaussee, Lichtersberg 73.

Anfahrt: B145/B158 bis Bad Ischl. Bad Ischl Süd abfahren Richtung Zentrum. 600 m nach dem Kreisverkehr rechts Richtung Rettenbachalm. Der Beschilderung 7 km bis zur Alm folgen.
Anfahrt Blaa-Alm: B145 bis Bad Aussee. In Bad Aussee weiter Richtung Altaussee. In Altaussee der Beschilderung zur Blaa-Alm folgen.

Bus/Bahn: Nicht möglich.

Ausgangspunkt/P: P Rettenbachalm.

Infos/Gaststätten: *Blaa-Alm, darunter darf man sich keine Almhütte vorstellen, sondern ein Ausflugsgasthaus, großer Spielplatz, Streicheltiere, Tel. +43 3622 71102, www.willkommeninaltaussee.at, Ruhetag: Mo, Di. *Almhütte Linortner, in der Bad Ischler Rettenbachalm, klein und sehr urig, geöffnet von Mai - Okt.

Wegbeschreibung: Vom P weiter in das zuerst flache Almgebiet wandern. Anfangs geht es auf dem „Forststraßen-Highway" schnurgerade bei den Almhütten und Kühen vorbei. Nach der Brücke führt die Forststraße kurz bergauf, vorbei bei der Solestube (Holzhütte) bis zur Abzweigung zur Blaa-Alm. Hier rechts der Beschilderung „Blaa Alm"

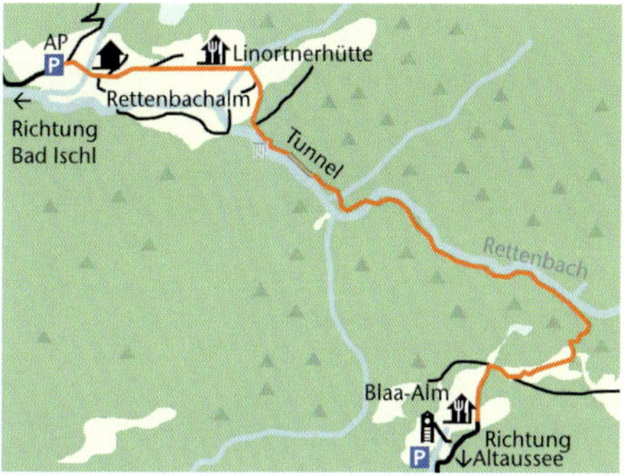

folgen. Ab nun geht es entlang des Rettenbaches. Zur Begrüßung rauscht ein Wasserfall und gleich darauf folgt ein Tunnel. Der Weg schlängelt sich immer tiefer ins Tal. Weiter hinten sieht man die Felsflanken des Bräuningzinkens und des Losers. Etwa eine halbe Stunde vor dem Ziel geht's rechts für ca. 10 Minuten steil bergauf. Gleicher Rück- wie Hinweg.

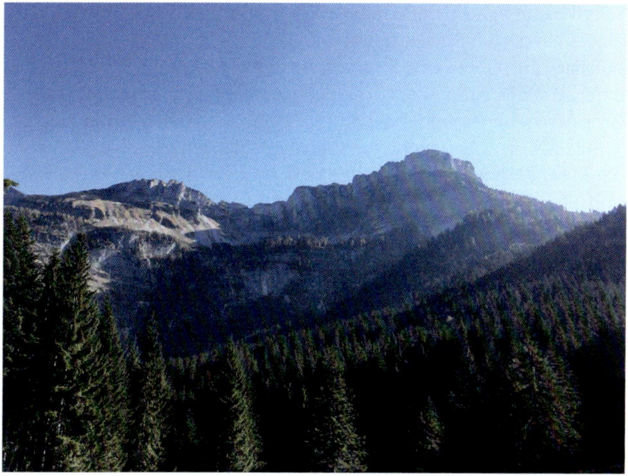

37 Hütteneck (1243 m)

Bad Goisern: vom Predigstuhl über die Rossmoosalm

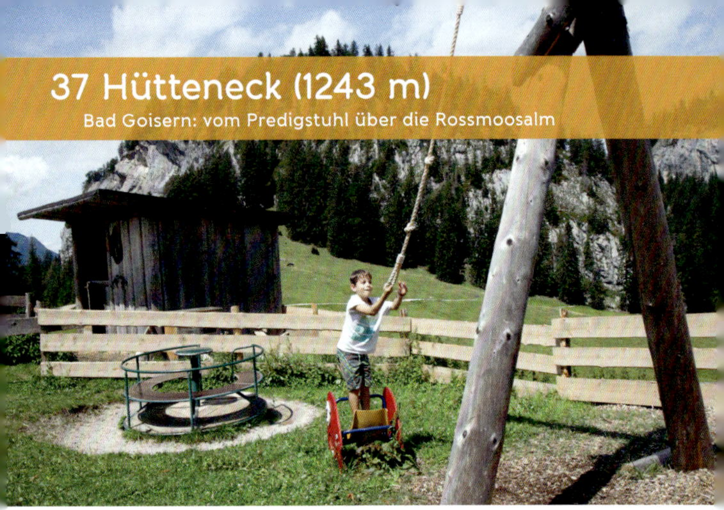

Die Beliebtheit des Hüttenecks reicht bis in die Kaiserzeiten zurück. Der Gastgarten liegt unter riesigen Kastanienbäumen und vom Sissi-Salettl bietet sich ein malerischer Blick auf den Dachstein. Für Kinder gibt es ein reiches Spielangebot und die Berg-Carts sind ein Hit. Der Aufstieg führt über weite Strecken auf einer Forststraße, das ist weniger attraktiv, dafür aber ist das ein optimaler Weg, um in größeren Gruppen nebeneinander gehen zu können, und daher ist das Ziel für Schulausflüge sehr beliebt. Am Weg liegt auch ein Kraxel- und Kletterparadies. 1978 und 1983 stürzten riesige Gesteinsbrocken in die Tiefe und hinterließen meterhohe Felsblöcke. Einer dieser Blöcke, das „kleine Matterhorn“ hat sogar ein Gipfelkreuz bekommen. Anmerkung: Es gibt einen alternativen Aufstieg, siehe Tour Schwarzenbachloch.

Wetter: Anforderung: Dauer: 1 ¾h

Anforderung:	Leicht bis Mittel; 341 Hm; leichte Steigungen, ca. 300 m mittlere Steigung bis zum Klettergarten; die ersten ⅔ Forststraße, letztes ⅓ Steig.
Dauer:	Eine Strecke: 1 ¾ h; ca. 4,2 km.

Wetter:	Jedes Wetter, außer Sturm und Schnee. Da meist auf Forststraßen gewandert wird, auch bei Nieselwetter gut geeignet. Im Herbst sonnig.

Kindergarten-kinder:	Nur für größere, gehfreudige Kinder geeignet. Die Forststraße ist etwas langweilig, darum wandern wir diese Tour gerne mit Freunden.
Volksschulkinder:	Gut geeignet, siehe Kindergarten. Der Felssturz und die Hütte sind ein lohnendes Ziel.
Ab 10 Jahren:	Gut geeignet. In diesem Alter empfehlen wir, die Runde über das Stiegl und den Rückweg über den Felssturz zu wandern.

Navi: 4822 Bad Goisern, Wurmstein 26.

Anfahrt: B145 Richtung Bad Goisern. Beim Kreisverkehr bei Bad Goisern weiter Richtung Höhenloipe Predigstuhl. Dem Straßenverlauf und der Beschilderung „Höhenloipe Predigstuhl" ca. 6 km bergauf folgen. Drei große Parkplätze am Ende der Straße.

Bus/Bahn: Nicht möglich.

Ausgangspunkt/P: Oberster Parkplatz Predigstuhl.

Infos/Gaststätten: *Hütteneck Alm, beliebte, gemütliche Almhütte unter riesigen Kastanienbäumen, kinderfreundlich, Bilderbuchaussicht, kleiner Spielplatz, Streichelzoo und Berg-Carts, Tel. +43 664 4253492, www.huetteneckalm.at, offen von Mitte Mai – Ende Okt., Ruhetage: Mo, Di.
*Rossmoosalm, am Ende der Rossmoosalm kleine Hütte mit Ausschank, keine bestimmten Öffnungszeiten.

Wegbeschreibung: Von der Parkplatzeinfahrt weiter bis zum hinteren Ende des Parkplatzes gehen. Hier befindet sich eine Forststraße und Wegweiser „Rossmoos/Hütteneck" weisen nach links. Abwechslungsreicher ist die Abkürzung geradeaus. Diese trifft nach 10 Minuten wieder mit der Forststraße zusammen. Es geht durch schattigen Wald bis zur Rossmoosalm. Bereits hier hat man einen herrlichen Blick auf den Dachstein und den Hallstättersee. Der breite Schotterweg schlängelt sich immer steiler bergauf und endet nach dem Klettergarten vor dem

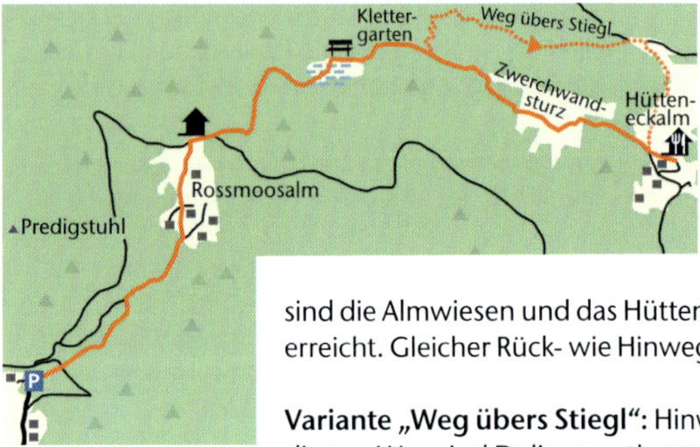

Felssturz. Ab hier führt ein steiniger Pfad durch das Gelände. Danach sind die Almwiesen und das Hütteneck bald erreicht. Gleicher Rück- wie Hinweg.

Variante „Weg übers Stiegl": Hinweis: Bei diesem Weg sind Dolinen entlang des Weges und daher wird er nur Bergerfahrenen empfohlen. Beim Klettergarten gibt es eine Abzweigung zum „Weg übers Stiegl". Diese kann leicht übersehen werden, darum gut Acht geben. Der schmale Steig führt links durch die Felsen. Es geht über eine kleine Scharte bergauf. Dahinter rechts halten und dem Wegverlauf folgen. Bei Weggabelungen immer rechts halten, bis die Hütten und Wiesen des Hüttenecks auftauchen. Rückweg über Felssturz: Bei der Hütteneckalm zuerst ein kurzes Stück auf gleichem Weg retour wandern. Beim Wegweiser diesmal links halten Richtung „Felssturz, Rossmoos". Ab dem Klettergarten gleicher Rück- wie Hinweg.

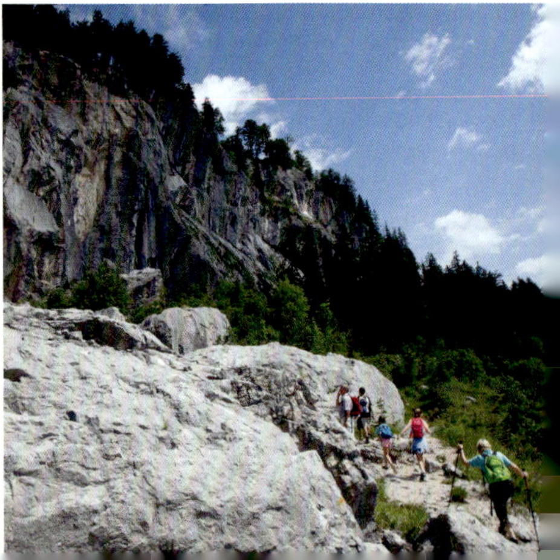

38 Schwarzenbachloch (1035 m)

Bad Goisern: über Moorwiesen zum geheimen Höhlenversteck

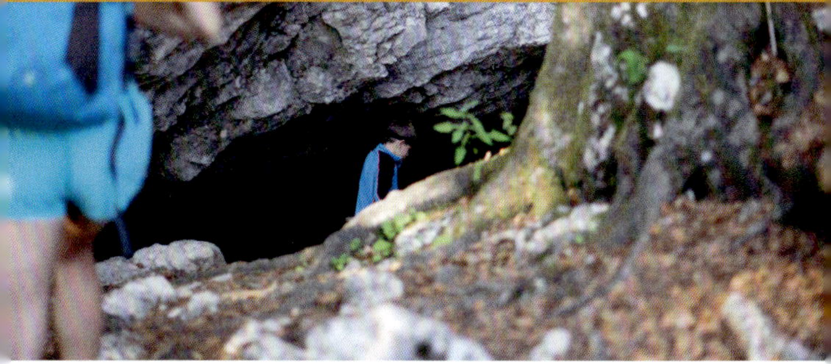

Hinter der Schwarzenbachloch-Höhle versteckt sich eine tragische Geschichte. Protestantinnen und Protestanten hielten hier vor 300 Jahren ihre geheimen Messen ab oder versteckten sich. Die Schilder des Themenweges „Toleranzweg“ erzählen von der bewegten Geschichte des evangelischen Glaubens im Salzkammergut. Unsere Kinder waren aber mehr von der Höhle fasziniert. Die Begehung ist für Kinder absolut spannend und aufregend. Der Hinweg ist fast ein Geheimtipp, liegt abseits der Touristenpfade und führt über Moorwiesen. Zur Höhle wird es etwas steiler und der Pfad ist manchmal etwas überwuchert.

Wetter: Anforderung: Dauer: 1 ½ h

Anforderung: Leicht bis Mittel; 283 Hm; leichte Steigungen, zur Höhle steil; Wald- und Wiesenwege, bei der Höhle kurze Steige, Rückweg: Forststraße. Das Begehen der Höhle ist auf eigene Gefahr möglich, bitte hier besonders eigenverantwortlich entscheiden. Wir empfehlen, als Ausrüstung einen Helm (weil man sich mit Sicherheit den Kopf anhaut), Taschenlampe und warme Jacken mitzunehmen.

Dauer:	RW: 1 ½ h; ca. 2,2km.
Wetter:	Trockenes Wanderwetter. Bei und nach starken Regenfällen ist die Höhle nicht begehbar.

Kindergartenkinder:	Für kleinere Kinder empfehlen wir, bis zu den Moorwiesen des Kriemoos zu wandern. Unbedingt Becherlupe einpacken. Wenn ihr bis zur Höhle geht, bitte einschätzen, ob sie den Kindern zugemutet werden kann oder eher Ängste auslöst.
Volksschulkinder:	Siehe oben.
Ab 10 Jahren:	Bestens geeignet. Zur Verlängerung der Wanderung nach der Höhle der Forststraße 2 km weiter zur Hütteneckalm folgen. Der Rückweg auf der Forststraße kann auch mit Taschenlampen zu später Stunde als Nachtwanderung gewandert werden. Für viele Kinder ist das sehr spannend.

Navi: 4822 Bad Goisern, Pichlern 13. Ca. 20 m vor dem Navi-Ziel liegt der Langlauf-Parkplatz „Flohwiese".

Anfahrt: B145 in St. Agatha bei Bad Goisern abfahren Richtung Pichlern/Halleralm. Dem Straßenverlauf ca. 3,8 km bergauf folgen. Links Langlauf-Parkplatz „Flohwiese".

Bus/Bahn: Nicht möglich.

Ausgangspunkt/P: Langlauf–P „Flohwiese".

Infos/Gaststätten: *Gasthof Halleralm, uriges Gasthaus am Zufahrtsweg mit herrlicher Aussicht, Tel. +43 6135 8122, Ruhetage: Mo, Di. *Hütteneckalm, Verlängerung der Forststraße, beliebte, gemütliche Almhütte unter riesigen Kastanienbäumen, kinderfreundlich, Bilderbuchaussicht, kleiner Spielplatz und Berg-Carts, Tel. +43 664 4253492, www.huetteneckalm.at, offen von Mitte Mai – Ende Okt., Ruhetage: Mo, Di.

Wegbeschreibung: Vom P kurz zurück zur Anfahrtsstraße. Bergaufhaltend links in die Zufahrtsstraße einbiegen. Nach den Häusern weist ein Wegweiser nach rechts zum Toleranzweg. Es geht zuerst über die Flohwiese und knapp vorbei beim Kriemoos. Diese Feuchtbiotope

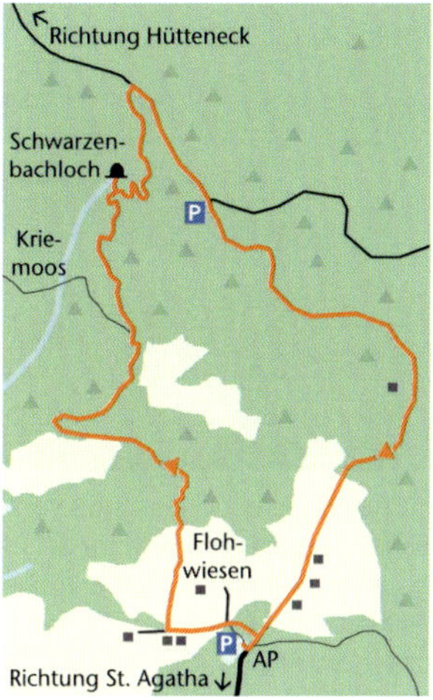

bzw. Feuchtwiesen sind Umkehrpunkt für kleinere Wanderer. Auf den schmalen Wiesenwegen können die Blumen und Insekten bestaunt werden. Weiter zur Höhle ab nun am besten immer rechts halten, denn ab hier weisen die Wegweiser plötzlich in die entgegengesetzte Richtung. Hier ist etwas Orientierungssinn gefragt. Knapp vor der Höhle wird der Weg steiler und dann ist der Glücksplatz und der Einstieg zur Höhle erreicht. Die Höhle ist ziemlich tief und nach ca. 10 Minuten ist eine Art Versammlungsraum erreicht. Wir empfehlen hier umzudrehen. Unsere Finger und Hosen waren danach grau vom Höhlenschlick. Gleicher Rück- wie Hinweg oder von der Höhle weiter bergauf bis zur Forststraße und dann rechts auf dem breiten Schotterweg zurück zum Ausgangspunkt.

Verlängerung zur Hütteneckalm: (zusätzlich 1 h, 2 km eine Strecke) Von der Höhle weiter bergauf bis zur Forststraße wandern, hier links halten bis zur Alm. Für den Rückweg der Schotterstraße bis zum Ausgangspunkt folgen.

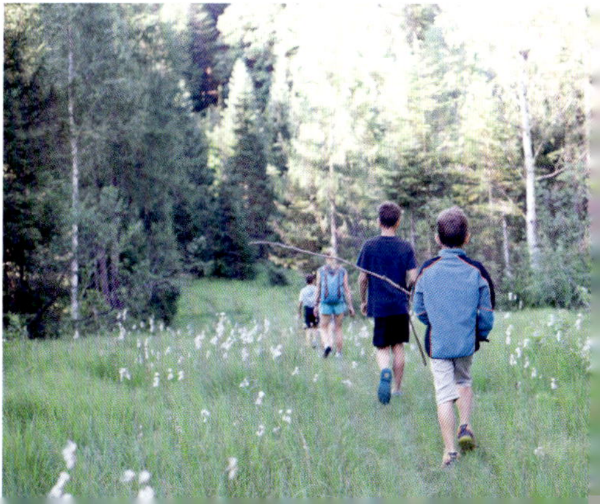

39 Goiserer Hütte (1592 m)

Bad Goisern: Hüttenübernachtung und Kalmbergindianer

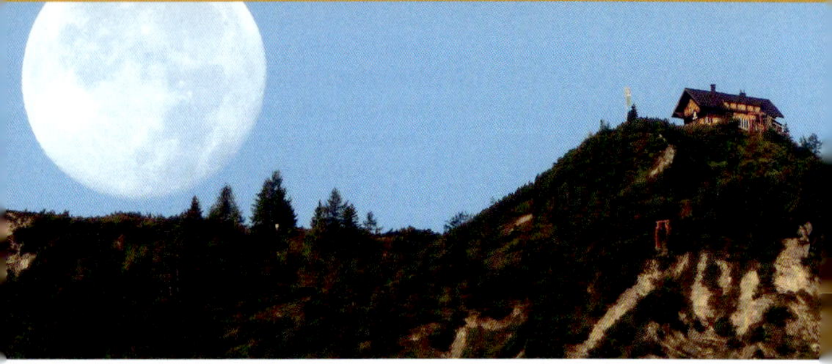

Wer genau schaut, sieht die Goiserer Hütte am Bergrücken schon vom Tal aus. Im Gegensatz zum gebräuchlichen Weg ist die Aufstiegsvariante vom Hochmuth aus weniger steil, etwas kürzer und daher für Kinder besser geeignet. Diese schlängelt sich über einen Bergrücken durch schönen Mischwald bis zur herzigen Berghütte. Oben wird man mit herrlichen Aussichten und einer guten Jause bei der Hütte belohnt. In meiner Kindheit – eine Lieblingstour von mir – blieben wir meistens über Nacht. Das Schönste ist nämlich ein Sonnenaufgang von der Hüttenterrasse aus. Von der Goiserer Hütte erreichbar ist auch noch der Kalmberg. Am Weg dorthin geht es an der „Kalmooskirche" vorbei. Die kleine Felsenhöhle wurde vor 300 Jahren von den Protestanten für geheime Gottesdienste genutzt. Knapp vor dem Gipfel des Kalmberges ist in den Felsen der Indianerkopf erkennbar.

Wetter: Anforderung: Dauer: 2 ¼ h

Anforderung: Mittel; 641 Hm; mittlere Steigungen mit steilen Teilstücken; Waldsteige entlang eines Bergrückens. Variante Kalmberg ab Goiserer Hütte: Mittel; anfangs flacher, zum Gipfel wird es steiler, dieser ist leicht ausgesetzt; Steige über offenes, felsiges Gelände.

Dauer: Eine Strecke: 2 ¼ h; 3,6 km. Verlängerung Kalmberg ab Goiserer Hütte: ca. 1 h eine Strecke; 1,5 km.

Wetter: Jedes trockene Wanderwetter.

Kindergartenkinder:	Der ganze Weg ist nur für gehfreudige Kinder geeignet. Ein netter Umkehrpunkt ist der kleine Unterstand mit Aussicht auf Bad Goisern.
Volksschulkinder:	Siehe Kindergarten.
Ab 10 Jahren:	Sehr gut geeignet, besonders in Verbindung mit einer Hüttenübernachtung.

Navi: 4822 Bad Goisern, Muth 5.

Anfahrt: B145 beim Kreisverkehr nach Bad Goisern Zentrum abfahren. Im Zentrum die Kreuzung queren und in die Ramsaustraße weiterfahren. Nach der Brücke rechts der Beschilderung „Nord. Zentrum" bis zur Forststraße und P folgen (Ausgangspunkt für die Trockentannrodelstrecke im Winter). Ab hier rechts halten und dem Güterweg Muth lange folgen. Achtung bei den Kreuzungen nicht in die Sackgassen fahren. Beim Hochmuth befindet sich talseitig ein P für ca. 10 Autos vor dem Hof.

Bus/Bahn: Nicht möglich.

Ausgangspunkt/P: P Hochmuth.

TIPP

"Im Winter ist die Trockentannrodelbahn eine beliebte Rodelstrecke mit bewirtschafteter Hütte am Ziel, siehe unter Infos."

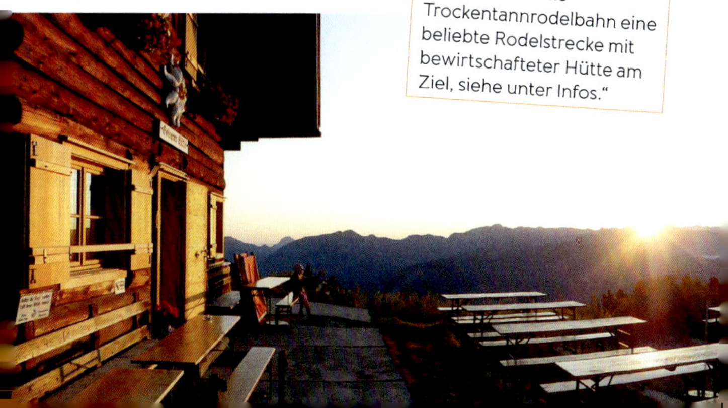

Infos/Gaststätten: *Goiserer Hütte, ÜN, Tel. +43 6135 21450, www.goisererhuette.at, von Mitte Mai–Ende Okt.; *Trockentannrodelbahn, Tel. +43 676 6062870, www.dachstein.salzkammergut.at, zw. 12–13 Uhr, 17.30–19 Uhr wegen Zulieferung gesperrt. *Rodelbahn: Anfahrt siehe unter „Anfahrt"; *Rodelhütte, geöffnet in den Wintermonaten bei guter Schneelage täglich, die Rodeln können gratis vor dem Aufstieg ausgeliehen werden.

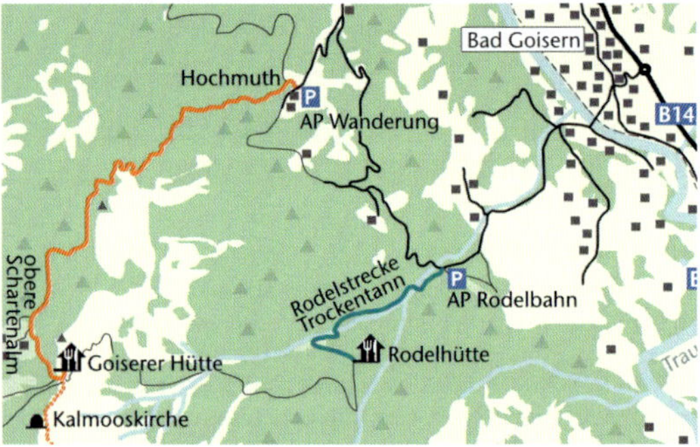

Wegbeschreibung: Vom P führt ein Pfad bergauf über die Wiese zum linken Waldrand. Hier ist der erste Wegweiser zur Goiserer Hütte. Der Waldsteig schlängelt sich entlang des Bergrückens bis zu einer Unterstandshütte. Diese ist der Umkehrpunkt für kleinere Wanderer und nach ca. 1 Stunde erreicht. Danach weiter dem Pfad folgen, bis er oberhalb einer Alm aus dem Wald mündet. Hier Acht geben, da einige Wegerl zur „oberen Schartenalm" hinunter führen. Oberhalb der Alm an den rot-weiß-roten Markierungen orientierend, ist die Goiserer Hütte bald erreicht. Gleicher Rück- wie Hinweg.

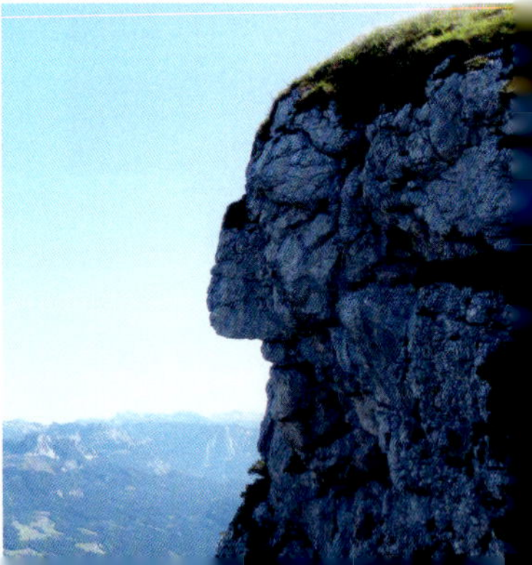

40 Rudolfshöhe am Salzberg (886 m)

Hallstatt: auf den Spuren der Kelten am Salzberg

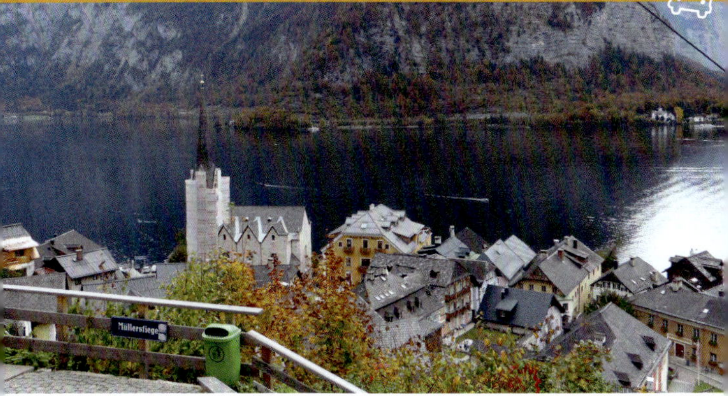

Um die Touristenschlange bei der Salzbergbahn zu umgehen, ist es durchaus eine Alternative, ins Hallstätter Hochtal, das ist das Gebiet rund um den Rudolfsturm und die beeindruckende Aussichtsplattform „Skywalk", aufzusteigen. Es geht zwar steil in Serpentinen bergauf, am Weg liegt jedoch ein mächtiger Wasserfall. Tafeln informieren über die Geschichte und die Salzgewinnung. Neben dem Eingang zum Salzbergwerk kommt man beim prähistorischen Gräberfeld vorbei. Regelmäßig kann hier Archäologen bei ihrer Arbeit über die Schulter geschaut werden. Natürlich bietet sich eine Besichtigung des Bergwerkes an, dafür mindestens 2 Stunden einplanen.

Wetter: ☀ ☀ ☂ ◑ Anforderung: ● Dauer: 2 h

Anforderung: Mittel; 345 Hm bis zum Rudolfsturm, insges. 500 Hm; steile, aber aber gut gesicherte, breite Serpentinen. Im Hochtal (Gebiet ab Rudolfsturm) mittlere Steigungen und breite Wege/Straßen.

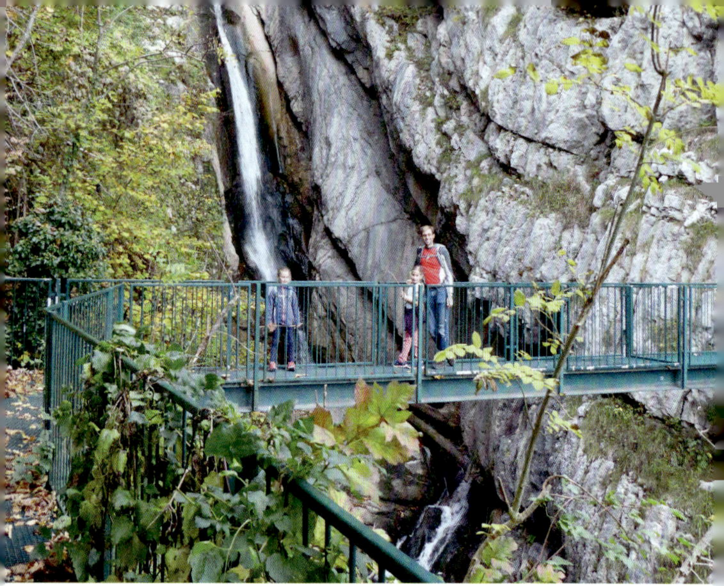

Dauer:	Bis zum Rudolfsturm: ca. 2 h; ca. 3,5 km.
Wetter:	Jedes Wetter, außer Sturm. Ab Mai begehbar.

Kindergarten-kinder:	In diesem Alter empfehlen wir den Aufstieg mit der Bahn. Vorabreservierung ist ratsam, siehe Infos.
Volksschulkinder:	Gut geeignet. Besonders interessant: In manchen Sommern kann man Archäologen bei den Ausgrabungen am prähistorischen Gräberfeld über die Schulter schauen.
Ab 10 Jahren:	Gut geeignet.

Navi: 4830 Hallstatt, Echerntalweg 96, großer P.

Anfahrt: B145 bis Bad Goisern, abfahren Richtung Hallstatt. Bei Hallstatt gleich nach dem Tunnel rechts auf den großen P.

Bus/Bahn: Hst. Hallstatt.

Ausgangspunkt/P: Salzbergbahn Talstation.

Infos/Gaststätten: *Salzwelten, Bahn und Bergwerk, Berg- und Talfahrt: Erw. € 18, Kinder ab 4 Jahre € 9, www.salzwelten.at, es ist ratsam ein Onlineticket zu reservieren, teilw. lange Wartezeiten; *Infos zu Hallstatt: www.hallstatt.net; *Rudolfsturm, Restaurant und Aussichtsplattform, Tel. +43 664 88280101, www.rudolfsturmhallstatt.at.

Wegbeschreibung: Wer nicht mit der Salzbergbahn auffährt, den Weg rechts neben der Talstation den Berg hinauf wandern. Beschilderung „Salzberg". Der Weg schlängelt sich in Serpentinen vorbei an Wasserfällen und Aussichtspunkten bis zum Rudolfsturm.

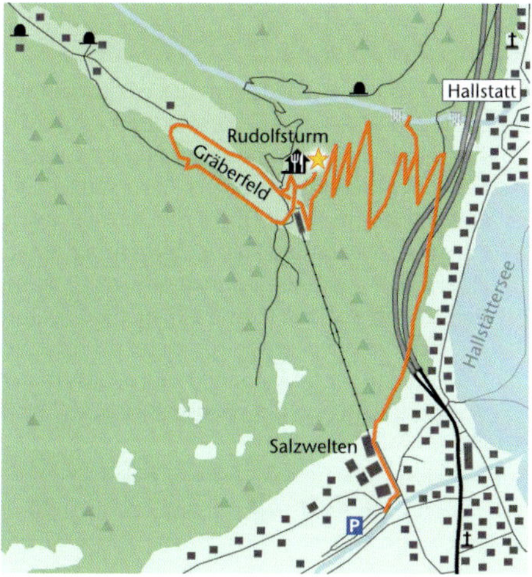

Wegführung ab Rudolfsturm (Bergstation): Von der Bergstation ist gleich der Rudolfsturm und die Aussichtsplattform erreicht. Von hier weiter in das Salzberg-Hochtal wandern. Bevor man zu den Stollen des Salzberges kommt, geht es noch beim prähistorischen Gräberfeld vorbei. Dieses kann als Runde umwandert werden. Für den Rückweg entweder wieder mit der Bahn ins Tal fahren oder über den beschriebenen Aufstieg zurück wandern.

41 Echerntal (963 m)

Hallstatt: wildromantisch zur Waldbachstrub und Gletschergarten

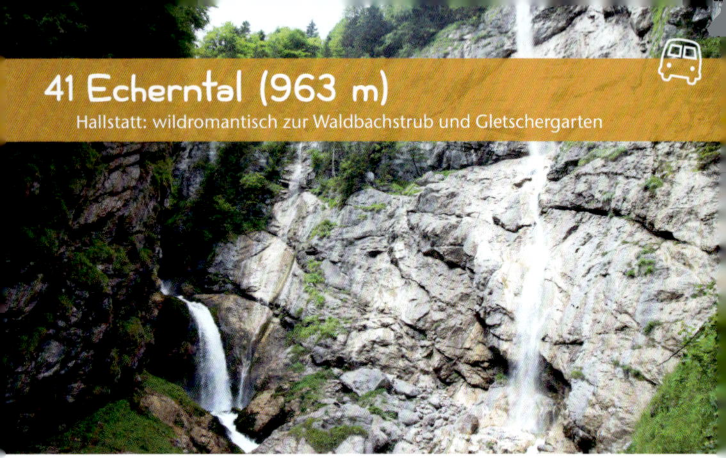

Hohe Felsmauern flankieren das wildromantische Tal mit seinen Bächen und Wasserfällen, die Waldbachstrub ist einer der schönsten Wasserfälle im Salzkammergut und die Gegend hat viele berühmte Maler der Romantik inspiriert. Besonders an heißen Sommertagen ein abwechslungsreicher Tipp – die Gehzeit wird garantiert überschritten. Immer wieder gibt es Plätze, die ganz automatisch zum Verweilen einladen. Weitere Höhepunkte sind das Eulenloch, eine Felsnische und der Gletschergarten mit seinen ausgeschwemmten Gletschertöpfen. Im Sommer ist ein ausgetrockneter Bachlauf besonders spannend zum Entlangwandern. Man merkt kaum, dass man doch einige Höhenmeter wandert, da schon das nächste Ziel lockt. Genügend Proviant einpacken.

Wetter: Anforderung: Dauer: 2 ½ h

Anforderung: Mittel; ca. 450 Hm; Waldwege, teilw. steil.

Dauer: RW: 2 ½ h reine Gehzeit; 5 km.

Wetter: Jedes Wanderwetter; im Sommer kühlen die Wasserfälle. Bei Schneeschmelze oder nach starken Regenfällen sehr imposant – bitte dann jedoch verstärkt aufpassen.

Kindergarten-kinder:	Der ganze Weg ist zu weit, deshalb in diesem Alter als Umkehrpunkt das Eulenloch wählen. Das trockene Flussbett am Anfang des Weges ist interessant zum Klettern (Pflaster mitnehmen). Der tosende Waldbach ist beeindruckend, die Kinder ev. an der Hand führen.
Volksschulkinder:	Siehe oben. Die ganze Runde ist zwar lang aber sehr abwechslungsreich. Besonders die Gletschertöpfe des Gletschergartens haben uns gefallen. Unterhalb des Gletschergartens gibt es ein nettes Kneippbecken.
Ab 10 Jahren:	Sehr gut geeignet.

Navi: 4830 Hallstatt, Malerweg 112 (P1) oder Hallstatt, Echerntalweg 47 (P2).

Anfahrt: B145 Richtung Bad Goisern. Vor Bad Goisern abfahren Richtung Hallstatt. Bei Hallstatt nach dem Tunnel nach 350 m rechts abbiegen beim Gasthof Grüner Anger auf Malerweg. Ca. 1 km weiter auf Malerweg bis zur Kreuzung. Parken bei P1 bei der Kreuzung entlang der Straße oder beim Ghf. Hirlatz.
P2 großer Parkplatz beim Pavillon, einfach die Straße weiter bis zum Talende fahren.

Bus/Bahn: Nicht möglich.

Ausgangspunkt/P: P1 oder P2. Von P1 führt ein Weg („Themenweg") entlang eines meist ausgetrockneten Bachbettes 300 m bis zu P2.

Infos/Gaststätten: Keine Gastwirtschaft am Weg, ausreichend Wasser und Proviant mitnehmen; *Ghf. Hirlatz, P1 beim Ausgangspunkt,
Tel. +43 6134 8443; *mehrere Einkehrmöglichkeiten in Hallstatt.

Wegbeschreibung: Vom Ausgangspunkt P1der Beschilderung „Themenweg Maler, Literaten und Naturwunder" folgen. Der Weg schlängelt sich entlang eines ausgetrockneten Flussbettes bis zu P2. Hier beim Pavillon rechts halten und weiter der Beschilderung „Themenweg Maler, Literaten und Naturwunder" folgen. Es geht entlang des Waldbaches. Bald kommt man zu einer Brücke, diese überqueren. Der Weg führt kurz aus dem Wald um einen Bauernhof herum. Nach der Wiese geht es wieder in den Wald und am Eulenloch vorbei. Es kann ein kleiner Abstecher zu der Felsnische gemacht werden. Ab jetzt ist der Weg

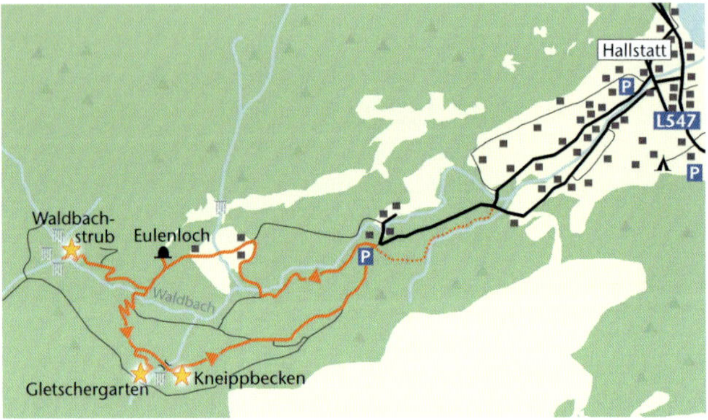

nicht mehr kinderwagentauglich. Bei der nächsten Weggabelung geht es nach rechts zum Wasserfall Waldbachstrub. Nach diesem Abstecher

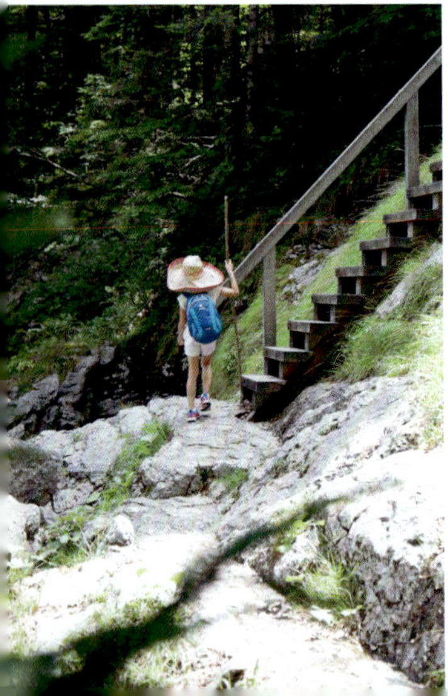

ab der Weggabelung wieder die Runde weiter wandern. Der tosende Waldbach wird wieder über eine Brücke überquert. Ab jetzt geht es bergauf – der Beschilderung „Gletschergarten“ folgen. Der Gletschergarten reicht bis zu einer Forststraße hinauf. Für den Rundweg wieder 150 m retour bis zur Beschilderung des Themenweges und rechts über die Stahlbrücke wandern. Hier sind gleich der Barfußweg und das Kneippbecken. Ab hier der Beschilderung bis zum Ausgangspunkt zurück folgen.

42 Hirschaualm (841 m)

Hallstatt: mystische Alm unterm Rabenloch

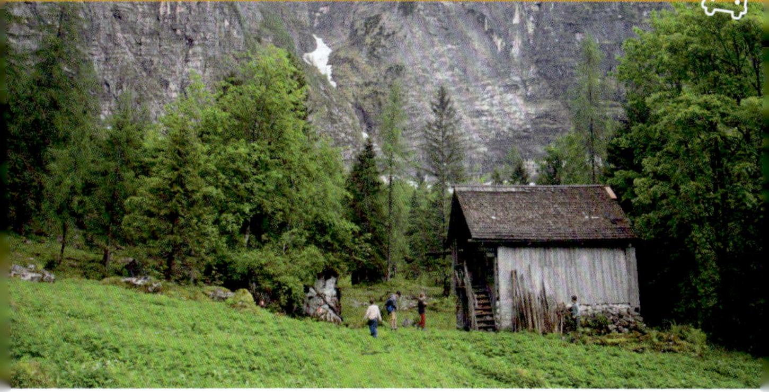

Die verlassen wirkenden Almhütten der nicht bewirtschafteten Hirschaualm liegen unterhalb der beeindruckenden Seewand. In der Seewand ist auch das riesige Portal der Rabenlochhöhle. Diese ist von der Alm nicht zu sehen, da muss man schon kurz hinaufwandern. Der Sage nach soll daraus früher eine Quelle entsprungen sein. Beim Ausgangspunkt der Wanderung gibt es ein unter Denkmalschutz gestelltes Naturwunder – der Quelltopf des „Kessels“. Leider haben wir noch nie Wasser aus der Karstquelle sprudeln gesehen. Die Wanderung führt steil zur Alm bergauf, dafür geht es von der Alm in leichtem Bergab Richtung Hallstatt. Spannend ist das mit Stahlseilen gesicherte kurze Stück. Beim Goaßerlbankerl bei der „Schönen Aussicht" gibt es den besten Blick auf den Weltkulturerbeort und den Hallstättersee.

Wetter: Anforderung: Dauer: 2 ½ h

Anforderung: Mittel; 322 Hm; steiler Aufstieg, ab der Alm geht es leicht bergab; Steige durch Mischwald und über Lahngänge (Lawinen- bzw. Schuttkegel mit Bewuchs), kurzes Stück mit Stahlseil gesichert. Der „Kessel“ ist nicht gesichert!

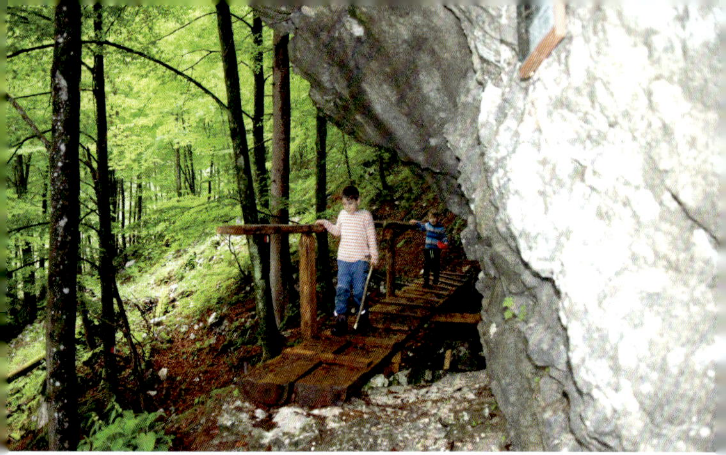

Dauer:	RW: Ca. 2 ½ h; 4,7 km. Davon bis zur Hirschaualm: 1 h, 1 km; Hirschaualm - Hallstatt: 1 h, 2 km.
Wetter:	Wanderwetter. Sehr schattig. Ab Mai begehbar. Im Frühsommer Almröserlblüte auf der Alm.

Kindergartenkinder:	Nur für schon größere, gehfreudige Kinder geeignet. Eventuell nur bis zur Alm hochwandern und auf gleichem Weg zurück.
Volksschulkinder:	Gut geeignet. Obwohl ohne Wasser, war der Kessel ganz interessant. Felsblöcke (Burgen) zum Verteidigen auf der Alm.
Ab 10 Jahren:	Sehr gut geeignet, vor allem das Rabenloch.

Navi: 4830 Hallstatt, Obertrauner Straße.

Anfahrt: B145 bis Bad Goisern, abfahren Richtung Hallstatt. Nach den Tunnels und Hallstatt der Straße noch weiter Richtung Obertraun folgen. Nach der Lawinenverbauung gleich nach dem Busparkplatz links abbiegen zum großen P.

Bus/Bahn: Hallstatt Demelgasse (Ziel der Wanderung). Am besten die Wanderung über den Kalvarienberg in umgekehrter Richtung zum AP wandern. Wenn man mit dem See im Rücken in das Tal bei Hallstatt blickt, liegt die Kalvarienbergkirche gut sichtbar am linken Berghang.

Ausgangspunkt/P: Schranken beim Parkplatz.

Infos/Gaststätten: *www.norbertleutner.at - Wissenswertes über Höhlen, Stollen, Eiskapellen; *Einkehrmöglichkeiten in Obertraun oder Hallstatt.

Wegbeschreibung: Vom Schranken aus die Bundesstraße überqueren. Auf der anderen Straßenseite weisen Wegweiser nach rechts zur Hirschaualm und zur Karstquelle Kessel. Der Pfad führt gleich in den Wald und der Kessel ist schnell erreicht. Bergwärtsgerichtet weist links vom Kessel ein Wegweiser zur Hirschaualm. Ab hier geht es über einen Waldsteig bergauf, bis nach nicht ganz 1 h Aufstieg eine Schotterriese zu begehen ist. Etwas oberhalb sind bald auf der rechten Seite Wegweiser zur Hirschaualm zu sehen und man kommt direkt auf dem Almboden heraus. Am besten hier ein schönes Platzerl zum Jausnen suchen und die besondere Stimmung auf der Alm genießen. Bevor der Weg fortgesetzt wird, kann noch nach oben zum Rabenloch gewandert werden.

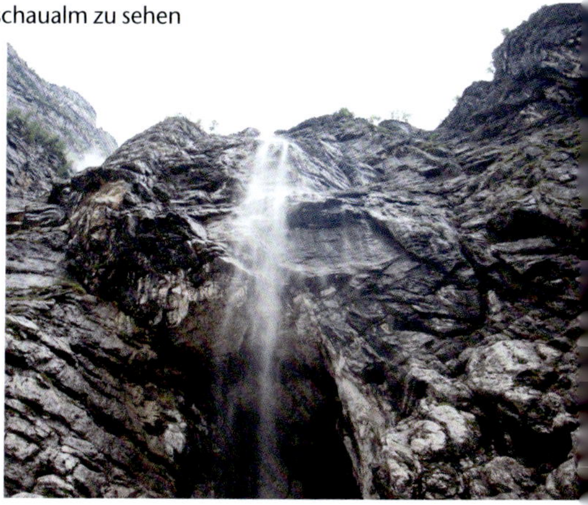

Dazu von der Hirschaualm zuerst der Beschilderung zum Seewand-Klettersteig folgen, bis man links bald einen ersten Blick auf die Höhle hat. Einen direkten Weg zur Höhle gibt es nicht, aber auch ohne viel Orientierungssinn und mit guten Schuhen ist das kleine Abenteuer zu schaffen. Zurück bei der Alm geht es nun weiter Richtung „Kalvarienberg/Schöne Aussicht“. Dafür entlang der Alm am unteren Weg

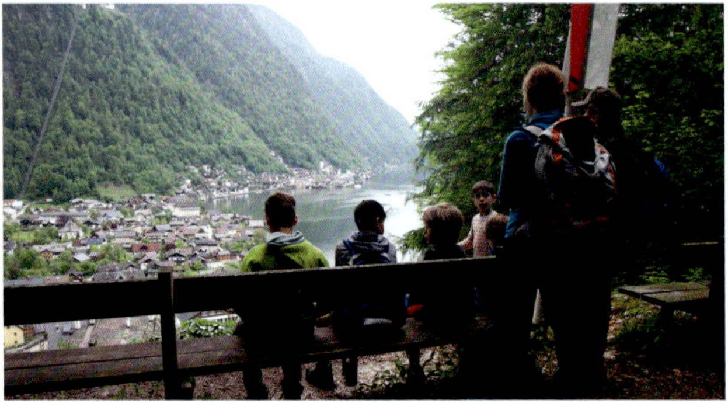

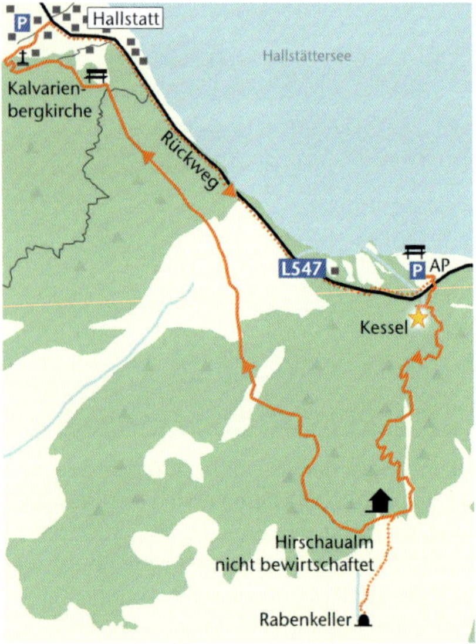

weiterwandern. Dieser führt bald in den Wald bergab. Verschiedene Lahngänge werden gequert. Einmal heißt es auch kurz am Seil festhalten. Der Weg schlängelt sich entlang des Hanges bis zur „Schönen Aussicht“ oberhalb des Hallstätter Kalvarienberges. Im Ort angelangt führt nach rechts ein breiter Gehweg entlang der Bundesstraße zurück zum Ausgangspunkt. Vielleicht erbarmt sich aber ein Elternteil und holt schnell das Auto.

43 Wiesberghaus (1884 m)

Obertraun: von der Gjaidalm über den Nature Trail Dachstein

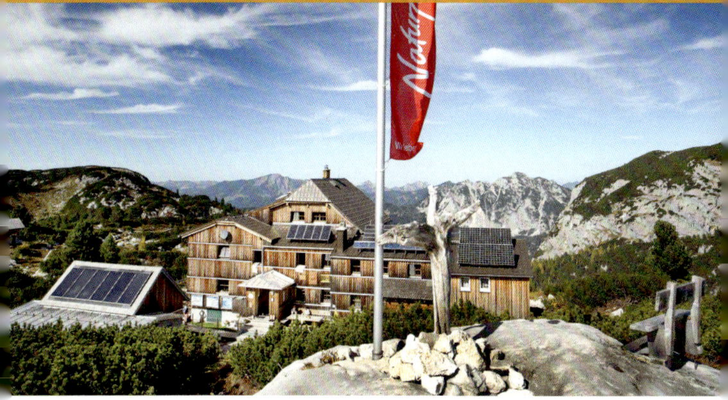

Per Seilbahn geht es über drei Teilstrecken von Obertraun aus auf das Oberfeld am Krippenstein. Über der karstigen Hochgebirgslandschaft thront der Dachsteingipfel mit seinem Gletscher. Die Stationen der Seilbahnen sind Ausgangspunkte für zahlreiche kurze und lange Touren. Der Weg zum Wiesberghaus ist eine der schönsten Routen für Familien. Ausgehend von der Station Gjaid liegt etwas unterhalb die Gjaidalm, umgeben von einem Hochmoor. Abseits der Touristenpfade schlängelt sich der Weg mit kleineren An- und Abstiegen über das Hochplateau. Die Informationstafeln des Nature Trails geben Einblick in Geologie, Karst und die hochalpine Flora, außerdem weiß man genau, wieviele Tafeln es noch bis zum Ziel sind – flottes Vorankommen ist garantiert. Für die Tour früh starten, damit sich die Rückfahrt mit der Gondel ausgeht. Da das Wiesberghaus zu den schönsten Hütten am Dachsteinmassiv zählt, ist diese Tour ideal zum Übernachten. In diesem Fall bleibt Zeit, am Rückweg die Dachstein-Eishöhlen zu erkunden. Damit die Tickets am nächsten Tag noch gültig sind, dies beim Kauf unbedingt angeben. Eine eher kostspielige, aber wirklich lohnende Tour – zum Beispiel als Ausflugsgeschenk für besondere Anlässe.

Wetter: Anforderung: Dauer: 2 ½ h

Anforderung:	Mittel; 140 Hm; leichte bis mittlere Steigungen; gut angelegter Steig, teilweise „sommerheu“ – rutschiger Schotter, felsig.
Dauer:	Eine Strecke: 2 ½ h; 4,7 km. Hinweis: für die Seilbahnauffahrt ¾ h einplanen.
Wetter:	Hochalpin, daher nur bei stabiler Wetterlage und gut ausgerüstet wandern. Sonnenschutz.

Kindergartenkinder:	Die Wanderung zum Wiesberghaus ist nur für sehr gehfreudige Kinder geeignet. Die Alternativrouten am Krippenstein sind ideal.
Volksschulkinder:	Sehr gut geeignet.
Ab 10 Jahren:	Sehr gut geeignet.

Navi: 4831 Obertraun, Winkl 34.

Anfahrt: B145 bis Bad Goisern, von dort immer Richtung Hallstatt, Obertraun. In Obertraun der Beschilderung „Dachstein Krippenstein“ folgen (vor der Brücke mit dem markanten Schild in Form eines Bogens über die Straße rechts).

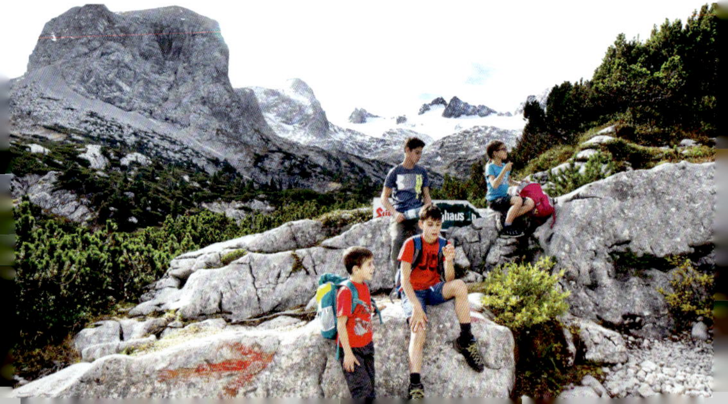

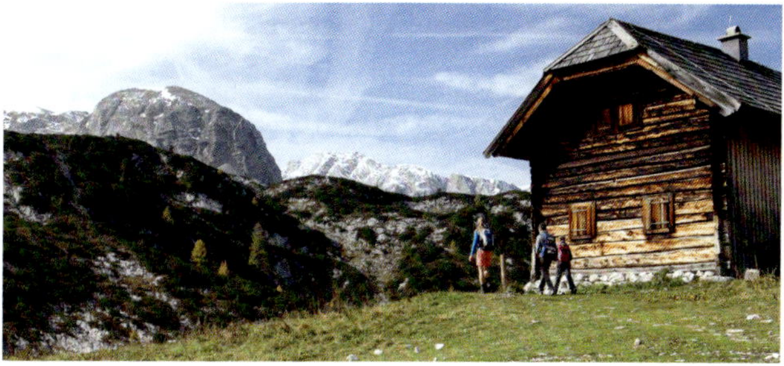

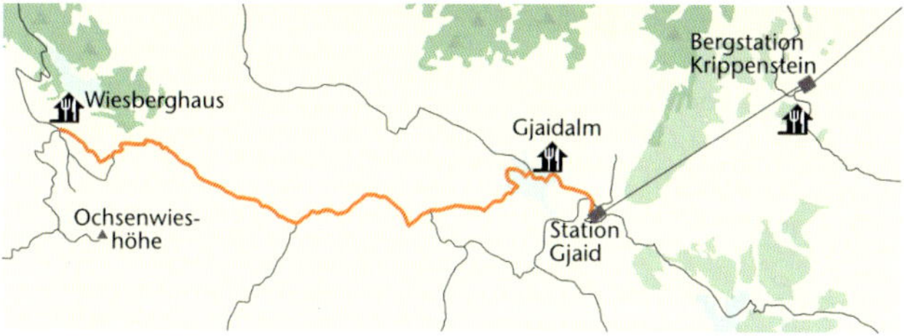

Bus/Bahn: Obertraun, Dachsteinseilbahn.

Ausgangspunkt/P: Bergstation Gjaid.

Infos/Gaststätten: *Krippenstein Bergbahnen, Ermäßigungen siehe Homepage, Ticketgültigkeit für den nächsten Tag bei Hütten-ÜN beim Schalter unbedingt angeben, Tel. +43 50 140, www.dachstein-salzkammergut.com, Ende Apr. – Ende Okt.. *Wiesberghaus, Top-Hütte, ÜN, Tel. +43 664 1211370, www.wiesberghaus.at, geöffnet von Christi Himmelfahrt – 26. Okt.; *Gjaidalm, schon etwas in die Jahre gekommen, aber nett, Tel. +43 680 3253138, www.gjaid.at, geöffnet Jul.– Sep.

Wegbeschreibung: Vom Ausgang der Bergstation Gjaid rechts halten und dem breiten Weg zur Gjaidalm bergab folgen – Beschilderung „Wiesberghaus Nr. 650“. Die Hütte ist von der Bergstation nicht sichtbar, wird aber gerne mit dem oberhalb liegenden, markanten Gebäude der geschlossenen Kaserne verwechselt. Unterhalb der bewirtschafteten Gjaidalm geht es zuerst um ein Hochmoor herum. Nach zirka 20 Min. Fußmarsch ab der Gjaidalm bei der Abzweigung den Weg Nr. 654 nach rechts nehmen „Wiesberghaus“. Es geht mit mittleren Steigungen durch Latschen und über felsige Abschnitte. Ca. eine ¾ Stunde später folgt wieder eine Weggabelung. Hier rechts weiter Richtung Wiesberghaus halten. Nach der Bärengasse geht es links bergauf zum Bankerl bei der Seethaler Rast. Wer genau schaut, kann die obere Spitze der Fahne des Wiesberghauses schon entdecken. Das Ziel ist nach weiteren 20 Minuten erreicht. Gleicher Rück- wie Hinweg.

ALTERNATIVROUTEN AM KRIPPENSTEIN

Five Fingers: Von der Station Krippenstein der Beschilderung folgend führt der kurze Weg zur spektakulären Aussichtsplattform, auch beschrieben in unserem Buch „Kinderwagen-Wanderungen Salzkammergut“.

Bärenklettergarten mit Hängebrücke: Liegt gleich rechts hinter der Krippensteinbergstation. Liebevoll extra für Kinder angelegt. Mit Kletterausrüstung und in Begleitung können hier erste Klettererfahrungen gesammelt werden.“

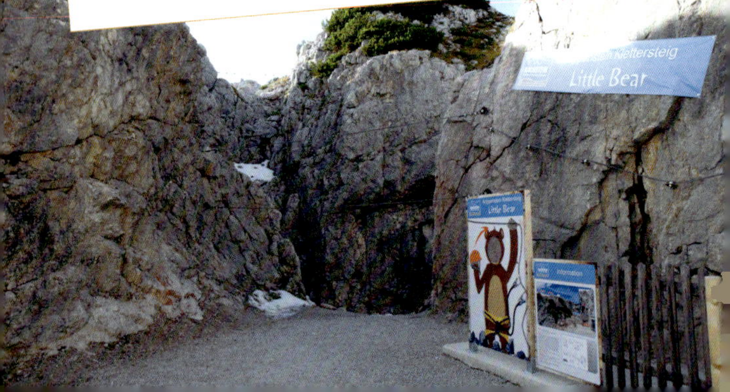

44 Iglmoosalm (1206 m)

Gosau: durch den Schwammerlwald zur Alm

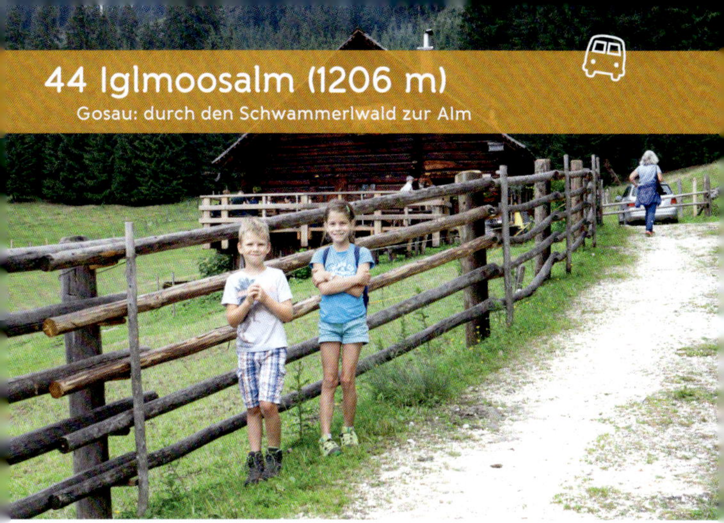

Die beste Zeit für eine Wanderung auf die idyllische Iglmoosalm ist auf alle Fälle der Spätsommer und Herbst. Es geht durch einen knorrigen Fichtenwald mit Harztropfen an den Bäumen, auf dem sauren Waldboden gedeihen Heidelbeeren und nach regnerischem Wetter schießen die Schwammerl aus dem Boden. Natürlich ist es dann auch ziemlich gatschig, unbedingt gutes Schuhwerk anziehen. Oben auf der Alm weiden Kühe und die liebliche Hütte lädt zur Stärkung ein. Der Blick auf das Dachsteingebirge und die Zwieselalm ist traumhaft.

Wetter: Anforderung: Dauer: 1 ¼ h

Anforderung:	Mittel; 450 Hm; mittlere Steigungen; Waldsteige.
Dauer:	Eine Strecke: 1 ¼ h; 2,3 km.
Wetter:	Klassisches Wanderwetter, aber auch bei Nieselwetter gut geeignet, da der Weg geschützt durch den Wald führt.

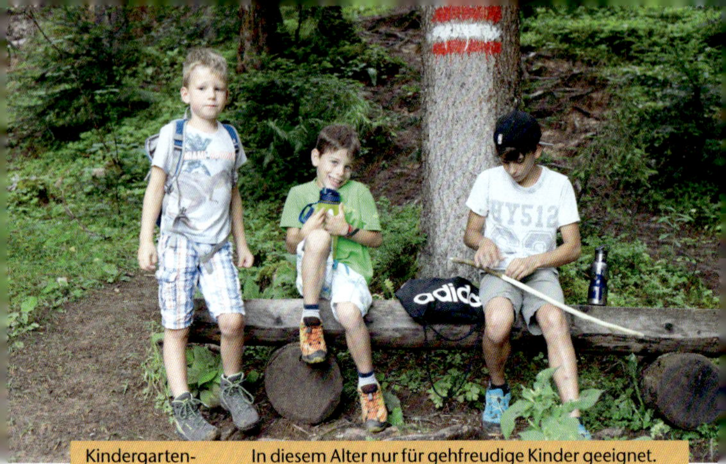

Kindergarten-kinder:	In diesem Alter nur für gehfreudige Kinder geeignet. Neben Beerenpflücken können auch Mooshütterl gebaut oder Zapfen gesammelt werden. So wird vielleicht die Alm erst in 2 Stunden erreicht, aber der Weg ist das Ziel.
Volksschulkinder:	Gut geeignet, siehe Kindergarten.
Ab 10 Jahren:	Beeren- und Schwammerlfans kommen hier auf ihre Kosten. Die Wanderung kann bis zur Goisererhütte verlängert werden, wo auch übernachtet werden kann (Aufstieg ca. 3h, weitere Aufstiegsvariante siehe Wanderung Goisererhütte).

Navi: 4824 Gosau, Waldweg 12.

Anfahrt: B145 Richung Bad Ischl, Bad Goisern. Bei Bad Goisern weiter Richtung Gosau auf B166. Ca. 200 m nach dem Ortsschild von Gosau rechts in die Ramsaustraße abbiegen. Dem Wegverlauf bis zum P folgen.

Bus/Bahn: Gosau Ramsau.

Ausgangspunkt/P: Wanderparkplatz.

Infos/Gaststätten: *Iglmoosalm, sehr gemütlich, Tel. +43 699 12748441, www.dachstein-salzkammergut.at, von Juli - Mitte Okt. geöffnet.

Wegbeschreibung: Vom Parkplatz bergauf blickend liegt links ein Schranken. An diesem vorbei geht es zuerst ein kurzes Stück die

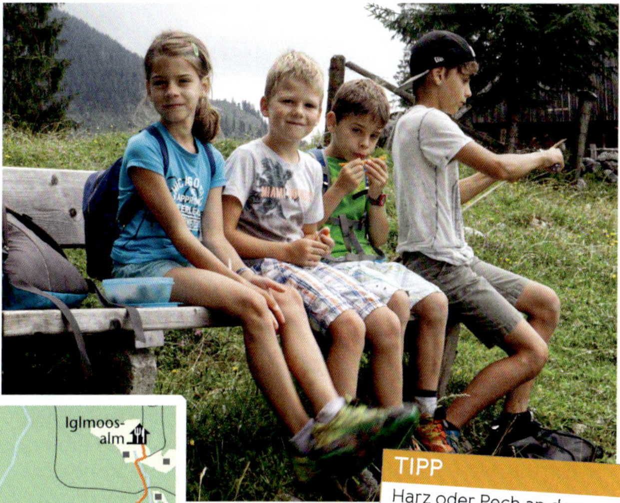

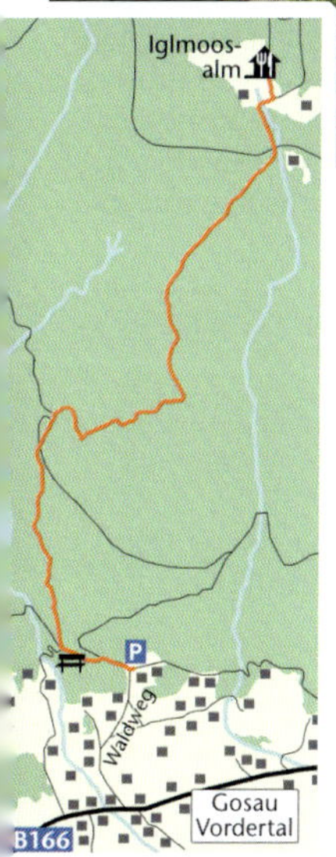

TIPP

Harz oder Pech an den Fingern? Am besten mit Öl/Butter/Fett abreiben - bzw. ein Speckbrot auf der Alm essen.

Forststraße entlang. Danach den Wegweisern zur Iglmoosalm und den rot-weiß-roten Markierungen durch den Wald folgen. Im oberen Drittel teilt sich der Weg in kleine Schwammerlsucherpfade, am besten immer wieder an den Markierungen orientieren. Unterhalb der Iglmoosalm führt eine Forststraße quer über den Berghang. Falls durch den Wald gestreunt wird, kommt man spätestens bei der Forststraße heraus. Dieser dann nach rechts bis zur Alm folgen. Gleicher Rück- wie Hinweg.

45 Hochmoor Löckermoos (1400 m)

Gosau: Wildromantisch zur Waldbachstrub und Gletschergarten

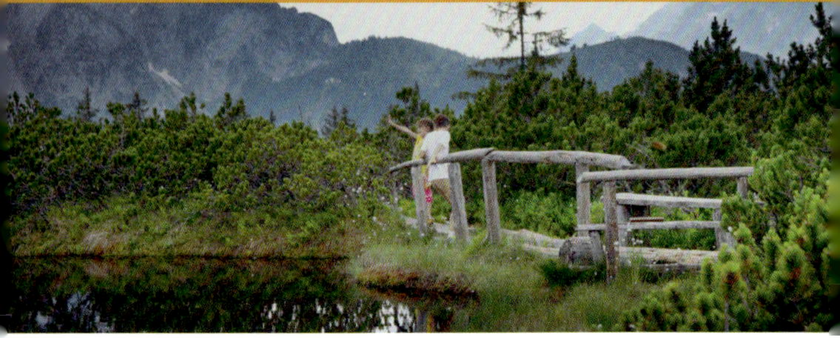

Sobald wir die unglaubliche Bergkulisse und das einzigartige Hochmoor erreicht hatten, war jede Meuterei und jede Schramme unserer Kids vom mühsamen Aufstieg vergessen und wie weggeblasen. Aber es geht auch an manchen Tagen bequem mit dem Bummelzug bergauf, siehe Infos. Oben angekommen, sind die Schleifsteinbrüche Ausgangspunkt für den Rundgang durch das Löckermoos, das seinen Namen von den Latschen (=Löckern) hat. Seit 1989 sind auch die Steinbrüche wieder in Betrieb und können besichtigt werden. Durch das Moor geht es auf Holzstegen. Wir haben sogar den seltenen Sonnentau entdeckt. Wirklich – es lohnt sich!

Wetter: ◑ Anforderung: Dauer: 3 h

Anforderung:	Mittel; 580 Hm; langer Aufstieg über steile, aber idyllische Waldpfade. Alternativ Auffahrt mit Bummelzug möglich. RW Moor: Leicht; 60 Hm; Wanderwege, Holzstege, gutes Schuhwerk und warme Kleidung wichtig.
Dauer:	Aufstieg zu den Steinbrüchen: 2 h; 2,4 km; zusätzlich RW Moor: 1 h, 1,6 km.
Wetter:	Schönes Wanderwetter – aufgrund der Höhe.

Kindergarten-kinder:	Auffahrt mit dem Bummelzug (siehe Info). Empfehlung: nur bis zum Moorsee wandern (ca. ½–1 h). Evtl. mögen die älteren Kinder auch die Steinbrüche besichtigen, die Badstubnhütte lädt zum Einkehren ein und wenn noch Zeit bleibt, findet ihr im Herbst vielleicht Heidelbeeren. Bitte bedenkt: im Moor die Wege nicht verlassen.
Volksschulkinder:	Siehe oben. Die ganze Moorrunde ist eine abwechslungsreiche Wanderung. Auf den Infotafeln erfahren wir Interessantes über das Moor und die Schleifsteinbrüche. Der Sage nach wohnt im Moorsee der weiße Löckerwurm.
Ab 10 Jahren:	Sehr gut geeignet.

Navi: 4824 Gosau, Hintertal 363.

Navi Bummelzug: Gosau, Steinermühlenweg 11.

Anfahrt: B145 Richung Bad Ischl, Bad Goisern. Bei Bad Goisern weiter Richtung Gosau auf B166. In Gosau (Pass Gschüttkreuzung) abfahren Richtung Gosausee. Nach 3,8 km kurz vor der Rechtskurve ist das Haus Gamsjäger. In der Rechtskurve sind Parkplätze.
Von Salzburg Süd ist es kürzer, über Golling in die Gosau zu fahren.
*Zum Bummelzug: Pass Gschüttkreuzung abfahren Richtung Gosausee. Nach 100 m links abbiegen, ca. 350 m weiter bis zum P beim Sportplatz.

Bus/Bahn: Hintertal b. Gosau Gamsjäger.

Ausgangspunkt/P: Aufstieg zu Fuß: P beim Haus Gamsjäger; Bummelzug: Sportplatz Gosau; der Zug fährt auf 1344 m zum Ausgangspunkt für den Löckermoos-Rundweg bei den Schleifsteinbrüchen.

Infos/Gaststätten: *Badstub'n Hütte bei den Schleifsteinbrüchen, bewirt. ab Juni, Spezialität hausgemachte Pofesen, Tel. +43 664 3547722; *Bummelzug: Gosau Sportplatz, Mai – Okt. jeweils Di u. Sa. Abfahrt 10 Uhr, Rückkehr 16 Uhr, Tel. +43 664 11585898, Preise mit oder ohne Führung siehe TVB Inneres Salzkammergut, Tel. +43 5 5095 www.dachstein-salzkammergut.at.

Wegbeschreibung: Vom Haus Gamsjäger in die Madlgasse einbiegen. Ca. 300 m durch Siedlungsgebiet wandern, bis der erste Wegweiser rechts zum Aufstieg Löckermoos Schleifsteinbrüche weist. Ab hier schlängelt sich der Pfad bis zu den Schleifsteinbrüchen bergauf. Zwei

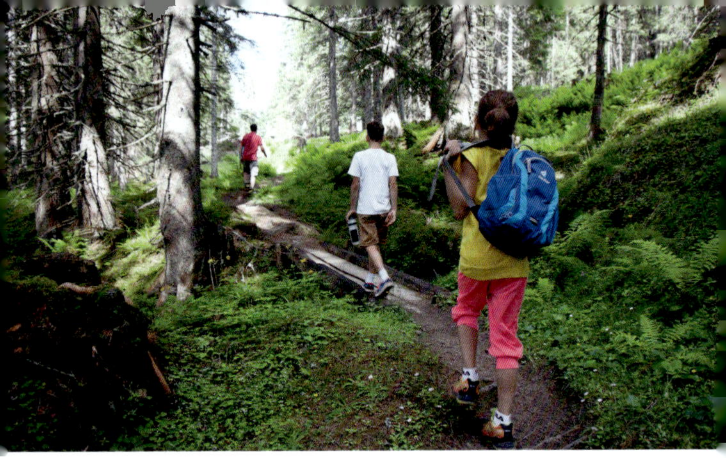

Mal die Forststraße queren (Wegweiser). In knapp 2 Stunden sind diese erreicht.

Wegbeschreibung Rundweg Löckermoos: Ausgangspunkt Schleifsteinbrüche. Wegweiser weisen zum historischen und zum aktuellen Steinbruch. Beide können in einer Runde besichtigt werden. Auch der

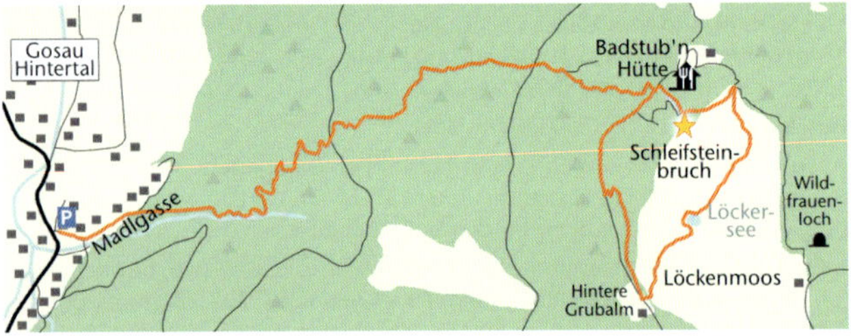

Rundweg durch das Moor Löckermoos ist ab dort gut beschildert. Es geht im Uhrzeigersinn zuerst durch lichten Wald, danach flacher und auf Holzstegen durch die Latschen und das Hochmoor. Nach ca. ½ Std. ist der kleine Moorsee erreicht. Hier gibt es Bänke zum Jausnen, Rasten, Ausblicke Genießen. Der Weg führt weiter aus dem Moor hinaus bis zur hinteren Grubalm mit Aussichtsplattform. Von dort rechts haltend

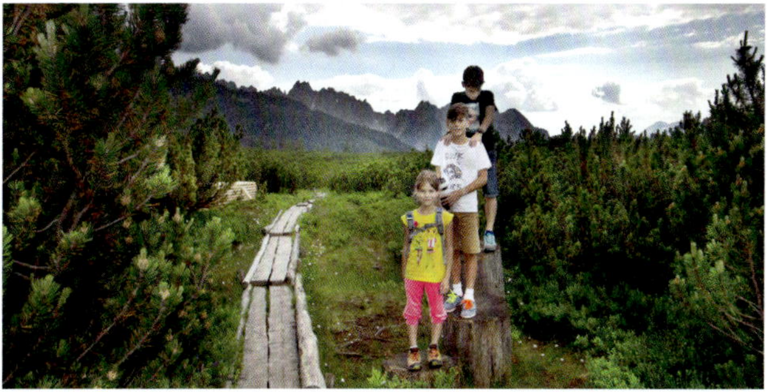

geht der Weg über eine etwas schlammige Forststraße zurück zu den Schleifsteinbrüchen.

Wer Kraft und Zeit hat, kann, statt die kurze Runde zu wandern, auch über die kleine Wildfrauenloch-Höhle (siehe Karte) gehen. Dafür von der hinteren Grubalm links die Forststraße weiter wandern Richtung Vordere Grubalm, Wildfrauenloch-Höhle. Von dort geht es zurück zu den Schliefsteinbrüchen und der Badstub'n Hütte. Wegverlängerung um 1 h.

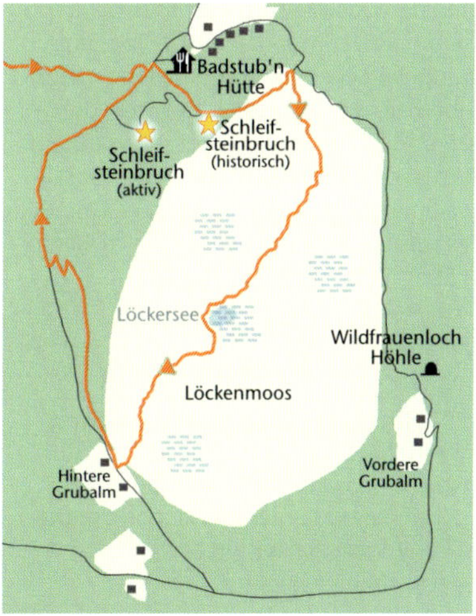

46 Ebenalm (1157 m)

Gosau: kleine Alm oberhalb des Gosausees

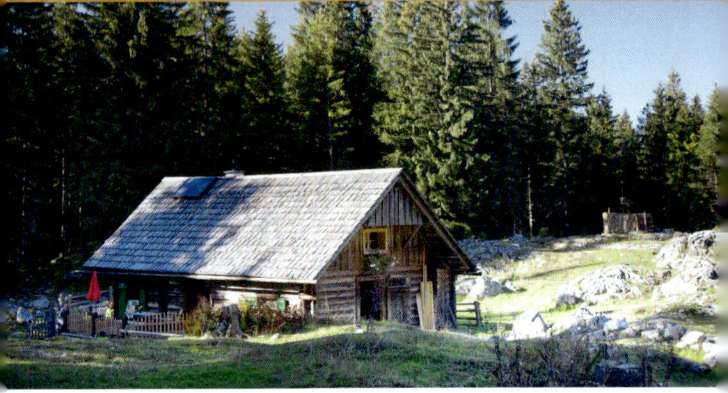

Der Blick auf den Gosausee und den Dachstein ist stets überwältigend – und darum auch ein Touristenmagnet. Zwar hat sich die Tour auf die Ebenalm auch schon herumgesprochen, dennoch ist es ein nettes und nicht überlaufenes Ziel oberhalb des Gosausees. Der Steig durch den Wald zur Alm ist malerisch und für Kinder kurzweilig zu wandern. Immer wieder gibt es Ausblicke zu den schroffen Wänden des Gosaukamms, der sich im See spiegelt und zum Dachsteingletscher. Der Weg ist Teil des Geologielehrpfades aufs Löckermoos. So finden sich Klapptafeln mit interessanten Infos über Gletscher, Karst und Co.

Wetter: ☀ ☂ ◑ Anforderung: ● Dauer: 1 ¼ h

Anforderung:	Mittel; 233 Hm; zuerst flach entlang des Sees, dann mittelsteile bis steile Waldpfade, ca. 500 m Forststraße bergauf; P ist meist überfüllt, damit rechnen etwas unterhalb zu parken. Die Wegzeit verlängert sich dadurch.
Dauer:	Eine Strecke: 1 ¼ h; 2,8 km.

Wetter:	Jedes Wanderwetter; da die Alm in einer Senke liegt, auch bei Nieselwetter geeignet. Der Weg kann nach starkem Regen gatschig sein.

Kindergarten-kinder:	Nur für größere, gehfreudige Kinder geeignet. Immer nett ist aber die Runde um den Gosausee. Im hinteren Teil gibt es Felsen zum Klettern und auch Stellen, wo der See gut erreicht wird. Füße reinhalten, Enten füttern, Steine werfen, ... nebenbei säumen Infotafeln zum Thema Wasser den Weg.
Volksschulkinder:	Für fleißige Wanderer eine super Tour. Auf der Alm lässt es sich herrlich im Wald neben der Hütte spielen. Die Alm liegt in einer Senke.
Ab 10 Jahren:	Sehr gut geeignet.

Navi: 4824 Gosau, Gosau 4.

Anfahrt: B145 Richung Bad Ischl, Bad Goisern. Bei Bad Goisern weiter Richtung Gosau auf B166. In Gosau Richtung Gosausee bis zum Ende des Tales fahren. P bei der Talstation der Gosaukammbahn bzw. entlang der Straße. P oft überfüllt! Von Salzburg Süd ist es kürzer, über Golling in die Gosau zu fahren.

Bus/Bahn: Gosausee, vorderer Gosausee

Ausgangspunkt/P: P Gosausee.

Infos/Gaststätten: *Ebenalm, sehr gemütlich, ÜN möglich, unsere Kinder sind sofort in den Wald gestürmt zum Spielen, Tel. +43 676 8394 0750, www.ebenalm-gosau.at, von Jun.–Sep. tgl. geöffnet; *Gasthof Gosausee, am Ausgangspunkt, +43 6136 8514, www.gasthof-gosausee.at, tgl. geöffnet von Apr.– Anfang Nov., flexible Ruhetage im Apr. und Nov. je nach Wetterlage.

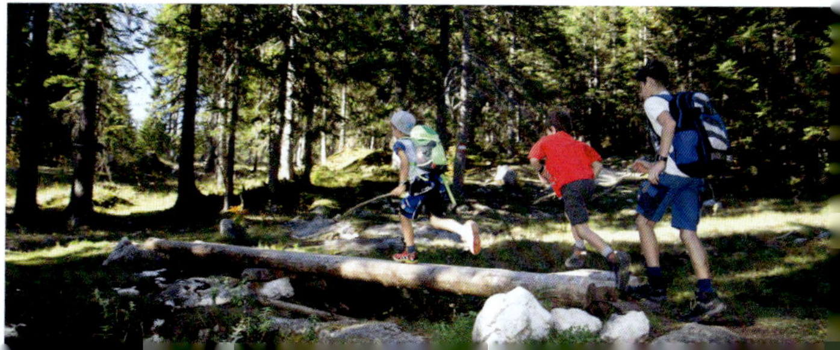

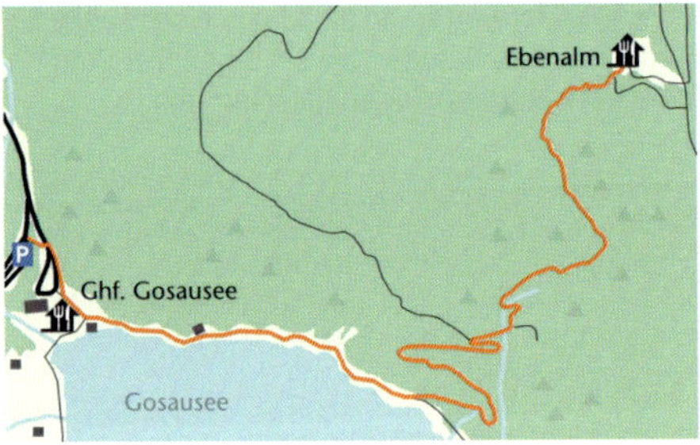

Wegbeschreibung: Vom P erst die Straße bergauf, vorbei an Bergbahn und Gasthof wandern. Gleich hier weist ein Schild zur Ebenalm. Es geht zuerst links entlang des Sees. Nach 1 km zweigt nach links oben die Forststraße zur Ebenalm ab. Diese drei Serpentinen bergauf wandern. 30 m nach der dritten Kurve rechts dem Wegweiser zur Ebenalm folgen. Der breite Weg wird bald zu einem steileren Waldsteig, der nach 30 Minuten wieder flacher wird. Nach weiteren 10 Minuten ist die Alm in der Senke erreicht.

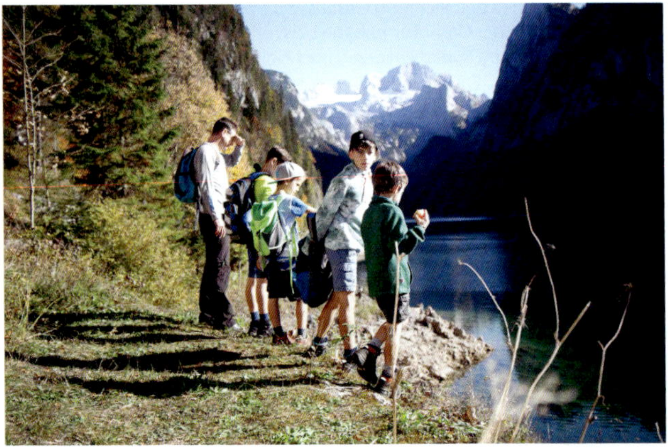

47 Holzmeisteralm (1164 m)

Gosau: zum Hinteren Gosausee am Fuße des Dachsteins

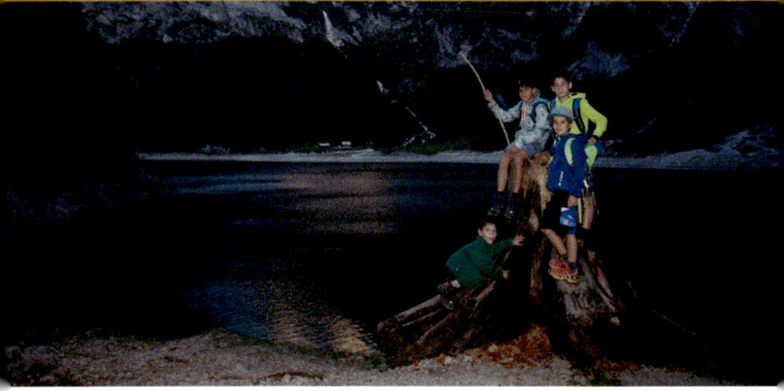

Hinter dem beliebten Gosausee (Rundwanderweg in unserem Kinderwagen-Wanderbuch beschrieben) versteckt sich noch ein weiterer See. Mit stetigem Blick auf den imposanten Dachsteingletscher und den Gosaukamm führt der breite, aber steile Weg vorbei am Moorgebiet der Gosaulacke zum Hinteren Gosausee. Die Hohe Holzmeisteralm liegt am Ufer des Gebirgssees, ist bewirtschaftet und lädt zum Genießen und Entspannen ein. Am vorderen Gosausee finden sich Infotafeln und interaktive Stationen zum Thema Wasser entlang des Weges. Wir sind mit Stirn- und Taschenlampen ausgestattet am Nachmittag zur Tour aufgebrochen. Den Rückweg wanderten wir bei Dunkelheit – Abenteuertipp: Nachtwanderung!

Wetter: ◑ Anforderung: ● Dauer: 2 ½ h

Anforderung:	Mittel; 231 Hm; entlang des Sees eben, ab dann stetig steigend. Die letzten 1,5 km steil bis zum Ahornboden vor dem See; durchgehend breiter, zum Teil aber sehr grober Schotterweg.
Dauer:	Eine Strecke: 2 ½ h; 6,1 km.

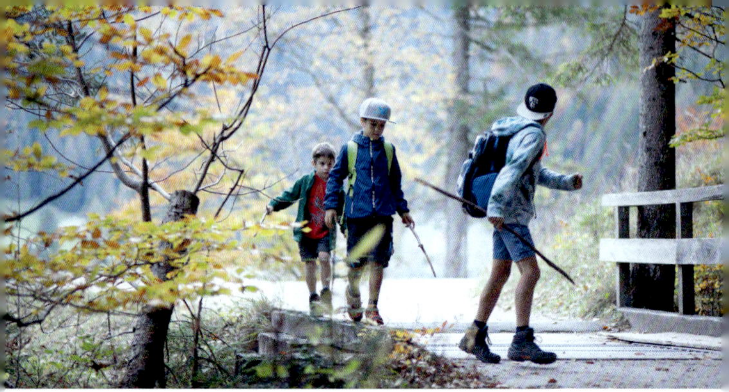

Wetter:	Jedes Wetter und jede Tageszeit – gut geeignet für eine Mondscheinwanderung.

Kindergarten-kinder:	Wir empfehlen, in diesem Alter die Runde um den Gosausee zu wandern. Was gibt es Schöneres als Wasser, Steinfindlinge und Almwiesen?
Volksschulkinder:	Siehe oben. Gesamter Weg nur für gehfreudige Kinder zu empfehlen. Ein weiteres Ziel und auch Umkehrpunkt ist die Gosaulacke – im Frühling Kaulquappengarantie.
Ab 10 Jahren:	In Verbindung mit einer Nachtwanderung ideal. Zum Beispiel im Herbst, wenn es schon früher dunkel wird.

Navi: 4824 Gosau, Gosau 4.

Anfahrt: B145 Richung Bad Ischl, Bad Goisern. Bei Bad Goisern weiter Richtung Gosau auf B166. In Gosau Richtung Gosausee bis zum Ende des Tales fahren. P bei der Talstation der Gosaukammbahn bzw. entlang der Straße. P oft überfüllt! Von Salzburg Süd ist es kürzer, über Golling in die Gosau zu fahren.

Bus/Bahn: Gosausee, vorderer Gosausee

Ausgangspunkt/P: P Gosausee.

Infos/Gaststätten: *Hohe Holzmeisteralm, sehr gemütlich, liegt am See, Tel. +43 664 1145113, geöff. bei Schönwetter von Ende Mai - Anf. Okt.; *Gasthof Gosausee, am Ausgangspunkt, Tel. +43 6136 8514, www.gasthof-gosausee.at, tgl. geöffnet von Apr.- Anfang Nov., flexible Ruhetage im Apr. und Nov. je nach Wetterlage.

Wegbeschreibung: Vom P erst die Straße bergauf wandern, vorbei an der Talstation und am Gasthof Gosausee. Am besten den Wegweisern Richtung Adamekhütte folgen, das Ziel, die bewirtschaftete Hohe Holzmeisteralm am Hinteren Gosausee, liegt am Weg. Zuerst geht es links entlang des bekannten Vorderen Gosausees. Nach 2 km ist das „Ende“ des Sees erreicht. Hier befinden sich unterhalb des Weges beim See zahlreiche kleinere und größere Kletterfelsen. Für kleinere Kinder, denen eine Seeumrundung reicht, heißt es hier bei der Weggabelung rechts halten. Für den Weiterweg zum Hinteren Gosausee links halten, Beschilderung „Adamekhütte“. Der Weg wird holpriger und es geht zuerst bei einer Jagdhütte bei der Niederen Holzmeisteralm und der Gosaulacke (Kaulquappengarantie im Frühjahr) vorbei – ein weiterer guter Umkehrpunkt für alle, denen das Ziel zu weit ist. Ab hier sind es noch 3 km bis zum Hinteren Gosausee. Es wird steiler bis zum flachen Ahornboden. Bis zur hohen Holzmeisteralm rechts weiter und ca. 1 km um den See wandern. Gleicher Rück- wie Hinweg. Beim vorderen Gosausee kann entschieden werden, ob dieser nach links umwandert wird.

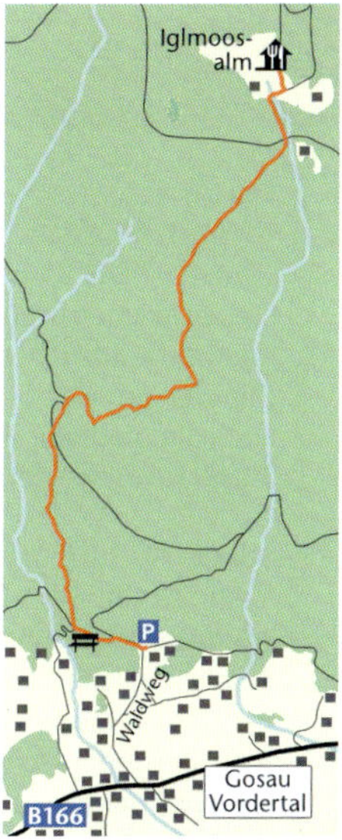

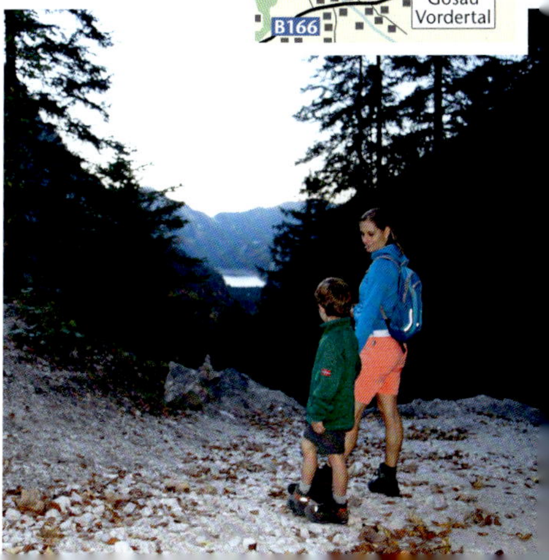

Zusatztipps

... die es noch zu entdecken gibt.

Bad Ischl:

Burgruine Wildenstein (588 m) ●

30 Min., 0,6 km, 120 Hm

Die verfallenen Mauern der Ruine Wildenstein sind über einen kurzen Waldsteig, ausgehend von der Talstation der Katrinseilbahn, in 30 Minuten erreicht. Ein idealer Kurzausflug, bei Nieselwetter hört man auch den neunköpfigen Drachen fauchen oder das verwunschene Burgfräulein weinen.

Gosau:

Panoramaweg (837 m) ●

Teilstrecke Kalvarienberg: 1 ½ h, ca. 3 km

Aussichtsreicher und sehr familienfreundlicher, insgesamt 20 km langer Höhenwanderweg oberhalb des Gosauer Tales. Er teilt sich in drei Teile. Besonders schön ist der mittlere Teil, ausgehend oberhalb des Kalvarienberges Richtung Gosausee. Info: www.gosautal.net

Obertraun:

Strandbad Obertraun (608 m)

Obertraun Strandbad, 4831 Obertraun

Der Hallstättersee ist eher kühl. Aber in der Obertrauner Bucht erreicht der See überaus akzeptable Badetemperaturen. Beachvolleyball, Spielplatz, Grillstellen, kleine Wasserrutsche vom Steg, Seecafé, Liegewiese. Eintritt frei, Parkgebühr € 1/Std.

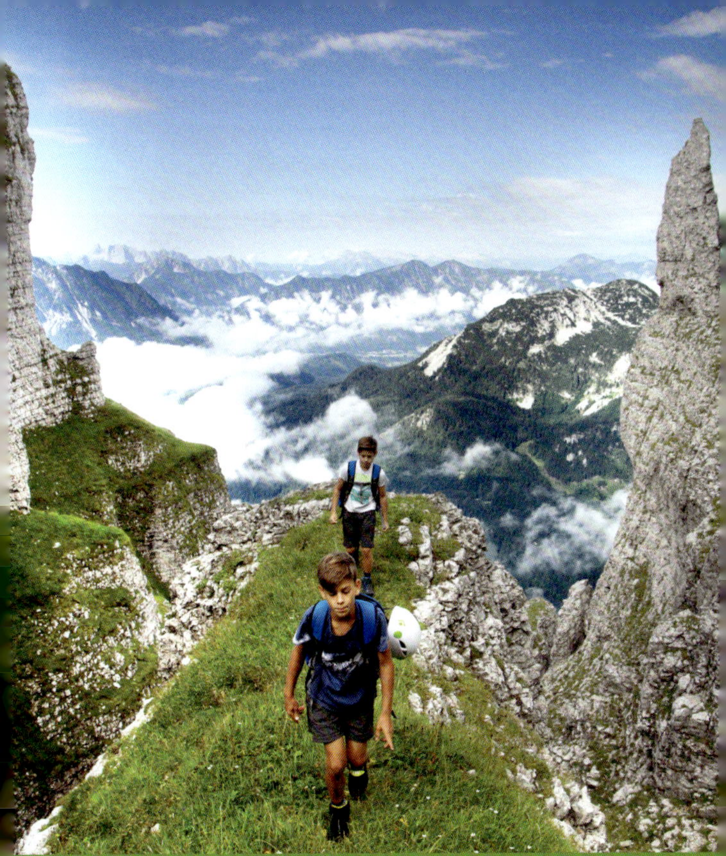

VI. Ausseerland

Bad Aussee, Kainisch, Bad Mitterndorf, Tauplitz, Wörschach

Wir filmen unsere Wege nach und nach!

Besuche uns auf Youtube: „Wandaverlag"

48 Burgruine Pflindsberg (940 m)

Altaussee: Waldweg mit Wasserfall zur Aussichtswarte

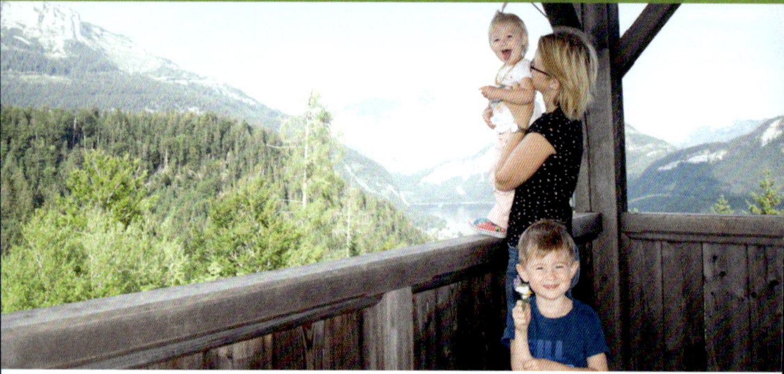

Schon 1755 vertrieben Burggespenster Bergmeister Preßl, den letzten Bewohner von Pflindsberg. Seitdem verfällt die kleine Burg. Schön, dass die Altausseer einen Aussichtsturm errichtet haben, so ist die Ruine ein motivierendes Ausflugsziel. Der Aufstieg führt beim idyllischen Trattenbach-Wasserfall vorbei und der oberhalb liegende Bachlauf eignet sich perfekt zum Füßekühlen und Pritscheln.

Wetter: Anforderung: Dauer: 1 ¼ h

Anforderung:	Leicht bis mittel; 175 Hm; mittlere Steigungen; abwechselnd breite und schmale Waldpfade.
Dauer:	Eine Strecke: ca. 1 ¼ h; 1,7 km.
Wetter:	Sowohl an heißen Sommertagen als auch bei Nieselwetter geeignet.

Kindergarten-kinder:	Perfekt: Wasserfall, Bach zum Pritscheln, Burgruine, Aussichtsturm, was will man mehr?
Volksschulkinder:	Sehr gut geeignet, siehe oben.
Ab 10 Jahren:	Gut geeignet für einen kurzen Ausflug oder als Nahziel bei Lernpausen.

Navi: 8992 Altaussee, Nähe Lichtersberg 18.

Anfahrt: B145 bis Bad Aussee, bei Bad Aussee weiter Richtung Altaussee. In Altaussee links beim großen Schild „Gärtnerei Reischenböck" einbiegen. Ab hier der Beschilderung „Aussichtswarte Pflindsberg" folgen. Nach dem Ortsendeschild links auf der Straße nach Lupitsch bleiben. Unmittelbar nach der Brücke in der Linkskurve parken.

Bus/Bahn: Altaussee Kesselgrube, Wegverlängerung 1 km.

Ausgangspunkt/P: Parkmöglichkeit in der Kurve vor dem Navi-Ziel.

Infos/Gaststätten: *Proviant mitnehmen. *Einkehrmöglichkeiten in Altaussee und Bad Aussee.

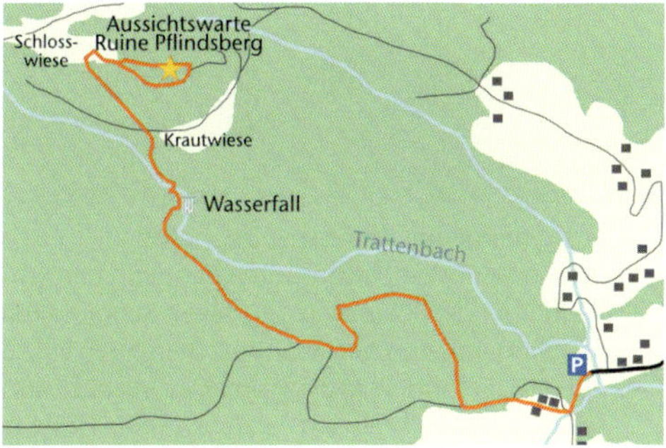

Wegbeschreibung: Vom P weiter die Straße bergauf wandern, bis die Beschilderung zur „Aussichtswarte Pflindsberg Wasserfall" nach rechts weist. Ab nun geht es durch den Wald bergauf, beim Wasserfall vorbei, über ein nettes Brückerl, bis man bei der Wiese vor der Burgruine herauskommt. Die Burgruine von rechts umwandernd, kommt man vorne zum Aussichtsturm und einem Tisch zum Jausnen. Es kann zwar über die Forststraße retour gewandert werden, für Kinder empfehlen wir aber den gleichen Rück- wie Hinweg.

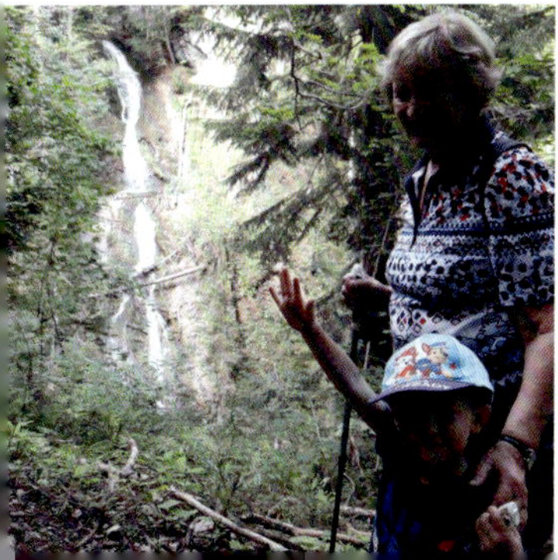

49 Sandling/Sandlingalmen (1717 m)

Altaussee: vom Salzberg zum Gipfel- oder Almenglück (1330m)

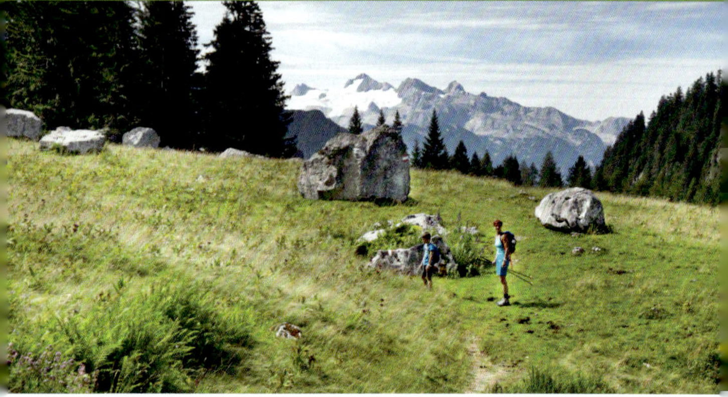

Ausgehend vom Altausseer Salzbergwerk führt die Tour mit Blick auf den Loser um den imposanten Sandling herum. Es geht durch den Wald über die Schipisten der steilen Sandlingabfahrt zur Ausseer Sandlingalm. Von dort wandert man noch eine Stunde zu den Almwiesen der Vordersandlingalm. Der Ausblick auf den Dachsteingletscher ist unbeschreiblich. Leider ist keine Hütte bewirtschaftet. Daher Proviant mitnehmen und an einem geeigneten Platzerl die Picknickdecke ausbreiten. Große Kinder können auch den herausfordernden Gipfel des Sandlings erklimmen. Mit unseren zu diesem Zeitpunkt 13- und 12-Jährigen wurde auch die Klettersteigvariante für bergerfahrene Kids getestet – Prädikat: superspannend!

Wetter: Anforderung: Dauer: 2 ¼

Anforderung: Bis zur Vorderen Sandlingalm: Mittel; 400 Hm; schöne Wanderwege.
Sandling-Gipfel: Schwierig und insgesamt 825 Hm; der Steig ist steil und steinig, aber nicht ausgesetzt.

Dauer:	1. Teilstrecke bis zur Ausseer Sandlingalm: 1 ⅓ h; 2,3 km. Verlängerung bis zur Vorderen Sandlingalm: Zusätzlich 1 h; 2 km. Gipfel-Aufstieg ab Ausseer Sandlingalm: Zusätzlich 1 ½ h; 2 km.
Wetter:	Schönes Bergwetter.

Kindergartenkinder:	In diesem Alter reicht die 1. Teilstrecke bis zur Ausseer Sandlingalm.
Volksschulkinder:	Siehe oben. Mit gehfreudigen Kindern kann man evtl. noch zusätzlich die Verlängerung bis zur 2. Alm, der Vorderen Sandlingalm, anhängen.
Ab 10 Jahren:	Gut geeignet, sowohl die Ausseer Sandlingalm als auch die Vordere Sandlingalm liegen sehr nett. Für sehr konditionsstarke und bergerfahrene Kinder ist auch der Aufstieg zum Gipfel zu schaffen. Alternativ ist der Klettersteig herausfordernd, aber auch ein guter Einstieg für erste Klettererfahrungen.

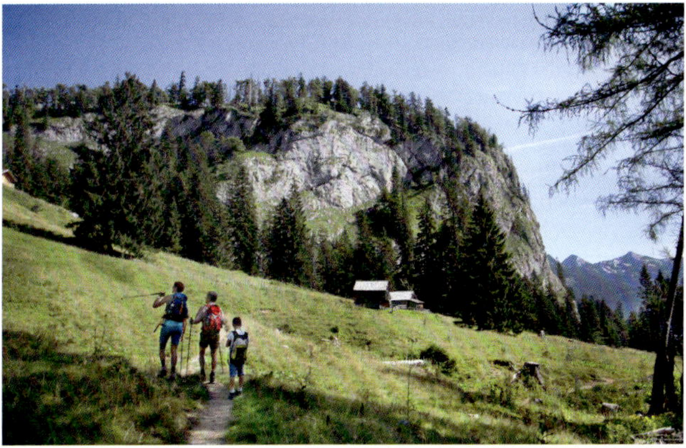

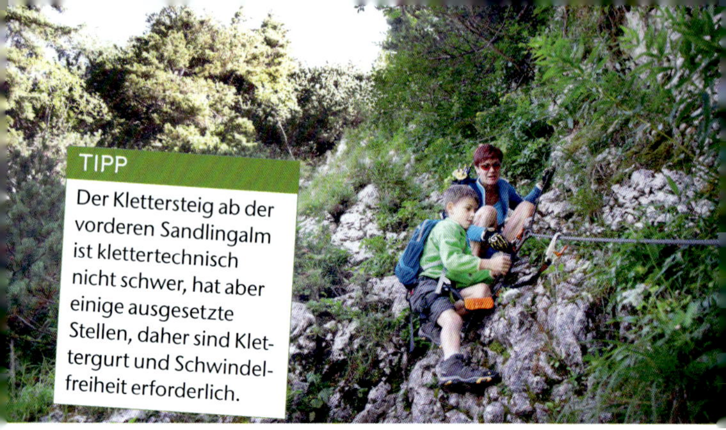

TIPP

Der Klettersteig ab der vorderen Sandlingalm ist klettertechnisch nicht schwer, hat aber einige ausgesetzte Stellen, daher sind Klettergurt und Schwindelfreiheit erforderlich.

Navi: 8992 Altaussee, Lichtersberg 68.

Anfahrt: B145 bis Bad Aussee, bei Bad Aussee weiter Richtung Altaussee. In Altaussee weiter Richtung Blaa-Alm. Nach 2,6 km links Richtung Salzwelten abbiegen. Der Straße bis zum P beim Salzbergwerk folgen.

Bus/Bahn: Nicht geeignet.

Ausgangspunkt/P: P Salzwelten.

Infos/Gaststätten: *Keine Einkehrmöglichkeiten am Weg. *Salzwelten, Alternative bei Regenwetter, www.salzwelten.at – aufpassen, dass ihr für das richtige Bergwerk bucht; *Blaa-Alm, beliebtes Ausflugsziel in Altaussee, bei der Anfahrt weiter Richtung Loserlifte, Tel. +43 3622 71102, www.willkommeninaltaussee.at, Ruhetag: Mo, Di.

Wegbeschreibung: Von den Salzwelten weiter der Forststraße bergauf folgen, Beschilderung „Ausseer Sandlingalm", „Lambacher Hütte". In der Kehre beim alten Stollen zweigt der Waldweg ab. Nach 45 Minuten Aufstieg werden die zwei Schipisten der Sandlingabfahrt gequert. Ab hier geht es in leichten Steigungen zur Ausseer Sandlingalm. Am oberen Ende der Alm links halten und der Beschilderung „Lambacher Hütte" folgen. Zuerst geht es über einen breiteren Forstweg, der dann wieder in einen Waldweg übergeht, gemütlich zur Vorderen Sandlingalm. Gleicher Rück- wie Hinweg.

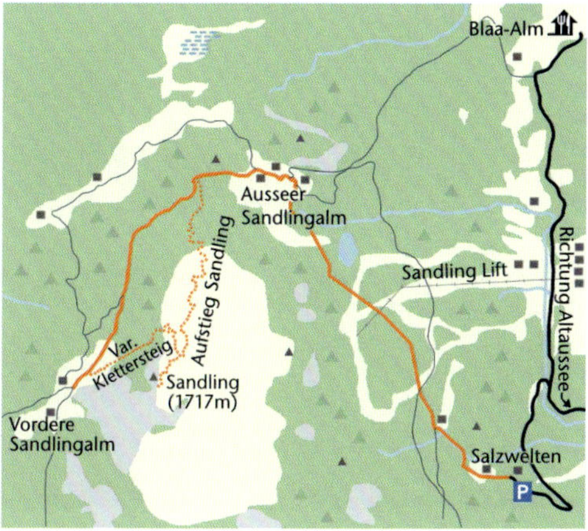

Gipfelvariante: Nach der Ausseer Sandlingalm 200 m entlang der Forststraße wandern, bis nach links der Steig Nr. 251 auf den Sandling abzweigt. Gleicher Rück- wie Hinweg.

Wegbeschreibung Klettersteigvariante: Kurz bevor die Vordere Sandlingalm erreicht ist, zweigt nach dem Wald nach links der schwarz markierte Steig Nr. 250 ab. Diesem bis zum Gipfel folgen. Abstieg über den Weg Nr. 251 zur Ausseer Sandlingalm und zurück zum Salzbergwerk. (Dauer Klettersteigvariante: ca. 1 h)

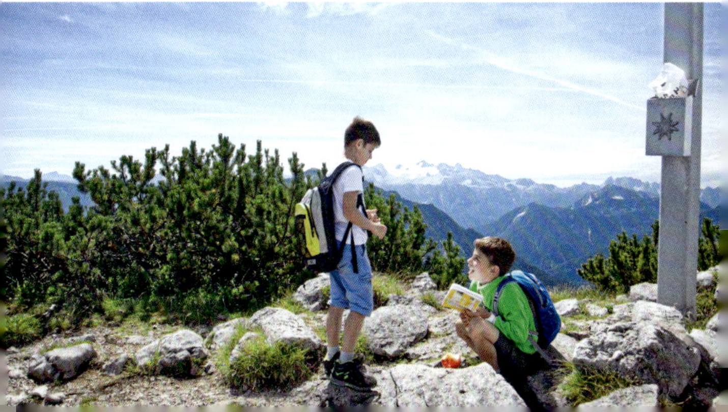

50 Greimuth/Bräuning Zinken (1871 m)

Altaussee: Zwei Gipfel am Loserplateau abseits der Touristenpfade

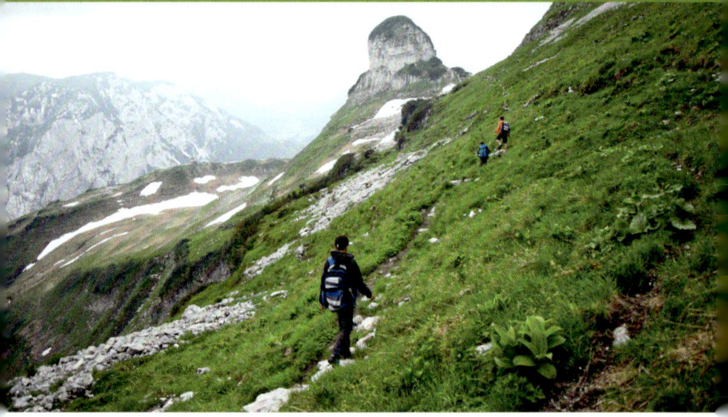

Über eine Panoramastraße (Mautgebühr) kommt man zu einem riesigen Parkplatz auf der Loser Alm. Diese liegt auf 1600 m und ist Ausgangspunkt für viele Touren. Um dem Gewimmel auf den Loser zu entgehen, sind der Bräuning Zinken (1899 m) und der Greimuth (1871 m) eine immer beliebter werdende Alternative. Da der Ausgangspunkt bereits sehr hoch liegt, sind die Gipfel schnell erwandert. Wir haben beide Touren zu einem schönen Rundweg zusammengelegt, natürlich kann jeder Gipfel auch einzeln erklommen werden. Der Bräuning Zinken liegt im hinteren Teil des Loserplateaus und ist über die nicht bewirtschaftete Bräuning Alm erreichbar. Knapp vor dem Gipfel gibt das Drachenloch einen spektakulären Einblick ins Tote Gebirge frei.

Zum Aufstieg auf den Greimuth braucht man ein bisschen die Hände zum Kraxeln und damit etwas Bergerfahrung. Oben bieten sich imposante Ausblicke auf die senkrechten Felsabstürze der Loser Nordwand. In Jahren mit heißen Sommern ist der idyllische Augstsee die perfekte Abkühlung. Hier sind auch Bänke zum Jausnen.

Wetter: ◯ Anforderung: ● Dauer: RW 4 h

Anforderung:	Teil 1 bis zum Bräuning Zinken: Mittel; Ca. 368 Hm; Leichte bis mittlere Steigungen; Steige über Wiesen und durch Latschen. Teil 2: Bräuning Zinken bis Greimuth-Gipfel: Schwer; Ca. 130 Hm; Leicht ausgesetzte Kraxelpassagen, Bergerfahrung und Schwindelfreiheit notwendig.
Dauer:	RW: insgesamt ca. 4 h, 5,5 km. Davon: Teil 1: Bräuning Zinken: 2 h; 2,7 km. Teil 2: Bräuning Zinken bis Greimuth: 1 h; 1,5 km. Teil 3: Abstieg Greimuth – AP: 45 Min.; 1,3 km.
Wetter:	Schönes Bergwetter – sehr unterschiedliche Wetterbedingungen: in heißen Sommern ist der Augstsee eine perfekte Abkühlung. Im Gegensatz dazu kann nach harten Wintern derselbe im Juli noch zugefroren sein. Sonnenschutz – offenes, alpines Gelände. Hier oben ist es meist kühler und sehr windig.

Kindergartenkinder:	Statt den Gipfel zu erklimmen, oberhalb der Loser Alm den idyllischen Augstsee umrunden (80 Hm) oder zur Bräuning Alm wandern (siehe Wegbeschreibung).
Volksschulkinder:	Für gehfreudige und trittsichere Kinder. Die ganze Runde ist in diesem Alter zu lange, der Bräuning Zinken ist aber perfekt.
Ab 10 Jahren:	Für bergerfahrene Kinder eine sehr lohnende Tour.

Navi: 8992 Altaussee, Fischerndorf 181.

Anfahrt: B145 bis Bad Aussee, bei Bad Aussee weiter Richtung Altaussee. In Altaussee links Richtung Loser Panoramastraße, dieser 12 km bis zum Ende folgen (Mautgebühr).

Bus/Bahn: Nicht geeignet.

Ausgangspunkt/P: Riesiger P am Ende der Panoramastraße auf den Loser.

Infos/Gaststätten: *Loser Mautgebühr, Richtpreis € 16; *Loserhütte, 2 Kehren unterhalb der Loser Alm, beschildert und mit dem Auto erreichbar, sehr gute Mehlspeisen, ÜN, Tel. +43 3622 71202, www.willkommeninaltaussee.at, tägl. geöffnet; *Loser Alm Bergrestaurant, Klettergerüst, Tel. +43 664 3448129, www.loseralm.com, tägl. geöffnet.

Wegbeschreibung: Vom Ausgangspunkt weiter der Schotterstraße oberhalb des Bergrestaurants bis zum Augstsee folgen. Knapp vor dem See rechts halten zum kleinen Hügel mit dem rot-weiß-roten Windsack (Beschilderung „Bräuning Zinken“). Der Weg führt oberhalb des Kuhntales über Wiesen und teils schroffe, ausgewaschene Felsplatten zur Bräuning Alm. Hier links halten und den Weg Nr. 257 entlang am Fuß des Bräuning Zinkens bis zum Gschwander Sattel wandern. Rechts haltend weiter dem Steig zum Bräuning Zinken-Gipfel folgen. Für jene, denen ein Gipfel reicht, gilt gleicher Rück- wie

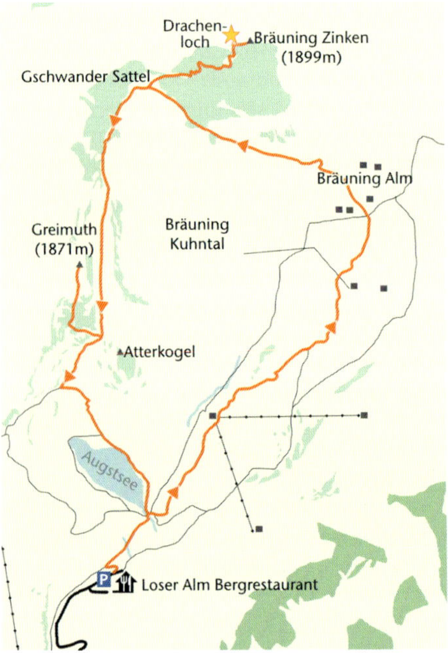

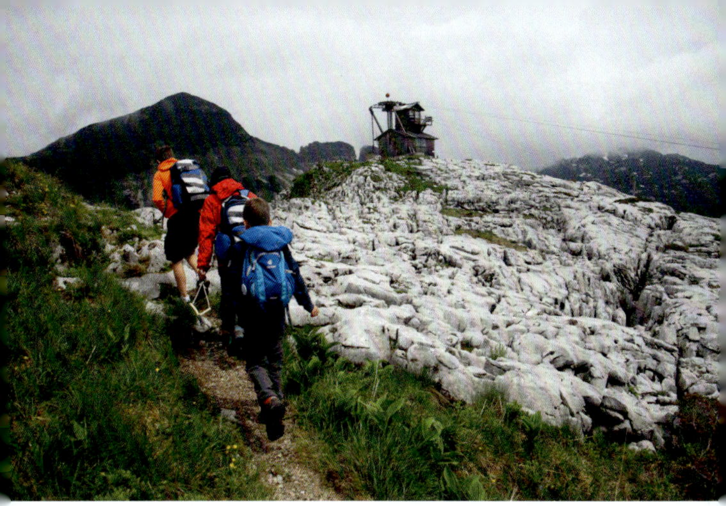

Hinweg. Wer noch einen Gipfel dranhängen mag, geht zunächst wieder zurück durch die Latschen bis zur Weggabelung am Sattel. Hier der Beschilderung „Loser Alm (über Greimuth)“ über den Bergrücken folgen: Der Weg schmiegt sich an die Hänge knapp unterhalb des Greimuths. Linkerhand sticht bald der Felskegel des Atterkogels hervor. Zwischen Atterkogel und Greimuth blickt man auf den idyllischen Augstsee. Hier der Beschilderung rechts zum Greimuth folgen. Der Weg ist ab hier gut durch die rot-weiß-rote Markierung bis zum Gipfel gekennzeichnet. Oben ist kein Kreuz, aber man kann sich ins Gipfelbuch eintragen. Über den Augstsee geht es retour zum Ausgangspunkt.

Variante direkter Aufstieg auf den Greimuth: Nach dem Aufstieg über die Straße zum Augstsee diesen rechts umwandern. Am hinteren Ende des Sees der Beschilderung auf den Greimuth folgen. Oben an den rot-weiß-roten Markierungen orientieren.

51 Loser & Sophie (1837 m)

Altaussee: beliebterGipfel und kurzer Schnupper-Klettersteig

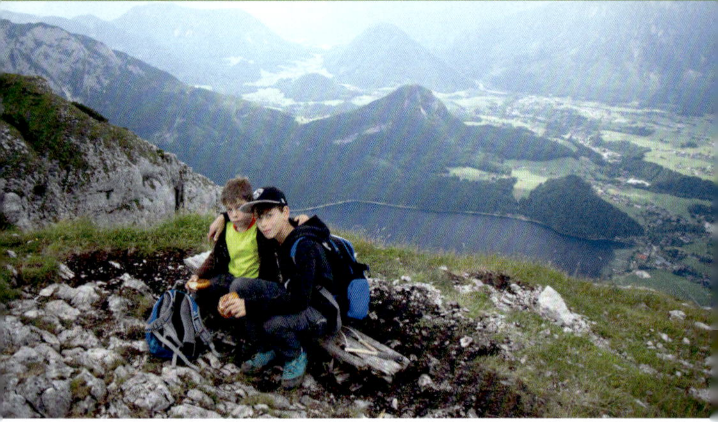

Über eine Panoramastraße (Mautgebühr) kommt man zum riesigen Parkplatz auf der Loser Alm. Diese liegt bereits auf 1600m. Der Loser ist weitum bekannt und der Weg stark frequentiert. Nicht ohne Grund, denn der Weg hat nicht nur eine angenehme Länge, die Aussichten sind herrlich, es gibt schöne Almwiesen – besonders im Juli zur Almrosenblüte – und ein beeindruckender glazialer Formenschatz gibt dieser Tour ihren besonderen Reiz. Nur am Anfang ist der Aufstieg über die Schipiste etwas „zach“. Aber sobald die schroffen, karstigen Felsplatten beim letzten Lift überklettert sind, gibt das Loserfenster einen genialen Blick aufs Tote Gebirge frei.

In Jahren mit heißen Sommern ist der idyllische Augstsee die perfekte Abkühlung. Hier gibt es auch Bänke zum Jausnen.

Der Jugend- und Anfänger-Klettersteig Sophie führt entlang der Dimlwand oberhalb des Loserbergrestaurants und ist ideal für erste Klettererfahrungen.

Wetter: ◯ Anforderung: ● ● Dauer: 1 ¼ h

Anforderung:	Mittel; 577 Hm; leichte bis mittlere Steigungen mit kurzen, steilen Teilstücken; riesiger, asphaltierter P beim Bergrestaurant, Schotterstraße bis zum Augstsee, danach Wanderwege und Steige, Passagen mit schroffen, ausgewaschenen Steinplatten – gutes Schuhwerk erforderlich; Verletzungsgefahr, die Steine sind sehr scharfkantig. Klettersteig: Schwierigkeitsgrad: Meist A bis B, drei Passagen B/C; 70 Hm; für Kinder ab 140 cm mit Klettererfahrung und mit erwachsenem, erfahrenen Partner. Klettersteig-Set, Helm und Handschuhe erforderlich.
Dauer:	Eine Strecke: Ca. 1 ¼ h, 2 km. Klettersteig: Ca. 1 h; 300 m.
Wetter:	Klassisches Wanderwetter – sehr unterschiedliche Wetterbedingungen: In heißen Sommern ist der Augstsee eine perfekte Abkühlung. Im Gegensatz dazu kann nach harten Wintern derselbe im Juli noch zugefroren sein. Sonnenschutz – offenes, alpines Gelände. Hier oben ist es meist kühler und sehr windig.

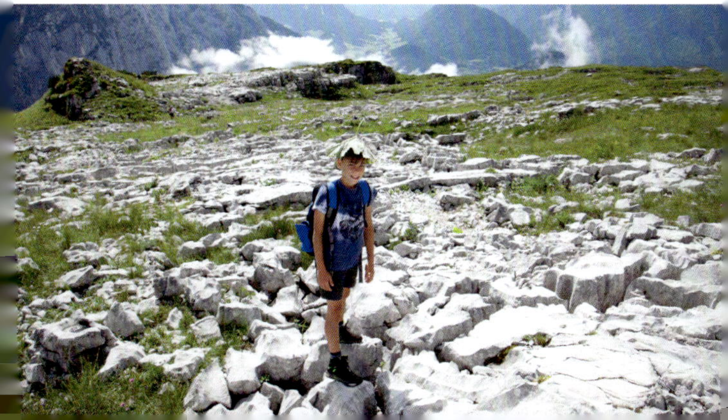

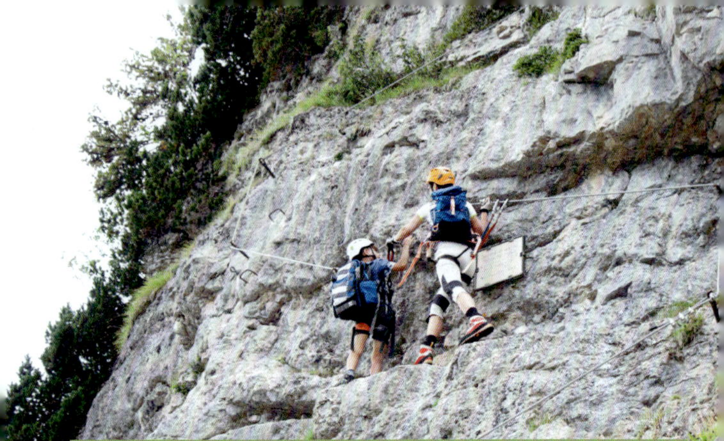

Kindergarten-kinder:	Statt den Gipfel zu erklimmen, am besten den idyllischen Augstsee umrunden (80 Hm) und von dort zum Loserfenster aufsteigen (siehe Wegbeschreibung).
Volksschulkinder:	Ideal für erste Gipfelerfahrungen.
Ab 10 Jahren:	Perfekt.

Navi: 8992 Altaussee, Fischerndorf 181.

Anfahrt: B145 bis Bad Aussee, bei Bad Aussee weiter Richtung Altaussee. In Altaussee links Richtung Loser Panoramastraße, dieser 12 km bis zum Ende folgen (Mautgebühr).

Bus/Bahn: Nicht geeignet.

Ausgangspunkt/P: Riesiger P am Ende der Panoramastraße auf den Loser.

Infos/Gaststätten: *Loser Mautgebühr, Richtpreis € 16; *Loser Alm Bergrestaurant, Klettergerüst, Tel. +43 664 3448129, www.loseralm.com, tägl. geöffnet; *Loserhütte, 2 Kehren unterhalb der Loser Alm, beschildert und mit dem Auto erreichbar, sehr gute Mehlspeisen, ÜN, Tel. +43 3622 71202, www.willkommeninaltaussee.at, tägl. geöffnet.

Wegbeschreibung: Vom Ausgangspunkt führt ein kleiner Pfad zur Schotterstraße oberhalb des P. Diese dann weiter bergauf wandern, bis nach knapp 5 Minuten der Augstsee erreicht ist. Hier der Beschilderung „Loserfenster" bzw. „Loser (über Hochanger)" links um den Augstsee über die Schipiste folgen. Oberhalb der letzten Liftstütze beginnt der interessante Wegabschnitt und zur Begrüßung ist hier gleich das Loserfenster – ein Felsloch mit Blick ins Tal – erreicht. Vom Loserfenster geht es weiter, vorbei an der Schutzhütte am Hochanger.

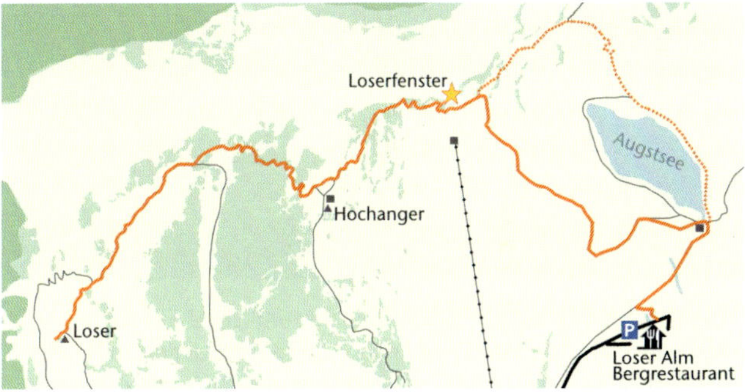

Hier sieht man schon gut auf den Loser-Gipfel. Nach einer weiteren halben Stunde ist das Gipfelkreuz erreicht. Gleicher Rück- wie Hinweg.

Variante: Etwas lieblicher und auch spannender ist es, den Augstsee gegen den Uhrzeigersinn zu umrunden, die Schipistenpassage wird dabei umgangen. Die Wege treffen oben beim Loserfenster wieder aufeinander. Dieser Teil führt an den steilen Hängen oberhalb des Augstsees entlang und bedarf Trittsicherheit – wir fanden es nicht so schlimm.

Klettersteig: Vom P aus sieht man die längliche Dimlwand oberhalb der Anfahrtstraße. Die Wand wird von links unten nach rechts oben durchstiegen. Zuerst die Straße bergab wandern, bis nach rechts ein Pfad zum Einstieg führt. Die ersten Haken in der Wand sind bald ersichtlich. Beim Einstieg einhängen und der Führung folgen bis zum Ausstieg auf der Almrauschwiese. Von dort geht es auf normalem Pfad zum Ausgangspunkt.

52 Tressenstein (1220m)

Altaussee: Aufstieg mit Seeblick zur beliebten Aussichtswarte

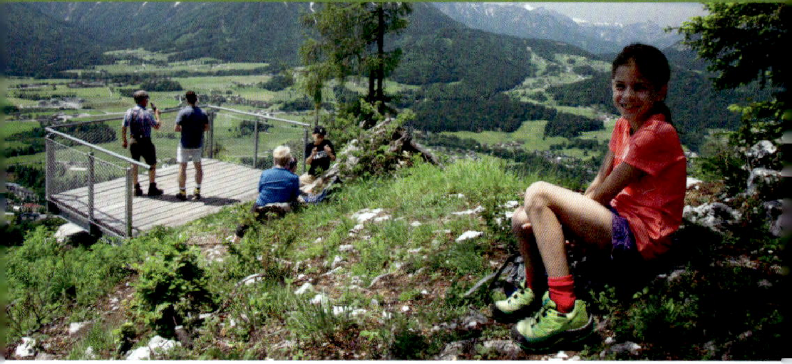

Vom Ort Bad Aussee sieht man bis hinauf zum Gipfel mit dem Aussichtsturm. Es ist ein kleiner, aber „richtiger" Berg, der ein beliebtes Wanderziel für Familien ist. Von oben bietet sich ein „Modelleisenbahn-Ausblick“ auf den Altausseersee und Grundlsee bis zum Dachstein. Achtung, das Aussichtsplateau auf der Felsnase unterhalb der Aussichtswarte ist ausgesetzt. Für eine kurze Variante (200 Hm) kann einfach vom Parkplatz am Tressensattel gestartet werden.

Wetter: ● Anforderung: ● Dauer: 2 h

Anforderung:	Mittel; kontinuierlich ansteigender Waldsteig, am Ziel etwas ausgesetzt, aber gesichert. Lange Variante: 230 Hm. Kurze Variante: 180 Hm.
Dauer:	Lange Variante, eine Strecke: 2 h; 3,4 km. Kurze Variante, eine Strecke: 1 h; 2 km.
Wetter:	Jedes Wanderwetter. Im Sommer bietet nach dem Wandern der Altausseersee Abkühlung. Die kurze Variante geht auch bei Nieselwetter – Rutschgefahr bei nassem Boden!

Kindergartenkinder:	Die kurze Variante ab dem Ghf. Trisselwand am Sattel ist zwar kurz, aber anspruchsvoll.
Volksschulkinder:	Beide Varianten gut geeignet.
Ab 10 Jahren:	Perfekt geeignet – kurzweilige, spannende Wanderung.

Navi: 8992 Altaussee, Puchen 394; vor dem Ziel links von der Straße abfahren zum P.

Navi kurze Variante: 8993 Grundlsee, Untertressen 37.

Anfahrt lange Variante: B145 bei Bad Aussee weiter Richtung Altaussee. Vor Altaussee rechts Richtung „Camping Tempel Altaussee" abbiegen. Der Beschilderung bis zum Campingplatz folgen. Nach dem Campingplatz 400 m weiter auf der Straße bleiben bis zum Waldstück. Hier links in den Wald einbiegen zum Parken.

Anfahrt kurze Variante: B145 bei Bad Aussee weiter Richtung Grundlsee. Sobald der See auftaucht, die nächste Abzweigung links bergauf fahren. Der Beschilderung „Mosern/Sattel/Gasthof Trisselwand" bis zum Sattel folgen.

Bus/Bahn lange Variante: Altaussee Hst. Kohlbacherhof, dadurch Wegverlängerung 30 Minuten.

Ausgangspunkt/P: Bei beiden Varianten wird vom Parkplatz gestartet.

Infos/Gaststätten: *Restaurant Strandcafé, am Altausseersee – erreichbar vom AP lange Variante, Tel. +43 664 2129309, www.strandcafe.at, Mo, Di Ruhetag. *Ghf. Trisselwand, beim Ausgangspunkt.

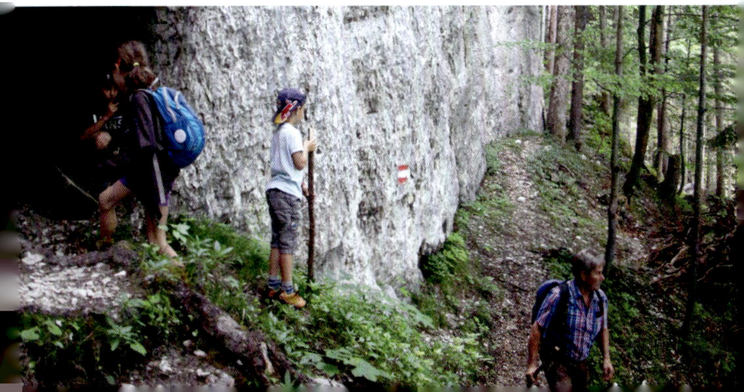

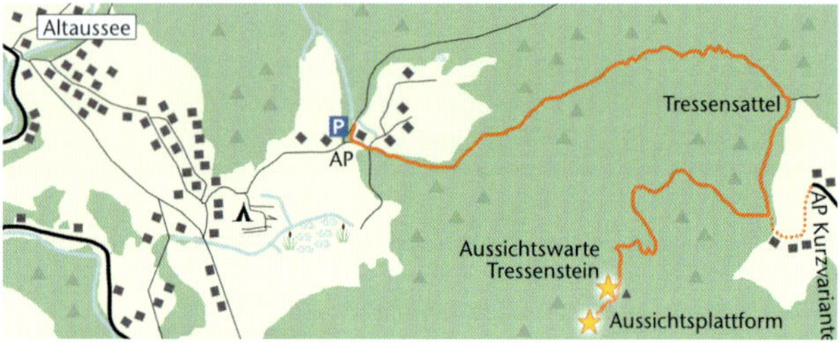

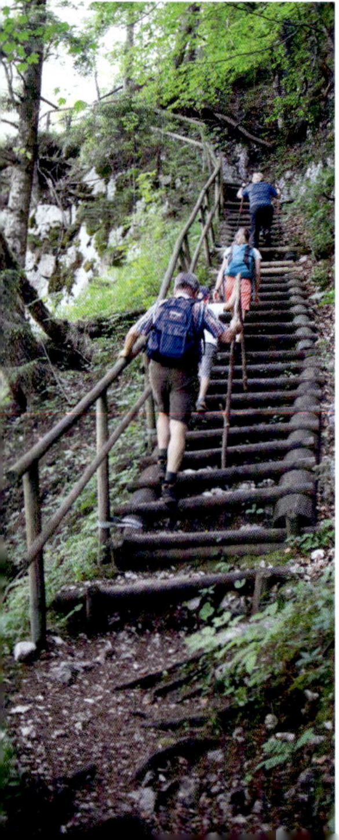

Wegbeschreibung: Lange Variante ab Altaussee: Beim P weist ein Wegweiser zum Tressensattel nach Grundlsee und auf den Tressenstein. Kurz geht es weiter bergauf entlang der Anfahrtstraße, bis der Weg zum Sattel in den Wald nach links abzweigt. Über einen Steig ist der Sattel in einer Stunde erreicht. Oben geht es knapp 10 Min. entlang der Schotterstraße, bis nach rechts (Beschilderung) der Weg zum Gipfel weiterführt. Dieser ist in einer weiteren Stunde erklommen. Gleicher Rück- wie Hinweg. Zurück beim Ausgangspunkt kann entschieden werden, ob noch zum See und zum Strandcafé weiter gewandert wird. Dafür vom Parkplatz diesmal in die andere Richtung weiterwandern und der Forststraße bis zum See und dem Strandcafé folgen.

Kurze Variante ab Sattel: Vom P die Straße ca. 200 m weiter bergauf wandern. Im Wald zweigt nach links der Steig zum Tressenstein ab. Gleicher Rück- wie Hinweg.

53 Zimitzalm (996 m)

Grundlsee: zur Seidlhütte am Fuße des Reichensteins

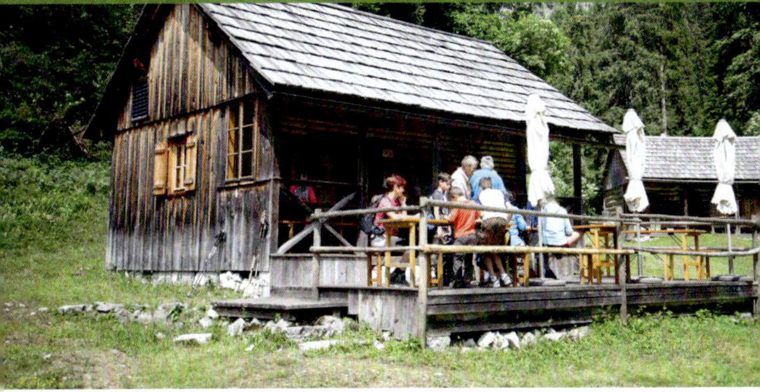

Zur Zimitzalm führt ein spannender Aufstieg. Das Wegerl durch den Wald führt entlang des tosenden Zimitzbaches, dann wieder an kleinen Felswänden vorbei, und manchmal geht's auf einer Seite ganz schön hinunter. Fast erinnert der Weg schon an eine Klamm. Ungefähr zur Hälfte der Wegstrecke kommt man zum tosenden Zimitzwasserfall, der gleichzeitig einen perfekten Umkehrpunkt für eine Kurzvariante bietet.

Das eigentliche Ziel, die kleine Seidlhütte auf der Zimitzalm, ist bewirtschaftet und liegt in einer Talsenke unterhalb der imposanten Felshänge des Reichensteins.

Der Grundlsee beim Ausgangspunkt wird auch das „Steirische Meer" genannt. Der See ist im Besitz der Bundesforste und somit ist das Ufer zum Baden frei zugänglich. Nur Parkgebühren sind zu zahlen.

Wetter: Anforderung: Dauer: 1 ¼ h

Anforderung: Leicht bis mittel; 319 Hm; leichte bis mittlere Steigungen; Waldsteige; Weg zum Wasserfall gesichert.

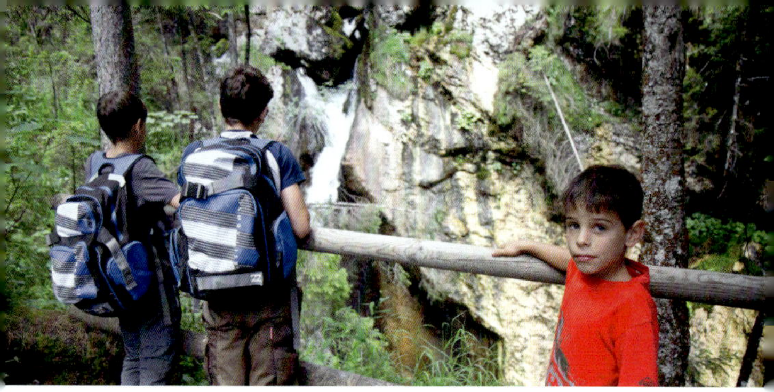

Dauer:	Eine Strecke: 1 ¼ h; 2,8 km. Davon bis zum Wasserfall: 40 Min.; 1,5 km.
Wetter:	Kühl im Sommer, aber auch bei Nieselwetter gut zu wandern, da es nicht zu steil ist. Im Sommer bietet nach dem Wandern der Grundlsee Abkühlung.

Kindergartenkinder:	Ideal, trotz der Länge. Es ist nicht zu steil und sehr beliebt bei Wanderfamilien, da der Weg abwechslungsreich ist und entlang eines Baches führt.
Volksschulkinder:	Sehr gut geeignet.
Ab 10 Jahren:	Nett.

Navi: 8993 Grundlsee, Gößl 230.

Anfahrt: B145 bis Bad Aussee. Im Ort weiter Richtung Grundlsee. Ab Grundlsee ca. 4,6 km entlang des Sees fahren bis zum P Murboden.

Bus/Bahn: Hst. Gößl Ladner.

Ausgangspunkt/P: P Murboden ca. 50 m vor dem Ghf. Murbodenhüttl.

Infos/Gaststätten: *Parkgebühr Richtpreis: € 4/Tag. *Seidlhütte, auf der Zimitzalm, bietet Schmankerl aus eigener Erzeugung, Tel. +43 664 8661616, Jul/Aug tägl. von 10-16 Uhr. *Ghf. Murbodenhüttl, beim Ausgangspunkt, Tel. +43 3622 8588, www.murbodenhuettl.com, Ruhetage: Mo, Di.

Wegbeschreibung: Vom P die Straße überqueren. Von dort der Beschilderung zur Zimitzalm nach links in den Wald folgen. Es geht zunächst ein kurzes Stück der Forststraße entlang, bis nach links ein Waldpfad abzweigt (Beschilderung „Zimitzalm/Wasserfall"). In leichten Steigungen geht es am Berg entlang, bis nach ca. 40 Minuten ein Pfad zum Wasserfall abzweigt. Es lohnt sich kurz hinunter zu wandern und das tosende Wasser zu bestaunen. Die Hälfte des Weges ist geschafft. Für nicht so gehfreudige Kinder auch ein idealer Umkehrpunkt. Der Weiterweg schlängelt sich entlang des Zimitzbaches. Links rücken die Felswände des mächtigen Reichensteins immer näher. Zum Schluss führt der Weg noch über eine etwas verwitterte Brücke über den Bach. Links liegt ein riesiger Felsblock. Bald darauf ist die kleine Almwiese mit der Seidlhütte erreicht. Gleicher Rück- wie Hinweg.

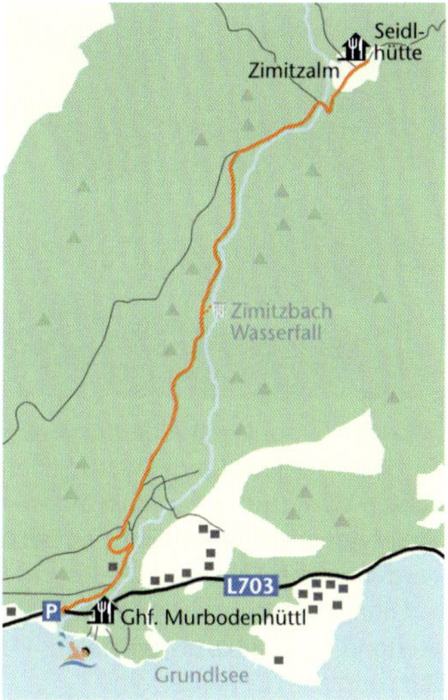

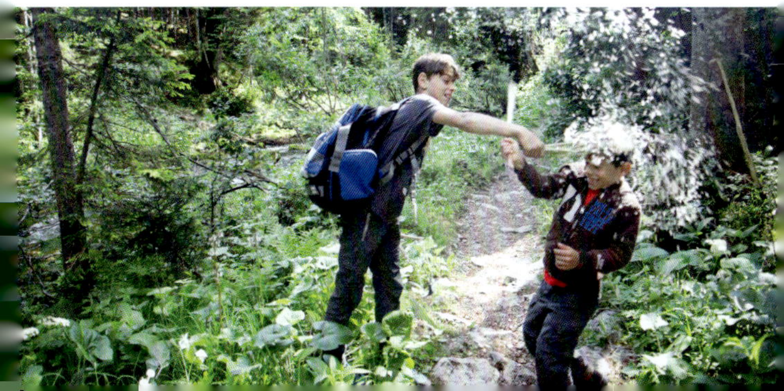

54 Simonywarte (1197 m)

Bad Mitterndorf: Ausblickspunkt mit knackigem Aufstieg

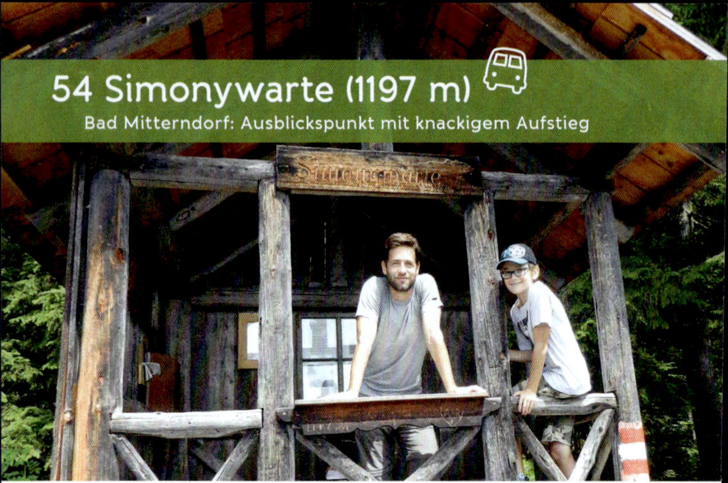

Friedrich Simony war Alpenforscher und Dachsteinpionier und ist im Salzkammergut allgegenwärtig. Der Weg zur Warte führt durch den lichten Wald und leider muss aufgrund der fehlenden Parkmöglichkeiten etwas entfernt vom Einstieg geparkt werden. Beim Aussichtsplatz wird man aber durch ein beeindruckendes Panorama mit Blick u.a. auf Bad Mitterndorf und den Grimming belohnt. Ein netter Holzunterstand und Bänke unterhalb des Planwipfels laden zur ausgiebigen Rast und zum Genießen ein.

Wetter: Anforderung: Dauer: 1 ½ h

Anforderung:	Mittel; 370 Hm; mäßig steile, mit Wurzeln durchsetzte Waldsteige.
Dauer:	Eine Strecke: 1 ½ h; 2,2 km.
Wetter:	Schönes Wanderwetter.

Kindergartenkinder:	In diesem Alter nur für gehfreudige und konditionsstarke Kinder geeignet.
Volksschulkinder:	Ideal für dieses Alter.
Ab 10 Jahren:	Sehr gut geeignet.

Navi: 8983 Bad Mitterndorf, Hauptstraße 106; hinter dem Schreibwarengeschäft Mandl Parkmöglichkeit.

Anfahrt: B145 bis Bad Mitterndorf, Zentrum. Im Ort beim Schreibwarengeschäft abbiegen. Hinter dem Geschäft Parkmöglichkeiten.

Bus/Bahn: Bad Mitterndorf Ort.

Ausgangspunkt/P: Schreibwarengeschäft Mandl.

Infos/Gaststätten: *Einkehrmöglichkeiten in Bad Mitterndorf.

Wegbeschreibung: Der Zuweg vom Ortszentrum bis zum Einstieg in den Waldsteig dauert ca. 15 Minuten, ist aber nett zu gehen und durchwegs ausgeschildert (Weg Nr. 6, Simonywarte).
Vom Schreibwarengeschäft Mandl rechts weiter bis zur Bäckerei Reisinger. Hier führt nach rechts ein kleiner Weg Richtung Kochalm. Es folgen ein Bauernhof und drei weitere Häuser. Ab nun heißt es gut aufpassen, denn das Schild befindet sich an der Hausmauer. Dort, vor dem Haus, zweigt ein schmales Schotterwegerl entlang eines Gartenzaunes rechts ab. Die Wohnsiedlung wird nun verlassen, etwas später wird ein Gehöft durchwandert und dann führt ein Wiesenweg zum Waldrand. Ab nun geht's schattig durch den Wald stetig aufwärts bis zum Ziel. Mit Kindern empfehlen wir den gleichen Rück- wie Hinweg.

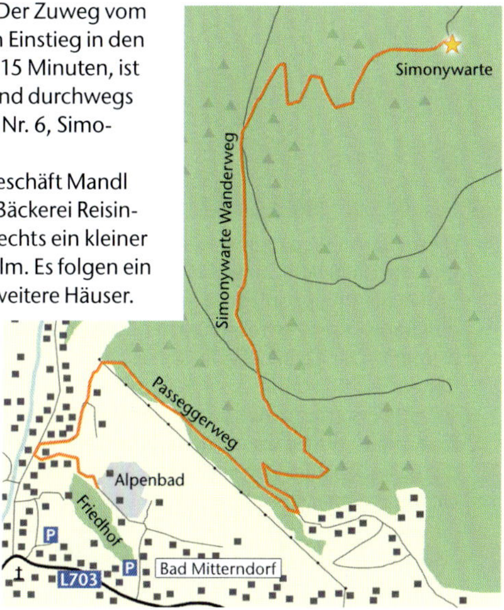

55 Barfußweg (788 m)

Bad Mitterndorf: kurzweiliger Weg der Sinne

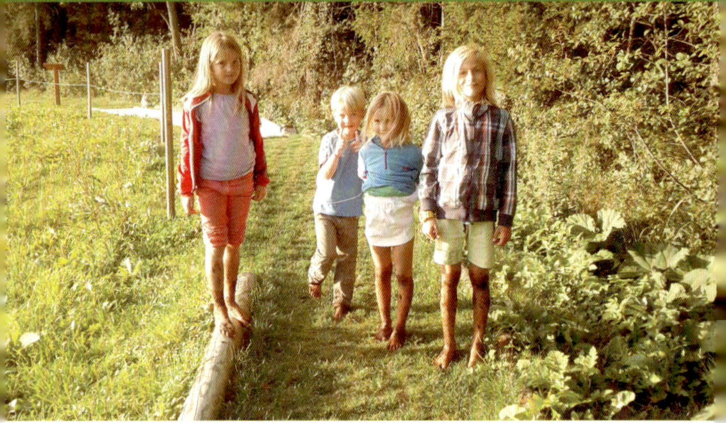

Dieser Barfußweg wurde aufgrund einer Privatinitiative geschaffen und wird liebevoll von Einheimischen gewartet. Im seichten Bacherl und in der Kneippanlage kann gekneippt und gepritschelt werden, es gibt Bänke zum Verweilen und Jausnen und zu Beginn einen Thermalbrunnen. Daneben befindet sich ein Baumlehrpfad mit 22 beschriebenen Bäumen und u.a. ein Biotop. Die Stationen bzw. Streckenabschnitte erfordern unterschiedliche Fertigkeiten und Geschicklichkeit. Bei Kindern dürfte vor allem die „Gatschstrecke" gut ankommen, bei der sie knöcheltief waten können. Am besten vorsorglich die Wechselkleidung einpacken.

Wetter: Anforderung: Dauer: RW: ½ h

Anforderung:	Leicht; keine Steigung; außer Asphalt alles, was das „Fußherz" begehrt.
Dauer:	RW: ½ h, längere Verweildauer einplanen; 1 km.
Wetter:	Jedes Wetter.

Kindergartenkinder:	Sehr gut geeignet, siehe Charakteristik.
Volksschulkinder:	Sehr gut geeignet.
Ab 10 Jahren:	Vielleicht in Kombination mit einem Besuch der Grimming Therme ein netter, kurzer und informativer Abstecher.

Navi: 8983 Bad Mitterndorf, Neuhofen 34 – nach der Therme (auf der Straße bleiben) befindet sich links ein P.

Anfahrt: B145 bis Bad Mitterndorf. In Bad Mitterndorf der Beschilderung zur Aldiana/Grimming Therme folgen. 200 m nach der Einfahrt zur Therme (auf der Straße bleiben) befindet sich links ein P.

Bus/Bahn: Neuhofen bei Mitterndorf Kreuzung, Wegverlängerung: 500 m, 10 Min.

Ausgangspunkt/P: Parkplatz

Infos/Gaststätten: *Barfußpfad, www.barfusspark.at und www.baumlehrpfad.at. *Mostschenke „Goaßhittn“, beliebte Mostschenke ca. 700 m entlang der Straße nach dem P, Tel. +43 664 5058220, www.goasshittn.at, Ruhetage: So, Mo, Di, unterschiedliche Öffnungszeiten. *Therme Grimming, eigener Kinderbereich und Rutsche, www.grimming-therme.at.

Wegbeschreibung: Vom Ausgangspunkt mit Blick Richtung Wald bzw. Grimming führt der Weg über die kleine Brücke des Neuhofener Bacherls. Hier gibt es schon die erste Gelegenheit zum Kneippen und die ersten Fühlstationen. Danach geht es am Waldrand weiter. Im Wald macht der Weg eine kleine Schlaufe und führt auf gleicher Strecke wieder zurück.

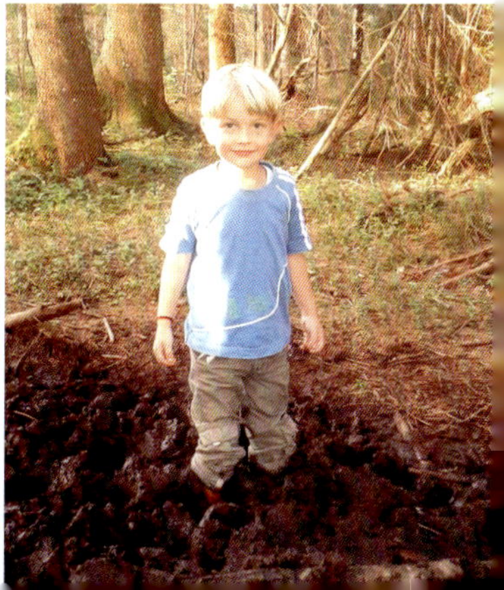

56 Waldsteig (877 m)

Bad Mitterndorf – Neuhofen: Waldlehrpfad und Badefreuden

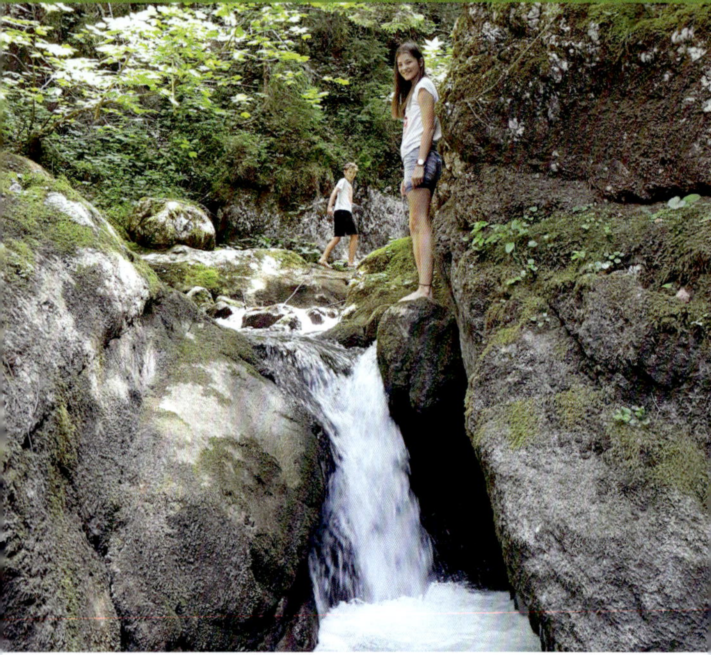

Der Waldsteig und Lehrpfad in der Nähe des Kurhotels Heilbrunn ist bei Familien recht beliebt, weil der Weg relativ kurz und abwechslungsreich ist. Insgesamt gibt es 10 Stationen zu den Themen Mischwald, Feuchtbiotop und Lebensraum Waldwiese. Bei einer Station können z.B. Sagen rund um den finsteren Berg Grimming gelesen werden, es gibt geschnitzte Holzfiguren und Rastbänke. Der Salzastausee ist ein nettes Ausflugsziel mit einer Reihe von Freizeitangeboten. Da es keinen Badestrand gibt, hat es sich bewährt, ein Boot auszuleihen und von diesem ins kühle Wasser zu springen.

Wetter: ●	Anforderung: ●	Dauer: 1 ½ h

Anforderung: Mittel; 213 Hm; eben entlang des Sees, danach kurzer, steiler Aufstieg; Waldwegerl.

Dauer: RW 1 ½ h, zusätzlich Verweildauer bei den Stationen einplanen; ca. 3,8 km.

Wetter: Wanderwetter, Badewetter; bei Nässe rutschig.

Kindergartenkinder:	Der Rundweg ist nur für größere, gehfreudige Kinder geeignet. Im See können immer wieder Enten beobachtet werden.
Volksschulkinder:	Die Wanderung ist ideal für dieses Alter.
Ab 10 Jahren:	Sehr gut geeignet.

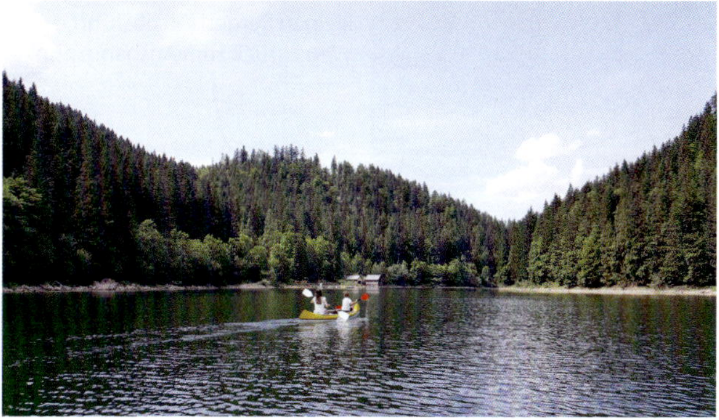

Navi: 8983 Bad Mitterndorf, Nähe Neuhofen 108 (= Kurhotel/Thermalbad).

Anfahrt: B145 bis Bad Mitterndorf. In Bad Mitterndorf der Beschilderung zum Thermalbad Heilbrunn/Salzastausee folgen – vor dem Stausee befindet sich rechts ein P.

Bus/Bahn: Bad Heilbrunn Vitalhotel Heilbrunn.

Ausgangspunkt/P: Parkplatz.

Infos/Gaststätten: *Bootsverleih Salzastausee an der Westseite des Sees, die Boote sind schnell ausgebucht, daher vorsorglich reservieren, Strick Regina, Tel. +43 664 2076663, geöffnet in den Sommermonaten.

Wegbeschreibung: Vom P kurz weiter Richtung Stausee wandern. Gleich nach der Brücke über den Krunglbach zweigt links der Waldsteig ab. Achtung: hier noch geradeaus entlang des Stausees weitergehen. Wir empfehlen den Rundweg gegen den Uhrzeigersinn zu gehen, weil damit das steile Waldstück aufwärts gegangen wird. Nun geht es für ca. ½ Stunde am Ufer entlang, je nach Jahreszeit liegt der Stausee einige Meter weiter unten. Danach führt ein Waldweg fast im rechten Winkel vom Wasser weg und steil hinauf. Oben lichtet sich der Wald etwas. Dazwischen laden Bänke und geschnitzte Holzfiguren zum Verweilen ein. Hinter dem kleinen Bergerl Zinkitz führt der Weg zurück zum Ausgangspunkt.

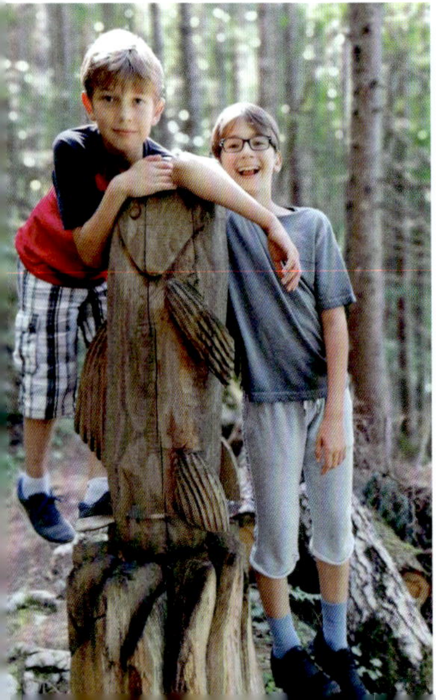

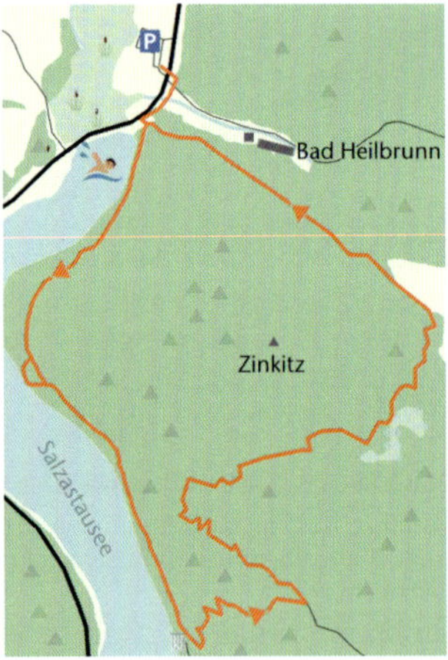

57 Sagtümpel/Tauplitzer Wasserfall

Tauplitz: Tosende Wasser und Karstquelle

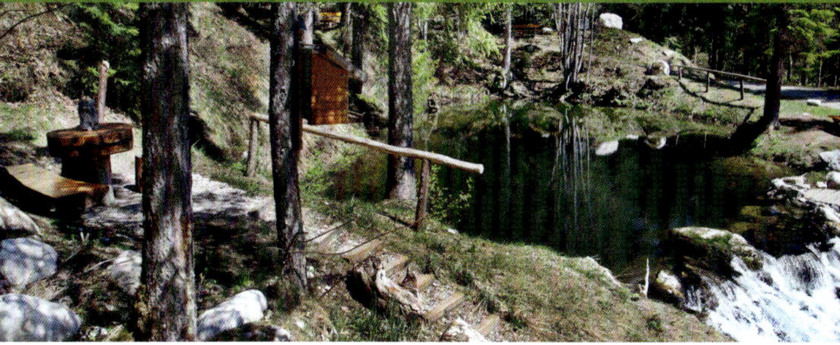

Diese Wanderung eignet sich besonders gut, wenn man mit mehreren Familien unterwegs ist, weil hier aufgrund der breiten Forstwege ein Nebeneinandergehen gut möglich ist. Am Ziel gibt es zwei Attraktionen: Bei der mystischen Quelle "Sagtümpel" sprudelt das Wasser nicht aus einem Felsen, sondern strömt unterirdisch aus einem kleinen, tiefen Quellsee. Die zweite Attraktion ist der imposante Tauplitzer Wasserfall der von dieser Quelle gespeist wird. An heißen Sommertagen lädt der Bach zum Plantschen und Abkühlen ein. Und wer sich den langen Weg sparen möchte, kann bis auf einige Gehminuten fast direkt zufahren. Von Tauplitz führen zwei Varianten zu den Zielen: Entweder geht's über den Sölkner, einer kleinen Anhöhe mit einem Gehöft, vorbei an der verfallenen Draxlmühle, oder entlang des Grimmingbaches direkt zum Wasserfall und Sagtümpel.

Wetter: Anforderung: Dauer: 3 h

Anforderung:	Mittel; 200 Hm; leichte, kurze Steigungen; meist Forststraße, dazwischen Waldwege, die etwas Orientierungssinn erfordern.
Dauer:	RW: 3 h, 7 km (Hinweis: die Strecke zieht sich).
Wetter:	Jedes Wetter; kühl an Sommertagen, beeindruckend nach Regen.

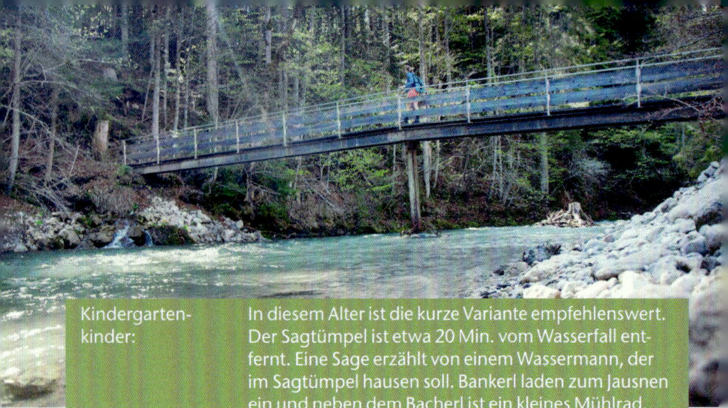

Kindergartenkinder:	In diesem Alter ist die kurze Variante empfehlenswert. Der Sagtümpel ist etwa 20 Min. vom Wasserfall entfernt. Eine Sage erzählt von einem Wassermann, der im Sagtümpel hausen soll. Bankerl laden zum Jausnen ein und neben dem Bacherl ist ein kleines Mühlrad.
Volksschulkinder:	Variante ohne Sölkner zusammen mit Freunden gut möglich. Es ist auch eine beliebte Schulwandertagstour.
Ab 10 Jahren:	Gut geeignet, wir sind alles gelaufen.

Navi lange Variante: 8982 Tauplitz 297, entweder an der Straße entlang zum Friedhof parken, im Ort sind meist P frei.

Navi kurze Variante: 8982 Tauplitz 39, von hier der Straße 1,4 km folgen bis zum P.

Anfahrt lange Variante: B145 bis Tauplitz, im Zentrum weiter Richtung Kirche, Friedhof. An der Straße entlang zum Friedhof parken, im Ort Parkmöglichkeiten.

Anfahrt kurze Variante: Von Tauplitz Richtung Gnanitz und der Gnanitzstraße bis zum P Wasserfall/Sagtümpel folgen.

Bus/Bahn: Hst. Tauplitz Friedhof.

Ausgangspunkt/P: Lange Varianten: P beim Friedhof.
Kurze Variante: P Wasserfall/Sagtümpel neben der Anfahrtsstraße.

Infos/Gaststätten: *Proviant mitnehmen, keine Einkehrmöglichkeiten am Weg, erst wieder in Tauplitz.

Wegbeschreibung: RW über Sölkner: Von Tauplitz ist der Weg gut beschildert – „Leinsteg", „Sölkner": Vom Friedhof ausgehend ortsauswärts wandern und die Umfahrungsstraße überqueren. Hier weisen gelbe Schilder Richtung „Leinsteg" über die Wiese. Es geht

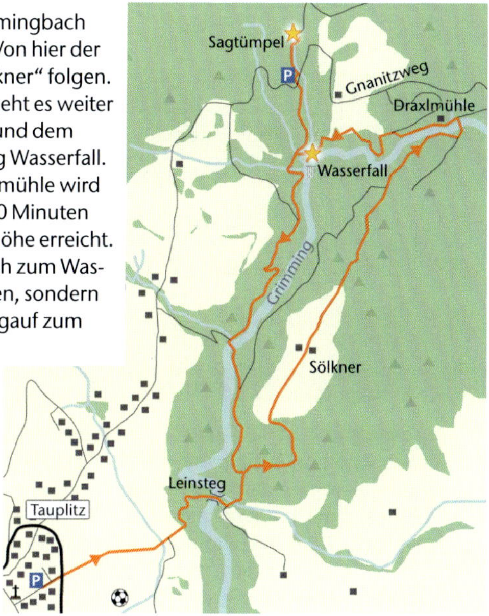

hinunter zum Grimmingbach und zum Leinsteg. Von hier der Beschilderung „Sölkner" folgen. Über Forststraßen geht es weiter bis zu einer Brücke und dem Wegweiser Richtung Wasserfall. Die verfallene Draxlmühle wird passiert und nach 20 Minuten wird die Wasserfallhöhe erreicht. Achtung, nicht gleich zum Wasserfallboden stürmen, sondern rechts den Bach bergauf zum Sagtümpel wandern – Beschilderung „Mühlenrunde". Der kleine Quellsee ist in 10 Minuten erreicht. Den Glücksplatz am besten für eine kleine Rast nutzen. Von hier wieder zur Kreuzung retour wandern. Diesmal weiter zum Wasserfallboden absteigen und das tosende Wasser bestaunen. Für den Rückweg flussabwärts entlang des Grimmingbaches marschieren: Beschilderung „Tauplitz" – diese kann in verschiedene Richtungen weisen, einfach am Flusslauf orientieren. Über den Leinsteg geht es wieder zurück zum Ausgangspunkt.

Variante ohne Sölkner: Einfach nach dem Leinsteg links halten und der Beschilderung „Wasserfall" entlang des Grimmingbaches flussaufwärts folgen.

Kurze Variante: Vom P der kurzen Variante der Beschilderung zum Sagtümpel bzw. Wasserfall folgen.

58 Bärenfeuchtenalm (1475 m)

Wörschachwald: vom Spechtensee über zwei Almen zum Gipfel

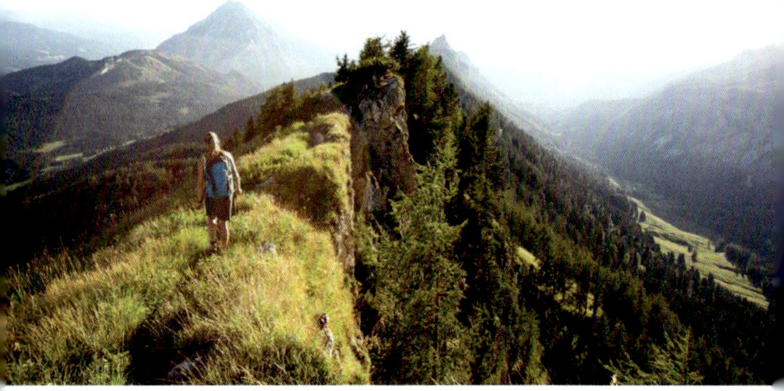

Ausgangspunkt ist der reizende, kleine Spechtensee. Der Badesee ist für sich schon ein Ausflugsziel und kann gut in einer halben Stunde umrundet werden. Am Weg zur Bärenfeuchtenalm wird zuerst die Stoiringalm mit ihren zahlreichen, nicht bewirtschafteten Almhütten erreicht. Kühe mit Jungtieren weiden auf den Almwiesen. Auf Schildern wird zusätzlich auf richtiges Verhalten hingewiesen. Von hier geht es in leichten Steigungen weiter zu den Almböden der Bärenfeuchtenalm mit einem fast kitschigen Blick über das Ennstal und den scharfen Felskeil des Hochtausing-Gipfels. Wer noch Kraft in den Wadeln hat, erklimmt von hier aus den Bärenfeuchtmölbing (1770 m). Der Steig ist abwechslungsreich und wunderschön.

Wetter: Anforderung: Dauer: 3 h

Anforderung I: RW Spechtensee: Leicht; keine Steigungen. Bärenfeuchtenalm: Mittel; 430 Hm; mittlere Steigungen mit steilen Abschnitten; großteils Waldsteige, manchmal etwas zugewachsen.

Anforderung II:	Bärenfeuchtmölbing (1770m): Schwer; zusätzlich 323 Hm; seitlich steile, grasbewachsene Abhänge; Oben geht es am Grad entlang; ein kurzes Stück mit Seil gesichert, Trittsicherheit und Schwindelfreiheit erforderlich.
Dauer:	1. Etappe bis zur Stoiringalm: Ca. 1 ¼ h; ca. 3 km. 2. Etappe bis zur Bärenfeuchtenalm: ¾ h, 1,7 km. 3. Etappe Bärenfeuchtmölbing: 1 ½ h Aufstieg, ½ h Abstieg.
Wetter:	Schönes Wanderwetter für den Gipfel; die Stoiringalm kann auch bei Nieselwetter erwandert werden.

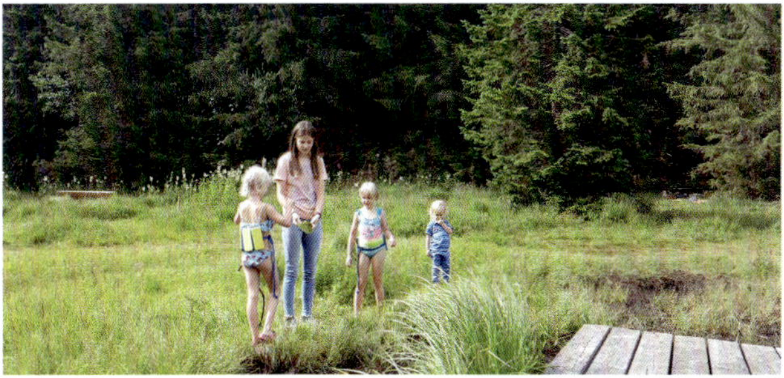

Kindergarten-kinder:	Empfehlung, nur den Spechtensee zu umrunden. Ausgehend von der Spechtenseehütte führt ein Rundweg um den schwarzbraunen Moorsee mit Seerosen. Auch ein Holzsteg steht bereit – Badehose einpacken.
Volksschulkinder:	S. o. Die Almtour ist für gehfreudige Kinder gut geeignet. Je nach Ausdauer kann entweder nur bis zur Stoiringalm oder bis zur Bärenfeuchtenalm gewandert werden.
Ab 10 Jahren:	Die Almtour ist gut geeignet. Der Bärenfeuchtmölbing ist eine anspruchsvolle, aber lohnende Verlängerung.

Navi: 8982 Tauplitz, Wörschachwald 88.

Anfahrt: B145 bis Tauplitz. Abfahren Richtung Zlem, Wörschachwald, Spechtensee; P bei der Spechtenseehütte.

Bus/Bahn: Nicht geeignet.

Ausgangspunkt/P: P Spechtensee.

Infos/Gaststätten: *Viel Verpflegung mitnehmen, die Almhütten sind nicht bewirtschaftet. *Spechtenseehütte (beim Ausgangspunkt), Schneeschuhverleih im Winter, Tel.: +43 3688 2666, www.spechtensee.com, Muttertag – 26.10. sowie 26.12. – Ostern geöffnet, Ruhetag: Di.

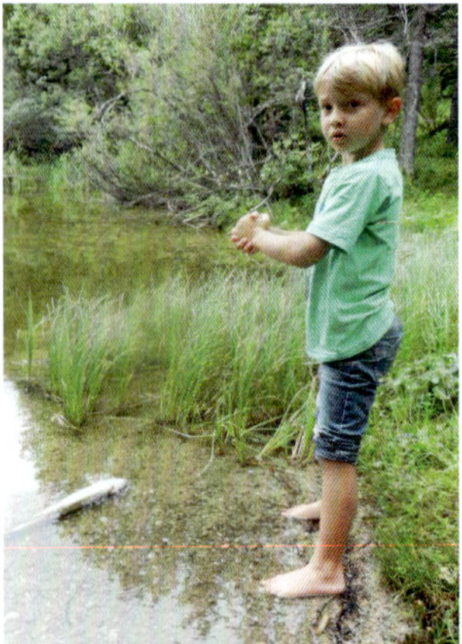

Wegbeschreibung: Vom P ist der Spechtensee schnell erreicht. Dieser kann selbsterklärend umwandert werden.
Für den Aufstieg zur Bärenfeuchtenalm vom Parkplatz bergauf zur Straße wandern. Hier rechts und dann gleich links beim Mojer Bauern der Beschilderung „Stoirin, Bärenfeichtnalm" durch den Hof folgen. Nach den Wiesen geht es bald in steilen Serpentinen bergauf durch den Wald. Nach ca. 1 Std. ist die Stoiringalm erreicht. Vorbei an den zahlreichen Almhütten geht es im oberen Teil der Alm weiter über eine Forststraße. Diese führt leicht bergab und nach knapp 10 Minuten zweigt nach links (rot-weiß-rote Markierung) der Weg zur Bärenfeuchtenalm ab. Dieser kann leicht übersehen werden, daher hier bitte gut aufpassen. Durch den Wald geht es dann in einer halben Stunde zur Bärenfeuchtenalm. Gleicher Rück- wie Hinweg, bzw. siehe Weiterführung Bärenfeuchtmölbing.

Bärenfeuchtmölbing: Der Forststraße auf die Bärenfeuchtenalm wei-

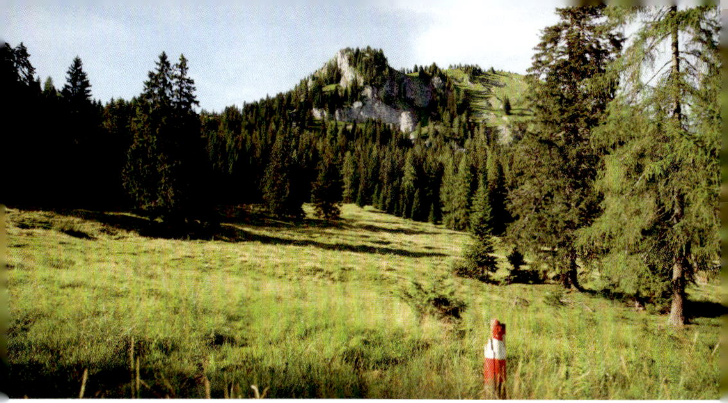

ter bergauf folgen bis zur ehemaligen Cilli-Hütte. Die Beschilderung ist teilweise irreführend. Am besten von hier direkt die Wiese queren zum Holzkreuz am Waldrand (Beschilderung: Hochmölbing Hütte). Der Bärenfeuchtmölbing wird als Rundweg gegen den Uhrzeigersinn bestiegen. Daher hier rechts der rot-weiß-roten Markierung durch den Wald folgen (Beschilderung Schneehitzalm) und dann immer links halten. Nach 15 Minuten ist die nächste Abzweigung erreicht mit richtiger Beschilderung („Bärenfeuchtmölbing"). Nach kurzem, steilen Anstieg geht es über eine wildromantische Bergwiese links Richtung Kamm. Der Weg führt über den Grat: Rechts gibt es kleinere Felswände, links der steile Wiesenhang. Der Gipfel ist in einer halben Stunde erreicht. Vom Gipfelkreuz führt der Rückweg zur Bärenfeuchtenalm den rot-weiß-roten Markierungen folgend über den steilen Wiesenhang bergab.

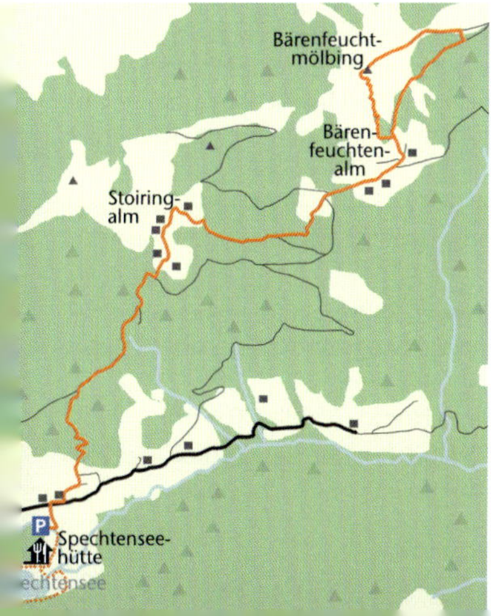

59 Gindlhorn (1259 m)

Wörschachwald: Gipfelhupfer über das „kleine Hörndl“

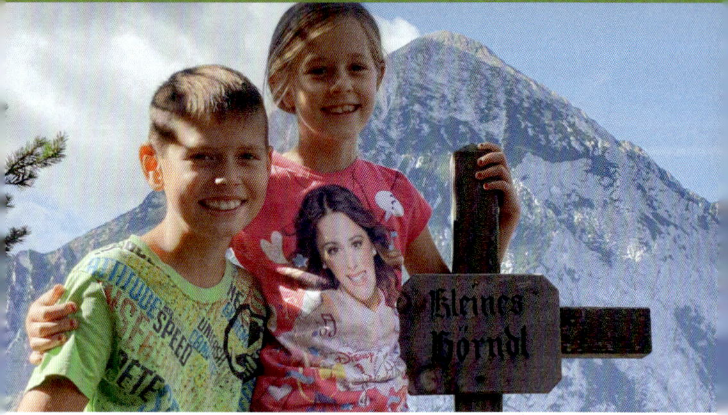

Der Ausgangspunkt für die Wanderung auf den Gipfel zwischen Pürgg und Wörschach ist der Ghf. Dachsteinblick. Der Aufstieg führt hauptsächlich durch den Wald und ist abwechslungsreich: Zum Gipfel geht es an einer kleinen Felswand vorbei über eine Holzstiege. Vorher im Fiedler Moos liegt die Abzweigung auf das „Kleine Hörndl“. Wer weiter bis zum Gindlhorn wandert, wird mit herrlichen Ausblicken belohnt: Dominant thront die Nordflanke des Grimming, das Multereck, über dem Hintertal.

Wetter: ◔ | Anforderung: ● ● | Dauer: 1 h

Anforderung:	Mittel bis schwer; 230Hm; mittlere bis steile Steigungen; Waldwege und Steige, oben felsig.
Dauer:	Eine Strecke: 1 h; 1,1 km. Davon: Kleines Hörndl: 35 Min.; 0,6 km.
Wetter:	Klassisches Wanderwetter, der Aufstieg liegt eher im Schatten.

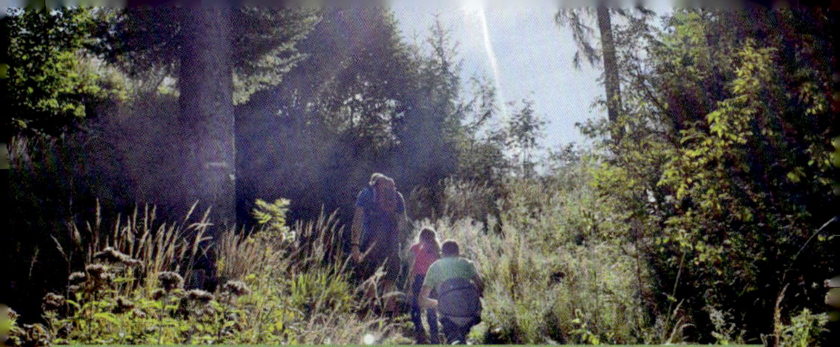

Kindergarten-kinder:	Das Kleine Hörndl ist ein richtiger Gipfel, der auch mit kurzen Beinen erklommen werden kann. Gehfreudige Kinder können auch schon das Gindlhorn besteigen.
Volksschulkinder:	Perfekt geeignet, siehe oben.
Ab 10 Jahren:	Sehr gut geeignet.

Navi: 8982 Steinach-Pürgg, Wörschachwald 87.

Anfahrt: B145 Richtung Bad Mitterndorf. Bei Tauplitz von der Bundesstraße abfahren, danach gleich links Richtung Klachau. Nach dem Bahnhof der Beschilderung nach Wörschachwald folgen. Nach dem Ortsschild „Wörschachwald“ liegt rechts eine sehr kleine Kirche. Nach dieser rechts in die Anfahrtsstraße zum Gasthof abbiegen und dieser ca. 1,5 km bis zum Ghf. Dachsteinblick folgen. P beim Gasthof.

Bus/Bahn: Nicht möglich.

Ausgangspunkt/P: P beim Ghf. Dachsteinblick.

Infos/Gaststätten: *Gasthof Dachsteinblick, Ausgangspunkt, herzig traditionell, Tel. +43 3688 2328, www.gasthof-dachsteinblick.at, kein Ruhetag.

Wegbeschreibung: Vom Ausgangspunkt geht es kurz retour zur Anfahrtsstraße, wo gleich nach rechts eine Forststraße abzweigt (Beschilderung: „Gindlhorn“). Dieser knapp 20 Minuten folgen bis zum Fiedler Moos, wo nach rechts die Abzweigung aufs „Kleine Hörndl“ weist, bzw. geradeaus Richtung „Gindlhorn“. Von hier ist der kleine Gipfel in 5 Minuten erreicht. Für gehfaulere Kinder ist das „Kleine Hörndl“ ein guter Ziel- und Umkehrpunkt. Größere Wanderer bei der Abzweigung diesmal der Beschilderung zum „Gindlhorn“ nach rechts folgen. Ab nun wird es steiler. Der letzte Anstieg führt über eine Holzstiege zum Ziel. Gleicher Rück- wie Hinweg.

60 Burgruine Wolkenstein (877 m)

Wörschach: durch die Wörschachklamm zur Burgruine

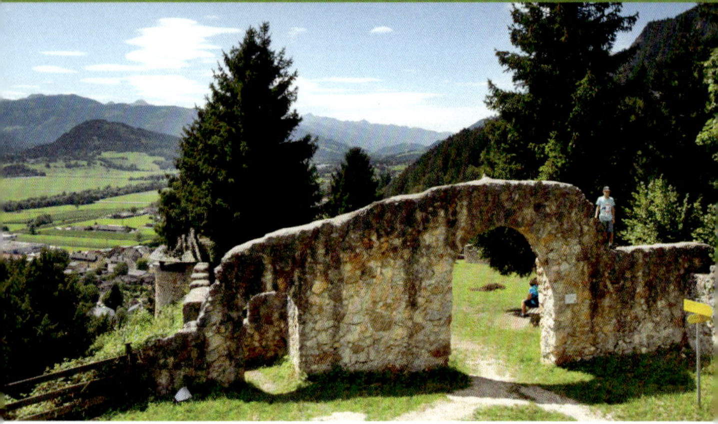

Ein Tag voller Abenteuer: Zuerst führen Holzstege durch die wildromantische Wörschachklamm (Eintritt). Nach der engen Klamm öffnet sich der Talkessel, und durch den schönen Buchenwald ist das Aussichtsbankerl in der Kohlstatt bald erreicht. Bevor es zur Burgruine Wolkenstein geht, kommt man noch bei den berühmten Schwefelquellen und der kleinen Jausenstation Eselranch vorbei. Die Mauern und Erker der Burgruine sind gut erhalten – es lässt sich erahnen wie groß die Burganlage früher war. Die Burg konnte niemals eingenommen werden. Also Helm und Schwerter auspacken und weiterhin fleißig verteidigen ;).

Wetter: Anforderung: Dauer: 2 ¼ h

Anforderung:	Mittel; 222 Hm; mittlere Steigungen; gesicherte Klamm, danach Wanderwege.
Dauer:	RW: ca. 2 ¼ h; ca 4 km. Kurze Variante Burgruine: 20 Min., 340 m.

Wetter:	Wanderwetter. Bei Nieselwetter am besten nur zur Burg wandern. Nach starken Regenfällen ist die Klamm gesperrt.

Kindergarten-kinder:	Die gesamte Runde nur mit gehfreudigen Kindern gehen. In der Klamm kleine Kinder an die Hand nehmen. Wir empfehlen die kurze Variante zur Ruine Wolkenstein und zur netten Jausenstation Eselranch. Hier können Esel gefüttert und gestreichelt werden.
Volksschulkinder:	In der Klamm achtsames Gehen! Der Weg ist absolut kurzweilig und bietet einen Höhepunkt nach dem anderen.
Ab 10 Jahren:	Absolut empfehlenswert.

Navi: 8942 Wörschach, Burgweg 43.

Anfahrt: Ennstalstraße/B320 bis Wörschach. Bei Wörschach im Ort der Beschilderung zur Klamm folgen.

Bus/Bahn: Wörschach Ort.

Ausgangspunkt/P: Klammparkplatz.

Infos/Gaststätten: *Wörschachklamm, Eintritt, Tel. +43 676 87837334, geöffnet von Mai-Okt.; *Jausenstation Eselranch, beliebt, Nähe Burgruine Wolkenstein, Esel zum Streicheln, Spielplatz, Tel. +43 664 4220265.

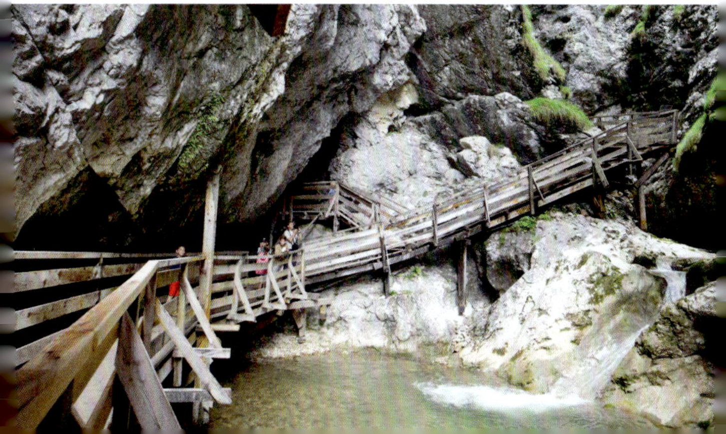

Wegbeschreibung: Die Burg ist vom Tal aus schon von Weitem zu erkennen. Wer nur kurz zur Ruine wandern will, folgt vom P den Wegweisern zur Burgruine Wolkenstein den kleinen Pfad bergauf. Für den gesamten Rundweg vom P den Weg bachaufwärts bis zum Klammstüberl wandern. Hier ist Eintritt für die Erhaltung und Wartung der schönen Naturattraktion zu bezahlen. Nach 30 Minuten ist das Ende der Klamm erreicht. Kurz danach wird der Wörschachbach nach rechts über eine Brücke überquert. Dann führt der Weg bergauf durch einen schönen Buchenwald zum Aussichtsbankerl bei der Kohlstatt. Hier ist der Scheitelpunkt erreicht. Zuerst geht es über einen Hohlweg kurz bergab. Bis zu den Schwefelquellen gibt es noch einen kurzen Anstieg. Über Waldlichtungen und Felder geht es vorbei an der Eselranch zur Burgruine Wolkenstein. Von dort führt der Weg bergab zurück zum Ausgangspunkt.

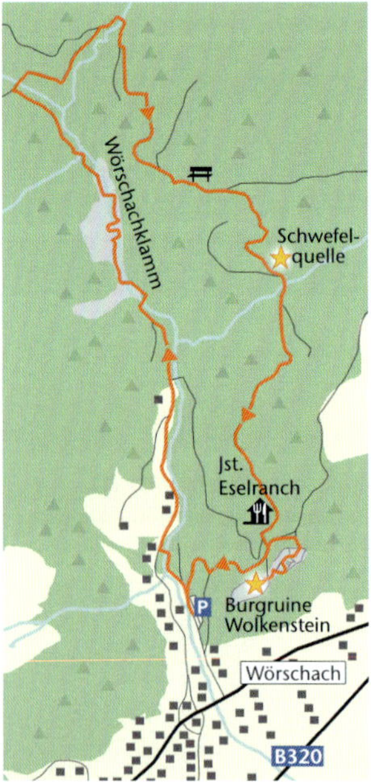

Zusatztipps

... die es noch zu entdecken gibt.

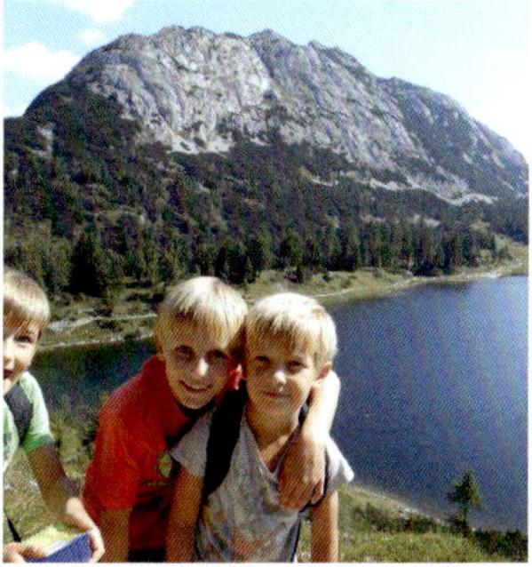

Tauplitz:

Seenhochplateau Tauplitz (1600 m)

Tauplitzalm, 8982 Tauplitz

Das beliebte Almengebiet ist im Buch „Kinderwagen-Wanderungen Salzkammergut" beschrieben. Zu den Seen führen zahlreiche Wegerl, die zwar nicht mit dem Kinderwagen befahrbar sind, aber perfekt erkundbar für kleine Wanderer und Abenteurer.

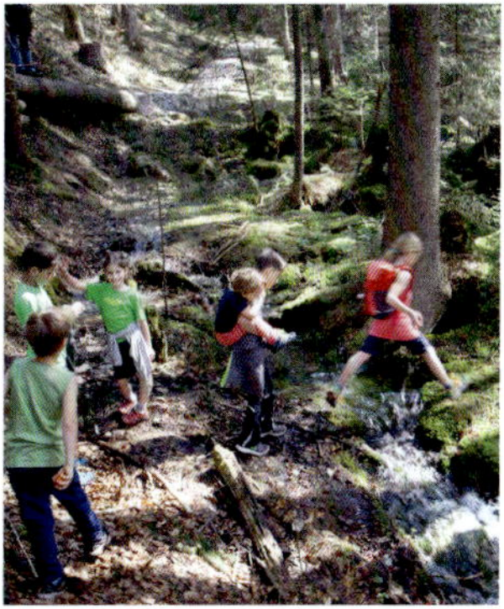

Bad Mitterndorf:

Karstquellen Strummern (817 m)

Mühlreith 30, 8984 Bad Mitterndorf

Zur Schneeschmelze oder nach starken Regenfällen ein imposantes Schauspiel. Wanderwege führen durch den Wald und entlang der Bäche zu den Karstquellen. In der Nähe gibt es auch das kleine Naturjuwel Ödensee. Ausgangspunkt ist das beliebte Ausflugsziel Jausenstation Stieger in Bad Mitterndorf.

Zum Gebrauch des Wanderführers

Erläuterungen zu den Wanderungen

Dieses Wanderbuch wurde für Kinder von ca. 4—14 Jahren geschrieben. Die kurzen Touren sind – je nach Gehfreude – auch für kleinere Kinder geeignet. Ab ca. 10 Jahren sind vor allem die längeren Bergtouren interessant, für die Jüngeren eignen sich speziell Wanderungen an Bachläufen entlang oder Strecken, welche etwas Interessantes zu bieten haben, wie z. B. Ruinen oder Klammen.

Anforderung:
Hier wird angegeben, wie die Steigung und Beschaffenheit des Weges ist und ob Bergerfahrung notwendig ist. Die Einteilung weicht manchmal von jener auf den Wegschildern ab, denn wir haben versucht, aus der Perspektive von Kindern zu bewerten.

Bei den Höhenmetern (Hm) geben wir die aufwärts zu bewältigenden Höhenmeter an.

- **Blau** = leicht bis mittelschwierig. Bezieht sich auf Wege oder Fußpfade mit mittleren Steigungen. Falls es stärkere Steigungen (Stufen) gibt, dann sind sie gut gesichert oder nicht lange. Technisch nicht anspruchsvoll.

- **Rot** = mittelschwierig bis schwierig. Hier kann es richtig zum Kraxeln oder etwas ausgesetzter sein. Die Kinder sollen schon etwas Erfahrung im Bergsteigen haben und verlässlich sein (also nicht vom Weg abweichen und im Steilgelände „Spompanadln" machen).

- **Schwarz** = schwierig, über lange Strecken ausgesetzt. Begleitpersonen und Kinder müssen trittsicher, schwindelfrei und geübt sein. Eine fachgerechte Ausrüstung wird vorausgesetzt – siehe auch unter Ausrüstung. Hier findet ihr zusätzliche Erläuterungen zu Kletterausrüstung.

Sicherung:
Bitte sichert kleinere und/oder nicht trittsichere und steigunerfahrene Kinder. Entweder an der Hand führen oder evtl. sogar mit „Brustgeschirr“/Bandschlinge. Infos dazu gibt es bei den Alpenvereinen und im Bergsporthandel. Bergunerfahrenen wird empfohlen, zuerst nur die Touren mit blauen Punkten (= leichte Touren) zu machen.
Wenn die Kinder beim Ziel spielen, IMMER den Spielbereich abschreiten und beurteilen, ob eine Absturzgefahr besteht. Mit den Kindern vereinbaren, in welchem Radius sie spielen dürfen.

Dauer:
Die Dauer bezieht sich immer auf die reine Gehzeit für eine Strecke – bis zum Ziel. Bei Rundwegen – diese sind mit RW gekennzeichnet – wird die Gesamtdauer des RW angegeben.

Wetter:
Hier wird jeweils angegeben, bei welcher Witterung die Wanderung geeignet ist. Mit der Angabe „geeignet für jedes Wetter“ ist schönes, bewölktes oder regnerisches Wetter gemeint. Bei Stürmen und Regenschauern ist von jeder Wanderung abzuraten.

Klassisches Wanderwetter: Moderate Temperaturen, nicht zu heiß und nicht zu kalt. Im Sommer nicht in der Mittagszeit gehen.

Nieselwetter: Manche Wege, vor allem jene im Wald, sind auch bei bewölktem Wetter oder leichtem Regen gut möglich. Gute Regenbekleidung ist trotzdem wichtig.

Winter: Die Tour ist auch im Winter zu empfehlen, d. h. entweder die Strecke ist auch bei Schneelage begehbar oder Eislaufen ist möglich oder es gibt eine Rodelstrecke.

Plantschmöglichkeiten: Wird angeführt, wenn es Möglichkeiten zum Plantschen in einem Bacherl o. Ä. gibt.

Bus/Bahn:
Hier ist die nächstgelegene Haltestelle angeführt, wenn eine Anreise mit öffentlichen Verkehrsmitteln sinnvoll erscheint. Mit der Suchmaschine

Scotty – unter www.oebb.at – kann man alle Fahrpläne österreichweit abrufen.

Bitte beachten, dass die Haltestelle vom Ausgangspunkt weiter entfernt sein kann, und einige Linien saisonal eingeschränkt verkehren.

AP (Ausgangspunkt)/P (Parkmöglichkeit):
Von hier aus startet die Beschreibung der Wanderung.

Wegbeschreibung:
Ich habe versucht, so knapp wie möglich zu formulieren. Sollten Beschreibungen unklar sein, bin ich sehr dankbar, wenn ich darauf hingewiesen werde.

Skizzen/Kartografie:
Die Skizzen sollen einer groben Orientierung dienen. Sie sind keine millimetergenaue Abbildung der Realität. Wir haben nur jene Straßen, Wege und markanten Punkte eingezeichnet, die uns für die Wegfindung (auch Anfahrt) wichtig erschienen.

Ausrüstung

Es ist wichtig, die Ausrüstung an den Schwierigkeitsgrad und die Dauer anzupassen. Ich würde Kindern keinen Rucksack zum Tragen geben oder nur mit minimalem Inhalt (z.B. Schokoriegel).

1. Bekleidung/Schuhe:
Gute Wanderschuhe mit ordentlichem Profil sind bei allen „roten“ und „schwarzen“ Wegen unerlässlich, empfehlenswert auch bei allen „blauen“ Routen. Warme Jacken und vor allem auch bei den längeren Touren Regenbekleidung mitnehmen.

2. Verpflegung:
Immer ausreichend zu trinken und Jause mitnehmen. In diesem Buch sind – anders als im Kinderwagen-Wanderbuch – viele Wanderungen angeführt, bei denen keine Gaststätte am Ende winkt. Aber auch wenn es eine gibt, nicht darauf verlassen, dass sie offen hat (siehe unter Infos/Gast-

stätten). Ein Almsommer hängt von der Witterung ab und dauert ca. von Pfingsten bis Ende September. Die meisten Kinder genießen es in diesem Alter ohnehin schon – vor allem in der warmen Jahreszeit – sich ein Platzerl am Wegrand zu suchen, zu jausnen und zu rasten. Und ein Schokostückerl für den Zuckerhaushalt schadet auch nicht für 's Weitergehen.

3. Pflege/Schutz (je nach Jahreszeit):

- Verbandszeug, Sonnencreme, Kapperl etc.

4. Sonstiges:

- Taschenmesser (zum Apfel-Schälen, Pflaster-Abschneiden, Rindenschifferl-Schnitzen etc.), Sitzunterlage etc.
- Bei Höhlenwanderungen Taschenlampen und Kopfschutz.

5. Klettern:

Die nötige Ausrüstung für einen Klettersteig sind Helm, Klettergurt mit Sicherungsautomatik, Seil und je nach Steig entsprechende Schuhe. Wichtig beim Klettern mit Kindern ist das Sichern. Für EinsteigerInnen gilt „Sicherung unter Kontrolle“, die je nach Sicherungskompetenz übergeht zu „Sicherung mit Begleitung“. Beste Informationen zur richtigen Ausrüstung und zum Sichern sind auf den Seiten der alpinen Vereine im Internet zu finden. Pro Kind sollte ein Erwachsener mit Klettererfahrung das Kind auf dem Steig coachen.

Verhaltensregeln bei Weidevieh

Von der Landwirtschaftskammer Salzburg werden folgende Verhaltensregeln empfohlen: Bedenke, wenn du auf Weidegebiet wanderst, dass du dich in einem fremden „Garten“ befindest und so verhalten sollst.

- Ruhig und in größerem Abstand an den Weidetieren vorbeigehen.
- Hunde an die Leine und bei Gefahr ableinen.
- Kühe beschützen wie alle Mütter im Tierreich ihre Jungen. Bei ihnen gilt erhöhte Vorsicht!
- Wie bei unbekannten Hunden: nicht streicheln und niemals füttern.

Mit Kindern wandern:
Durch den Ehrgeiz, ein Ziel zu erreichen, wird oftmals das Gegenteil des Erhofften bewirkt. Deshalb lieber kurze Strecken wählen, evtl. nur bis zum ersten Bacherl gehen und die Natur als Abenteuer sehen. Der Zeitplan der Kinder wird immer stärker durchgetaktet und nach einem Ziel ausgerichtet. Wandern kann einen guten Gegensatz dazu bilden, einen Freiraum ohne gegenseitiges Messen und Bewerten.

In der Natur geben keine Geräte die Bewegung vor, die Phantasie wird angeregt, etwas selbst zu gestalten, das unebene Gelände schult unbemerkt die Koordination, der Wald wirkt beruhigend auf das Nervensystem u.v.m.

Im Prinzip geht man davon aus, dass je jünger die Kinder sind, desto kürzer sollen die Wege sein. Das ist jedoch nur eine grobe Einteilung, denn es hängt zusätzlich von der Tagesverfassung, Kondition und Erfahrung ab, welche Touren ihr bevorzugt, manche 4-Jährigen gehen Klettersteige und manche 14-Jährigen sind bei Almtouren überfordert.

Gepäck für Kinder: Hier gehen die Meinungen auseinander, die Fachliteratur spricht von 10 % des Körpergewichts. Am besten ist es, dem Kind gar keinen Rucksack umzuhängen, oder wenn es einen möchte, es selbst entscheiden zu lassen, was hineinkommen soll.

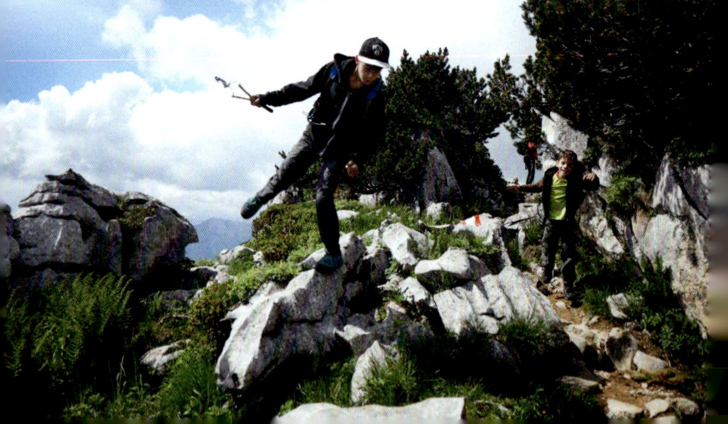

Alphabetisches Register

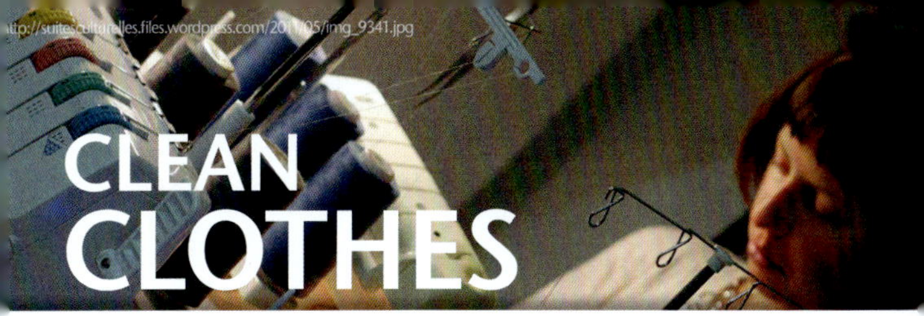

KAMPAGNE FÜR „SAUBERE" KLEIDUNG WELTWEIT

Der Großteil unserer Kleidung wird in Lateinamerika, Asien und Afrika hergestellt. Die normale Arbeitszeit beträgt zwischen 14-17 Stunden täglich, 7 Tage die Woche! Die sklavenähnlichen Bedingungen der ArbeiterInnen erinnern an die Bedingungen in Europa im 19. Jahrhundert. Nur, dass diesmal Reich & Arm nicht mehr im selben Land, sondern 10.000 Kilometer entfernt voneinander leben. In den Fabriken hängen oft Markenhemden und Billighemden nebeneinander. Ein teures Markenhemd sagt keinesfalls aus, dass die Arbeitsbedingungen bei der Hestellung besser waren.

Die Clean Clothes - Kampagne, die von hunderten Organisationen und ArbeiterInnenvereinigungen rund um die Welt getragen wird, setzt sich für die Rechte der ArbeiterInnen und eine Verbesserung der Arbeitsbedingungen in der internationalen Bekleidungs- und Sportartikelindustrie ein.

Wer bekommt die 100,– Euro für meine Sportschuhe?

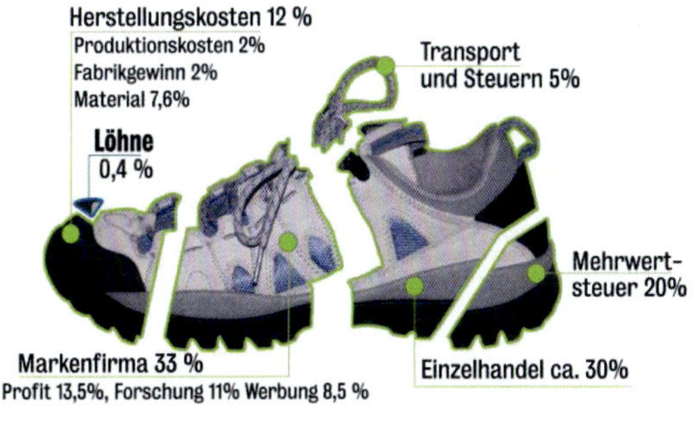

SCHREIBEN SIE UNS ODER RUFEN SIE UNS AN!

Abonnieren Sie kostenlos den Rundbrief der Clean Clothes Kampagne und informieren Sie sich über Herstellungsweisen - z.B. was hinter Markenartikel-Herstellern steckt:

CH: www.cleanclothes.ch D: www.sauberekleidung.de Ö: www.cleanclothes.at

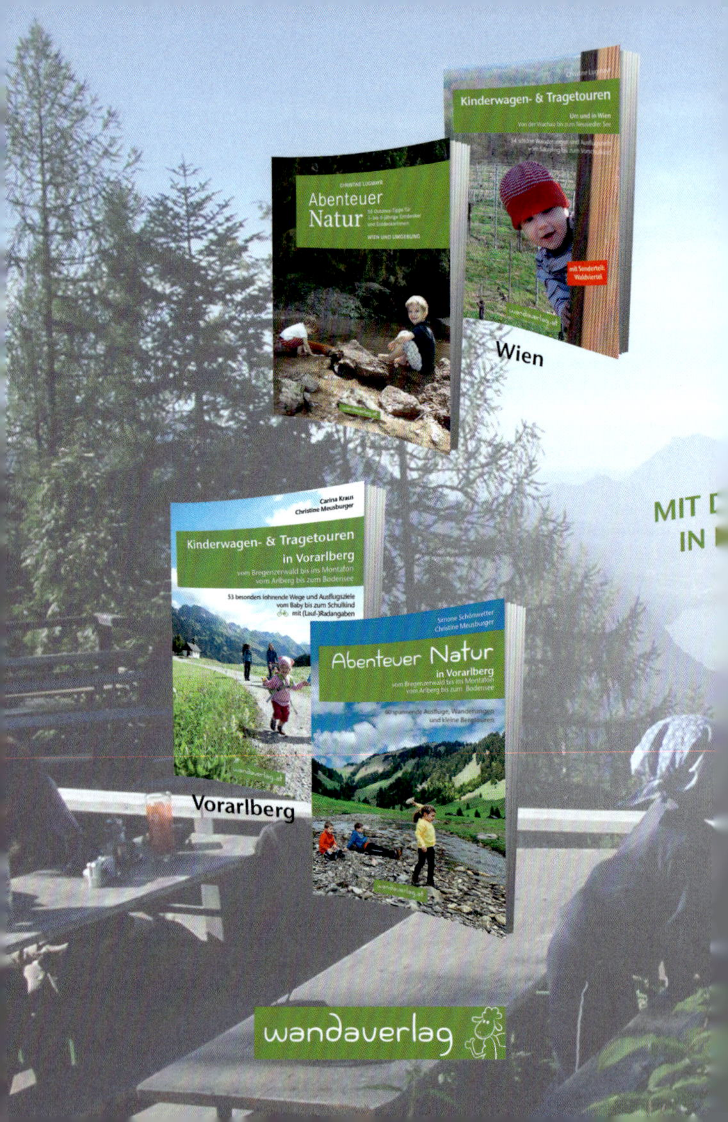
Kinderwagen- & Tragetouren
Um und in Wien
mit Sonderteil: Waldviertel
CHRISTINE LUGMAYR
Abenteuer Natur
WIEN UND UMGEBUNG
Wien
Carina Kraus
Christine Meusburger
Kinderwagen- & Tragetouren
in Vorarlberg
vom Bregenzerwald bis ins Montafon
vom Arlberg bis zum Bodensee
53 besonders lohnende Wege und Ausflugsziele
vom Baby bis zum Schulkind
mit (Lauf-)Radangaben
Simone Schönwetter
Christine Meusburger
Abenteuer Natur
in Vorarlberg
vom Bregenzerwald bis ins Montafon
vom Arlberg bis zum Bodensee
Vorarlberg
wandaverlag

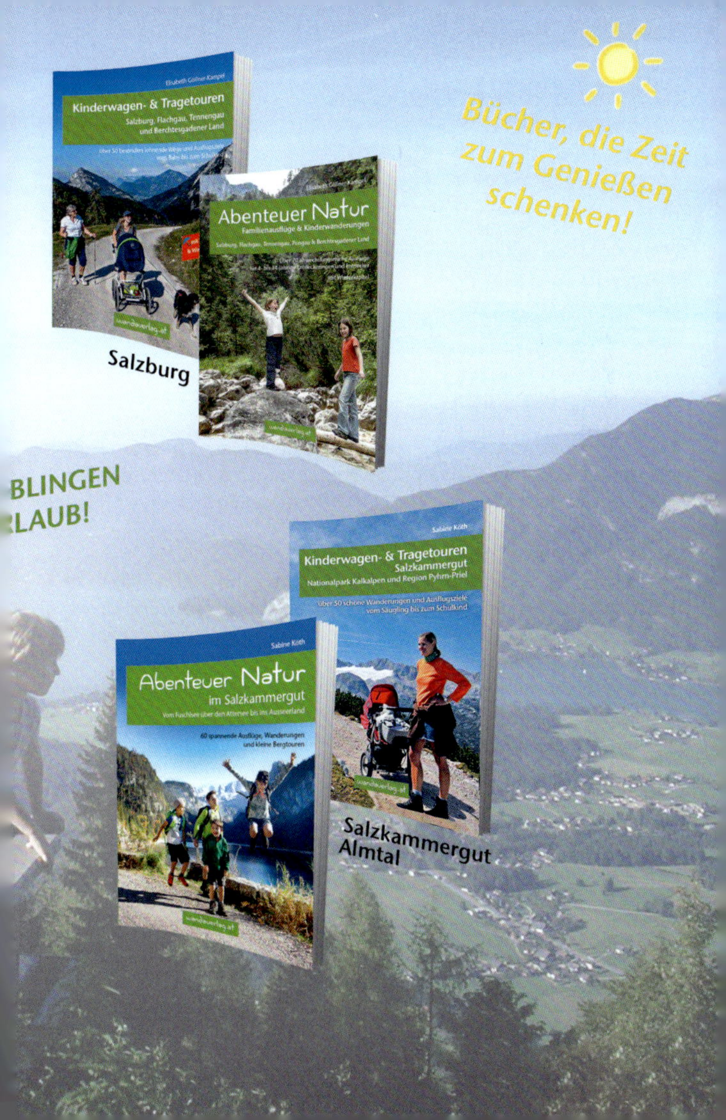
Elisabeth Göllner-Kampel
Kinderwagen- & Tragetouren
Salzburg, Flachgau, Tennengau und Berchtesgadener Land
wanderverlag.at
Salzburg
Abenteuer Natur
Familienausflüge & Kinderwanderungen
Salzburg, Flachgau, Tennengau, Pongau & Berchtesgadener Land
wanderverlag.at
Bücher, die Zeit zum Genießen schenken!
BLINGEN
RLAUB!
Sabine Köth
Kinderwagen- & Tragetouren
Salzkammergut
Nationalpark Kalkalpen und Region Pyhrn-Priel
über 50 schöne Wanderungen und Ausflugsziele vom Säugling bis zum Schulkind
wanderverlag.at
Sabine Köth
Abenteuer Natur
im Salzkammergut
Vom Fuschlsee über den Attersee bis ins Ausseerland
60 spannende Ausflüge, Wanderungen und kleine Bergtouren
wanderverlag.at
Salzkammergut
Almtal

...verschafft Zeit zum Genießen

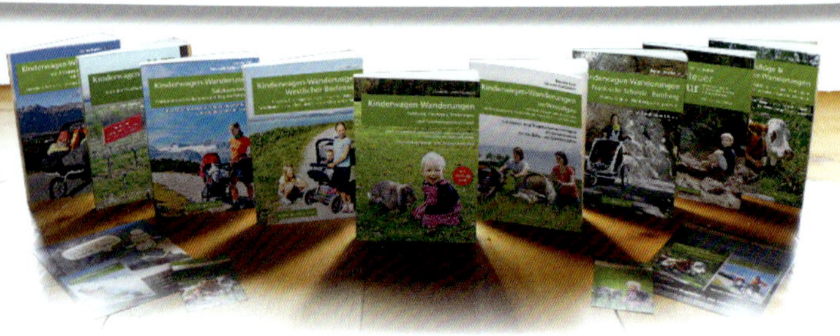

Der wandaverlag ist ein kleiner, unabhängiger Verlag am Fuße des Untersbergs. Jeder Wanderführer entsteht durch großes persönliches Engagement und viel Leidenschaft für ein perfektes Buch.

Was uns am Herzen liegt:

- Durch unsere akribischen Recherchen, genauen und trotzdem nicht zu langatmigen Angaben, durch unser übersichtliches Layout und die vielen kleinen Einzelheiten möchten wir Zeit zum Genießen verschaffen – unserer Leserschaft zuliebe.
- Wir unterstützen mit unseren Büchern die Initiativen Fair Trade und Clean Clothes – der Fairness zuliebe.
- Wir legen Wert auf umweltschonenden Druck – der Natur zuliebe.
- Durch die Angabe von öffentlichen Verkehrsverbindungen möchten wir ein umweltfreundliches Anreisen fördern – der Umwelt zuliebe.

Vielen Dank für euer Vertrauen! Wir freuen uns über jede Rückmeldung zu unseren Büchern und Wanderwegen.

Elisabeth Göllner-Kampel
(Verlegerin & Wanderbuchautorin)